11人の**超豪華最強講師陣**がすべての
初心者に向けて熱血指導!

めちゃくちゃ売れてる
マネー誌ZAiが作った

FX予備校

ダイヤモンド・ザイ編集部 編

ダイヤモンド社

「普通」が難しい時代 為替を知れば見える景色も変わる!

日本の経済成長率は先進国で断然ビリ

私は1951年生まれです。この当時、アルゼンチンのGDPはフランスよりも高かった。ところが、今はフランスのGDPはアルゼンチンの2・4倍です。60年の間に何が起きたと思いますか？

経済成長率が違ったんです。違うといっても、わずか1・5%ほどの差です。それだけの差でも60年の間には2倍以上の差が生まれてしまいます。

経済成長の怖さはここにあるんです。

今、皆さんのなかには「日本はそこそこ豊かな国だ」と考えている人が多いと思いますが、それは1990年頃までの日本の経済成長率が、世界の他の国よりもいくら

竹中平蔵校長

外為どっとコム総合研究所首席研究理事。慶應義塾大学教授。金融担当大臣、総務大臣などを歴任。不良債権処理や郵政民営化に尽力、「聖域なき構造改革」を推進させた。

か高かったからです。

今、私たちが認識しないといけないのは、過去20年ほどで見たとき、先進国のなかで日本の経済成長率はほとんどビリだということです。そこで私が主張したいのは「せめて『普通の成長』をしよう」ということです。何も先進国のなかで一番の成長率を目指そうというわけではありません。世界の先進国およそ30カ国のなかで、せめて真ん中くらいの成長率を目指そうじゃないかと。

では、日本がどうしたら成長できるのでしょうか?

成長の源泉は「投資」です。投資をしなければ成長はありません。身近な例で考えてみましょう。「竹中ベーカリー」というパン屋さんがあったとします。今年100万円の利益がありました。でも、利益はすべて消費してお金を使っていました。すると、来年も100万円しか儲からないことになります。ところが、100万円の利益のうち30万円を投資して、今年より多くのパンを焼けるようにすれば、来年の増益が期待できます。

これが成長の論理です。稼いだお金を貯蓄し、投資して初めて成長できるのです。

日本人は今、とても多くの貯蓄残高を持っています。約1600兆円の個人金融資産を積極的に投資に回し、例えば株に投資したとすると株式会社は投資されたお金を設備に投資したりします。それが将来の収益増につながるかもしれません。私たちが持っている貯蓄を投資することで、それが回り回って経済成長へとつながるのです。

給料が伸び悩むのなら「脳に汗する」投資を

ところが、日本人は「額に汗する」という言葉が大好きなんですね。自分が働かずに利益を得る投資に罪悪感を覚える人もい

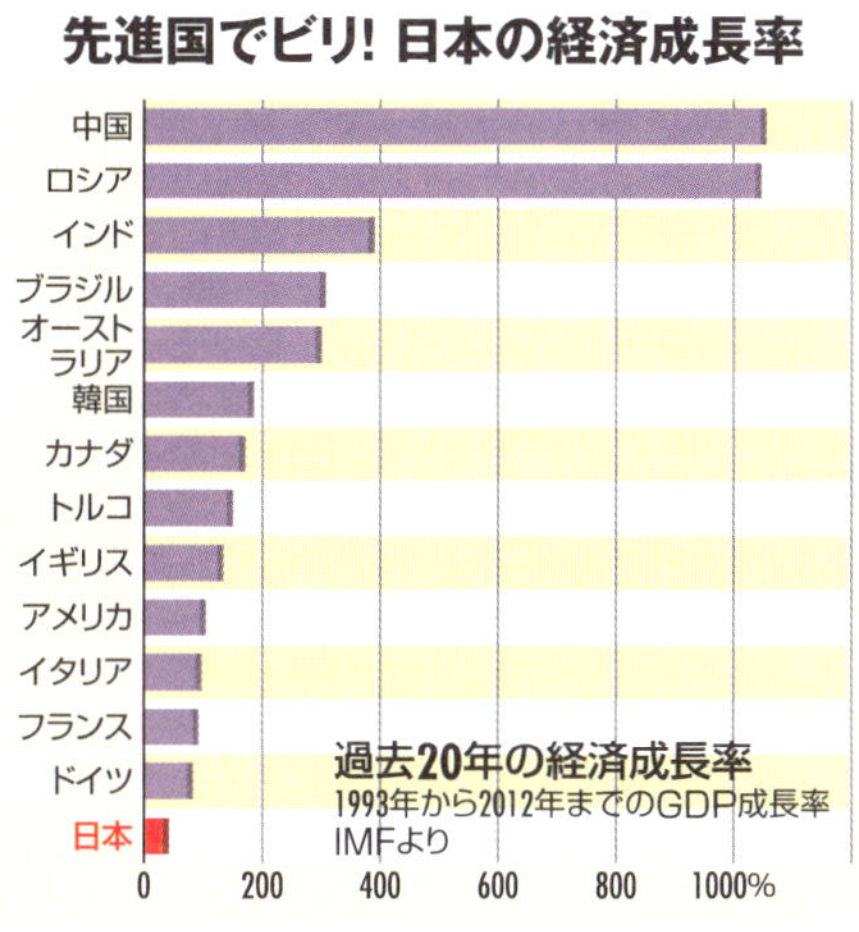

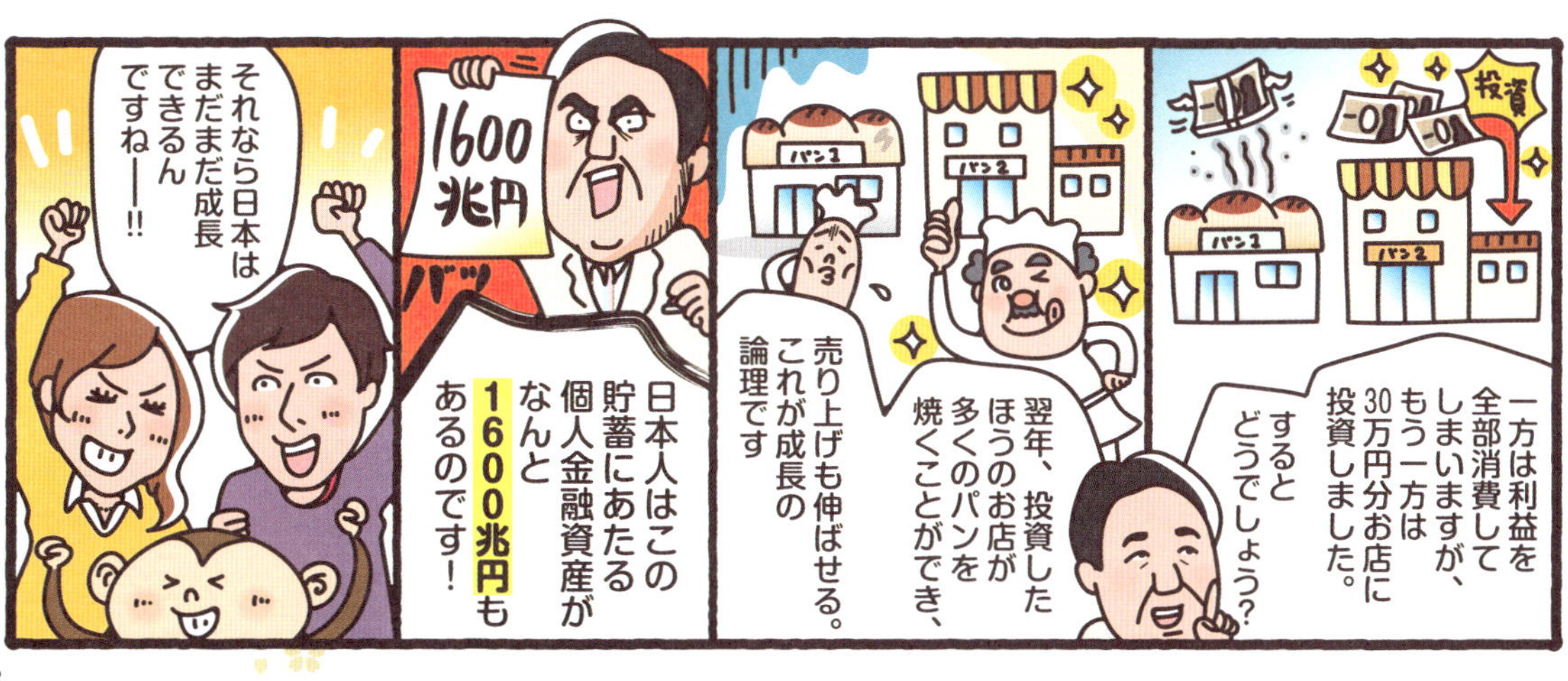

ます。投資では確かに額に汗はかきませんが、「脳に汗する」仕事です。

　私たちの所得は2種類しかありません。額に汗してもらう給料、つまり労働所得と、脳に汗して得られる資本所得です。労働所得で稼げているうちは、資本所得をあまり気にする必要はありませんでした。

　でも、これからも労働所得が右肩上がりに増えると思いますか？

　素直にうなずける人は少ないのではないでしょうか。日本の労働環境も変わってきています。世界経済の一体化、グローバリゼーションの影響は大きくて、日本が作る製品と同じようなものが、新興国だとずっと低いコストで作れます。製造業だけではありません。わかりやすいところでは、事務の仕事でさえもエクセルがあれば簡単に置き換えられます。日本に限らず先進国はどこでもそうです。モノを作っていた工場はより安い賃金を求めて、中国やベトナムへと移っています。「普通の仕事」というのがどんどん減っているんですね。普通に仕事をしていた人がものすごく生きづらい時代になってしまったんです。

　日本に残る職業というのは高度に知的な仕事か、コックさんや運転手さんのような現場でサービスをする仕事など、職業の種類が偏ってきているんです。

　そんな現実を直視しながら、自分を鍛えて、昨日より今日、賢くなっていかないと生活水準は下がっていく一方です。

　今までと同じように働いているのに暮らしが豊かにならない、給料が下がる――。

　これは政治が悪いだけじゃありません。それだけ厳しい時代に私たちは生きているんだ、ということです。

　そこで何をしなければいけないか、先ほど話したように「額に汗して得た給料を今度は脳に汗しながら投資で増やしていきましょう」ということなんです。投資をしないのは堅実ではなく、ただの怠慢です。日本人は勤勉だと言われますが、脳に汗して働くことに対しては怠慢だったのではないでしょうか。

「『諸悪の根源』デフレが終わり 現金を持っていればいい時代ではなくなった」

現金を持っていれば いい時代はもう終わった

　それでは、なぜ日本人は罪悪感すら覚えてしまうほど、投資に消極的なのでしょう。

　1つの理由として「デフレ」が挙げられ

ます。物価が下がっていくデフレの時代は、資産形成が非常に楽な時代でした。専門的にいえば「実質金利」が高い状態です。物価が2％下がるデフレなら、現金をモノに換えて持っていると価値は2％下がるので、現金さえ持っていれば2％の利回りが得られるのと同じです。現金を持っていれば、リスクゼロで金利がもらえるようなものでした。何もしないほうがよかったのです。

　でも、それは経済から見るとどんでもないことです。誰も消費せず、誰も投資しなければ経済は停滞するばかりです。そこで「諸悪の根源はデフレじゃないのか」と考えて始まったのが、アベノミクスでした。

　日本は今、インフレ率2％の目標に向かって進んでいます。インフレ率はまだ1％程度ですから目標達成までには至っていませんが、デフレ脱却へと進んでいることは間違いありません。

　もはや、怠惰に現金だけを持っていればいい、という時代ではなくなりつつあるのです。

為替市場は中期的に大きく動く可能性が高い

　2％目標の下に、アベノミクスが行なったのが大胆な金融緩和でした。これによって為替市場では円安が進んでいます。

「円安政策なんてけしからん」と批判する人もいますが、通貨主権、金融主権はどの国にもあるものです。自国の経済をよくするために行なわれるのが金融政策ですし、その結果として為替市場に影響を与えることもあるでしょう。円安にするために行なっているわけではなく、デフレ脱却のための金融政策ですから「円安政策だ」と非難するのは間違いでしょう。

　とはいえ、アベノミクス以前までの円が異常に高すぎたのも事実です。金融緩和を

きっかけにして、異常な円高が是正されるプロセスにあるのが、今の為替市場です。

また、為替レートは相対的なものです。米ドルと円の取引なら日本だけでなく、アメリカの政策の影響も受けます。金融緩和を始めた日本とは対照的に、アメリカでは第3弾まで続いた量的金融緩和が終了して、利上げへと歩み出しているところです。円高の是正プロセスにあり、米ドルは利上げが見え始めていることで、中期的に為替市場がさらに動く可能性があります。

日本やアメリカだけではありません。先日、ジュネーブで世界の要人が集まる会議に出席してきました。イングランド銀行のカーニー総裁やIMF（国際通貨基金）のラガルド専務理事なども出席していましたが、世界経済に対して2つの見方があったのが印象的でした。

1つは、シリコンバレーに象徴されるイノベーションが、新たな経済成長の芽となるという見方です。確かに個別の事例を見ると、非常に将来性を感じるものでした。

もう1つは、アメリカのサマーズ元財務長官が唱える「セキュラー・スタグネーション」、長期停滞です。長期的に資本収益率や金利が低下しており、世界経済が成長しづらい時代に入っているという見方です。

「経済が大きく揺れている今、為替市場にも大きな変化が訪れる」

両極端な現象ですが、それだけ見方が揺れる時代であり、経済が揺れる時代となっているということです。為替市場も大きく揺れる可能性がありますし、そこで脳に汗をかいて一生懸命に投資機会を探すのは、普通のことでしょう。

バルコニーに駆け上がって見ろ 大局から世界経済を見つめる

もちろん、投資は簡単ではありません。日本人は労働所得を得るのは得意でも、資本所得を得るノウハウは十分にありません。

日本の銀行や証券会社も、世界と比べれば稼ぐ力が低い。未経験の人に向かって急に「高い投資能力を持とう」といっても難しいでしょう。

何も、目を血走らせてヒステリックに勉強する必要はありません。身近にできることから少しずつ始めていきましょう。新聞の経済面を読むところからでもいいですし、仲間と「投資クラブ」のようなものを作ってみるのもよいと思います。

そのとき、皆さんに意識していただきたい言葉があります。ハーバード大学のロナルド・ハイフェッツ教授が言った「バルコニーに駆け上がって見ろ」という言葉です。日本人は自分たちが豊かだと思っていますが、過去20年の経済成長率はビリです。世界で最も豊かな国とされているルクセンブルクやノルウェーと比べたら国民1人あたりの所得水準は4割ほどです。

バルコニーのような高いところから見下ろすと、普段とは違った光景が広がっていることがあります。バルコニーに駆け上がって世界経済を見渡してみれば、投資の機会が見えてくるのではないでしょうか。まずは、その一歩を踏み出してみましょう！

アベノミクスではこんなことがあった！

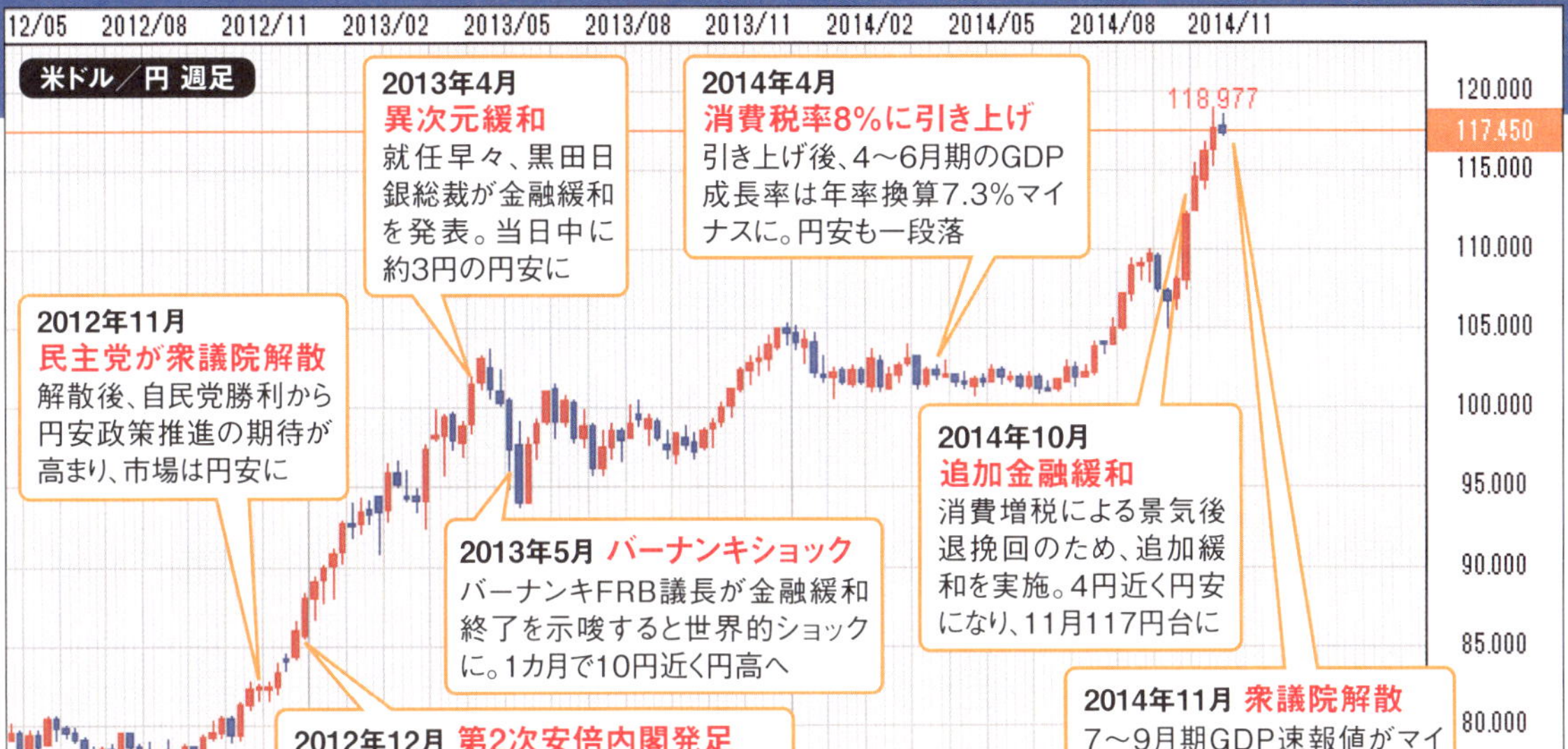

Contents

3限目

燃える！ローソク足入門

チャートには何が書いてある？

川口一晃先生

4限目

「順バリ」マスター講座

トレードとはチャートである！

川合美智子先生

5限目 中長期相場予測
景気・金利・言葉をどう読むか?
山本雅文先生

6限目 ファンダメンタルズ実践編
アナリスト気分でニュースを分析してみよう
松崎美子先生

9限目

完全マスターFX資金管理

「リスク」と「資金」の管理がイチバン大事！

ロブ・ブッカー先生

10限目

マネーを育てる究極講義

『外為どっとコム』でFXを取引してみよう！

川畑琢也先生

1限目

FX概論

FXに目覚めた日本人

外貨預金? 投資信託?
いやいやFXです!
その理由を教えましょう

西原宏一 先生

シティバンク東京支店の為替部門チーフトレーダーとして活躍し、ドイツ銀行ロンドン支店などを経て独立。近著に『30年間勝ち続けたプロが教える シンプルFX』(扶桑社)がある。
http://www.ck-capital.jp/

プロディーラーも認めたFXの魅力

No.1ディーラー

Introduction

身近になった「外貨」海外旅行で為替を実感！

国境を越えて変わるのは言葉や文化だけじゃない！

僕がロンドンで為替ディーラーとして働いていた頃の話です。ロンドンからフランスまで、ドーバー海峡を通るユーロトンネルを使うと1時間もかかりませんから、よく足を運んでいました。

国境を越えるとまず実感するのは食べ物の違いです。私の身の回りではイギリスの食事はあまり評判がよくありませんでしたが、実際にドーバー海峡を越えた途端、美味しい食べ物にありつけました。

国境を越えると、もう1つ感じるのが通貨の違いです。当時はまだユーロ誕生前で、フランスはフラン、ドイツはマルク、スペインはペセタとそれぞれの通貨を使っていました。1ポンドのコーヒーが国境を越えると10フランになったりしますし、国によって自動車の値段なども違ったので、国境を越えて安い国へ買い物に行く人もいました。ヨーロッパでは、為替が生活に溶け込んでいるのです。

僕が思うに、世界で為替と縁の少ない国が2つあります。1つはアメリカです。米ドルは「基軸通貨」といわれ、世界中で高い信用力があり、わざわざ他の通貨に替える必要が少ないからです。もう1つは日本。日本は島国ですから、国境を越えて行き来する機会が少ないのも理由の1つでしょう。

僕がロンドンにいた頃に比べると、外貨は身近になりました。海外旅行に行きやすくなり、週末に韓国や台湾へ行く人もいます。出発前に空港などで両替するとき、為替レートの存在を実感する人も多いでしょう。

2011年頃、1ドル75円へと円高が進んでいたときには、少ない円でたくさんの外貨と交換できましたし、アベノミクスで円安が進むと、1ドルを手に入れるのに多くの円が必要になりました。あるいは、海外のインターネットサイトでドル建て、ユーロ建ての買い物をするときに、為替レートを実感することもあるでしょう。

FXの登場でプロと遜色ない取引環境に

1998年には外為法が改正され、FX（外国為替保証金取引）が登場。日本人を取り巻く為替環境は一変しました。外貨預金ではできなかったレバレッジを効かせて、より少額でより多くの金額を取引でき、しかも外貨預金よりもコストは格段に低い。さらに銀行の営業時間にとらわれることなく24時間、好きなときに外国為替取引ができるようになったのです。

僕は長年、銀行やヘッジファンドで外国為替のトレーディングを行なってきましたが、今は個人と同じ立場でFXを取引しています。その経験から感じたFXの魅力、楽しみ方、それに勝つためのちょっとしたヒントをこれから皆さんにお伝えしていきたいと思います。

FXの6つの魅力!

わ〜!
FXのよさって
こんなにあるのね!

外貨商品のなかで格段にコストが安い!

FXの取引コストは安いところで1万ドルあたり30円程度なのに対し、外貨預金だと500〜1万円とか。どちらがコスト的に有利か一目瞭然!

→詳しくはP.18へ

円高・円安どちらでも収益チャンスがある!

外貨預金で収益が狙えるのは外貨の価値が上がったときだけ。でもFXなら「売り」からも始められるから、下がっても収益チャンスがある!

→詳しくはP.16へ

日々の楽しみスワップポイント

預金でいう利息に近いのが、FXではスワップポイント。サクサク貯まっていくから、スワップを再投資して外貨を買い増すこともできる!

→詳しくはP.22へ

レバレッジを味方に元手は少額でいい!

FXでは最大25倍のレバレッジをかけられるから数万円もあれば始められる。取引上手になれば小さなお金で大き収益獲得も夢じゃない!

→詳しくはP.20へ

帰宅後でも取引OK 24時間取引可能

為替市場はグローバル。平日24時間いつでも開いている。帰宅後でも早朝でも昼休みでも、都合のいい時間にマイペースで取引しよう!

→詳しくはP.24へ

為替市場は世界を反映意識も高まっちゃう!

経済はもちろん政治、戦争、天候などさまざまな要素が反映される為替レート。FXの上達=世界の変化に敏感になることでもあるのだ!

→詳しくはP.26へ

補習授業

ユーロ誕生
(ゆーろたんじょう)

米ドルに次ぐ主要通貨のユーロだが、誕生したのは1999年とまだ歴史は浅い。2014年11月時点で18カ国で利用され、新たに採用を検討している国もある。

基軸通貨
(きじくつうか)

貿易決済などで使われる、世界経済の中心となる通貨のこと。現在の基軸通貨は米ドルだが、英ポンドが基軸通貨とされていた時期もある。

外為法
(がいためほう)

外国為替及び外国貿易法のこと。外国為替取引に関するさまざまなことを取り仕切る法律。規制緩和の流れを受けての改正で、FXが解禁された。

1
限目

円高・円安、ドル高・ドル安 上がっても下がってもチャンス

外貨預金に比べて収益チャンスは2倍！

ＦＸが登場する以前、外貨に投資するメジャーな手段は外貨預金でした。外貨預金は円を外貨に替えて預ける預金ですから、外貨の価値が下がれば、つまり円高になれば、損失が発生するリスクがあります。外貨預金は円を外貨に替える取引からしか始められないので、外貨の価値が下がる円高リスクから逃れられません。

ところが、ＦＸでは円高が進んでいる場面でも、収益チャンスがあります。円安のときに収益が狙える「買い」だけでなく、円高のときに収益が狙える「売り」からも取引を始められます。買いであれば「安く買って・高く売る」ことで利益になりますが、売りだと逆、「高く売って・安く買い戻す」ことで利益になります。

例えば1ドル120円のときに売りから入り、110円のときに買い戻せば10円幅の利益です。株でも信用取引を使うと、売りから入ることができますが、それと同じイメージです。

外貨預金と違い、ＦＸでは売りから入れることで戦略の幅がぐっと広がります。この数年だけでも、リーマンショックやギリシャショックなど、多くの経済危機があり、そのたびに急激な円高を引き起こしてきました。こうした○○ショックは、売りで大きく稼ぐチャンスともなります。米ドル／円でいえば、それまでの円安トレンドが一転して、一直線に円高が進むような相場です。

売りを使って急落相場で大きく利益を得る人も

リーマンショックのとき、4日間で1ドル101円から90円まで急落しました。このとき、1万ドルを売っていれば、4日で11万円の収益です。こうした相場で売りの取引を繰り返していれば、さらに大きな収益を得られました。

僕の知る限り、個人投資家で億を稼ぐような人たちは、○○ショックといわれる局面で大きな収益をあげて、平時はコツコツと小さな利益を積み重ねるといったスタイルの人が多いようです。

ＦＸを始めたばかりだと、売りになじめない人もいるようですが、難しく考えず、「為替レートが下がると利益が出るのが売りだ」と割り切ってください。

為替市場には上昇が続くこともあれば、下落が続くこともあります。買いから入ってばかりだと、収益機会は半分になってしまいます。買いも売りも同じようにこなせるようになって一人前。ＦＸではせっかく売りという外貨預金にはない便利な手段があるのですから、臆せず積極的に売りを活用してみましょう。

FXでは、円高でも円安でも利益が狙える！

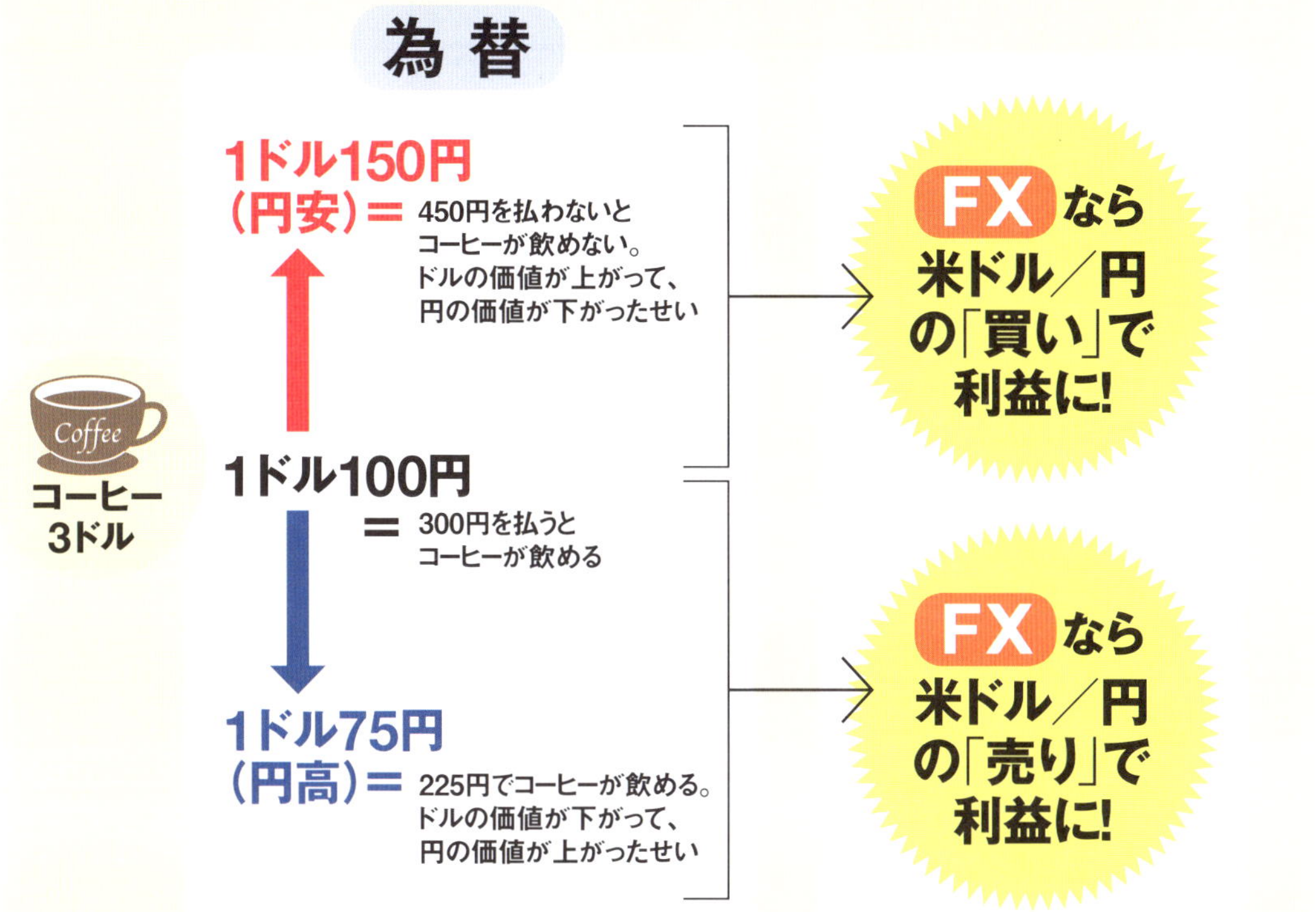
為替
1ドル150円
（円安）＝ 450円を払わないとコーヒーが飲めない。ドルの価値が上がって、円の価値が下がったせい
Coffee
コーヒー3ドル
1ドル100円
＝ 300円を払うとコーヒーが飲める
1ドル75円
（円高）＝ 225円でコーヒーが飲める。ドルの価値が下がって、円の価値が上がったせい
FXなら米ドル／円の「買い」で利益に！
FXなら米ドル／円の「売り」で利益に！

ポイント　買いはロング　売りはショート

FXの買いは「ロング」、売りは「ショート」と呼ばれることも。由来は諸説あるが、よく使われるので深く考えず覚えておこう。

FXは売りからも始められるのね！
収益チャンスは外貨預金の2倍。うっきー！

補習授業

円高（えんだか）

円の価値が高まること。1ドルを交換するのに100円を支払わなければいけなかったのが、80円ですむようになれば円高になったということ。

リーマンショック（りーまんしょっく）

2008年、アメリカの大手証券会社リーマン・ブラザーズの経営破綻から起きた、「100年に一度の危機」といわれる超大規模な経済危機。

ギリシャショック（ぎりしゃしょっく）

2010年、ギリシャの巨額財政赤字が発覚したことをきっかけに、債務不履行懸念がアイルランドやスペイン、ポルトガルなど欧州各国へと波及した経済危機。

1 限目

コスト差最大200倍!? 外貨預金より断然格安なFX

外貨預金は最大2万円、FXは100円!?

ＦＸの登場で積極的に外貨へ投資できる環境となりましたが、最大の変化は取引コストの大幅な低下です。

皆さんが外国為替を意識するのは、海外旅行などの際に両替するときではないでしょうか。ある日ある銀行では、１０２円95銭を支払うと1ドルと交換してもらえると書いてありました。つまり1ドル１０２円95銭のレートですが、同日の為替レートは1ドル１００円ほどで、１０２円なんていうレートではありませんでした。この2円95銭の差は、両替にかかる手数料分だということになります。為替に興味がなければ疑問を持たずに両替してしまいますが、じつは非常に高いレートです。

こうした「為替レートに手数料分を乗せる」仕組みは、外貨預金やＦＸでも同じです。「仲値（なかね）」と呼ばれる基準レートに銀行や両替所、ＦＸ会社は手数料を乗せることで収益を得ています。**外貨を買うときは仲値に手数料が上乗せされ、外貨を売るときには仲値から手数料が差し引かれるので、僕たちは実際のレートよりも「高く買わされ・安く売らされる」ことになります。**仲値にいくら手数料を乗せるかは会社により違いますが、一般的に大手都市銀行の米ドル外貨預金だと1円ほど、ネット銀行だと10銭前後です。

こうした買値と売値の差は「スプレッド」と呼ばれます。買値・売値にそれぞれ1円上乗せされるのであれば、スプレッドは2円。預けて引き出す往復取引をしたときのコストは、1万ドルなら2万円（＝2円×1万）です。両替所だとスプレッドが5円なんてこともありますから、1万ドルの往復コストは5万円にもなります。

低コストだから利益が出しやすい

ところが、ＦＸのスプレッドは今や1銭以下が当たり前です。１万ドル分を買って売る往復の取引で、取引コストは１００円以下と、外貨預金との差は歴然です。

売値と買値に2円の差があると、為替レートが最低2円は有利に動いてくれないと収益が出せません。これではプロであっても、日々収益を生み出すのは難しいでしょう。**コストが格安のＦＸなら、わずかな為替レートの変化から収益を生み出すことができます。**

以前は銀行に勤めるプロのディーラーであっても5銭、10銭というスプレッドのなかで取引するのが当然でした。それが今やＦＸを使えば1銭以下のスプレッドで取引できるのですから、時代は変わりました。僕らが為替で稼げるのもＦＸがあってこそ、なのです。

スプレッドって何?

売値	+手数料	仲値	+手数料	買値
99円99銭	1銭	100円	1銭	100円01銭

この差がスプレッド!

FXと外貨預金で2円上昇したときの利益を比較すると

	FX(スプレッド2銭) 売り	FX(スプレッド2銭) 買い	仲値	外貨預金※(スプレッド2円) 売り	外貨預金※(スプレッド2円) 買い
買い	99円99銭	100円01銭	100円	99円	101円
決済	101円99銭	102円01銭	102円	101円	103円
	1円98銭の利益!			利益はゼロ!	

1万ドル売買していたら…

1万9800円の利益!(取引コスト200円)

利益ゼロ!(取引コスト2万円!)

※大手都市銀行の場合

補習授業

仲値(なかね)

外貨預金や両替などで外国為替を取引するときの基準となる為替レート。銀行では一般的に午前10時時点の為替レートがその日の仲値となる。FX会社の取引レートは仲値ではなく、刻々と変わる為替レートに合わせて決まる。

往復取引(おうふくとりひき)

円を外貨に替えて、外貨を円に戻すのが往復取引。海外旅行のための両替で、円を外貨に替えて外貨のまま使ってしまえば片道の取引となる。外貨預金やFXでは決済して取引が完了することがほとんどなので、往復取引が基本となる。

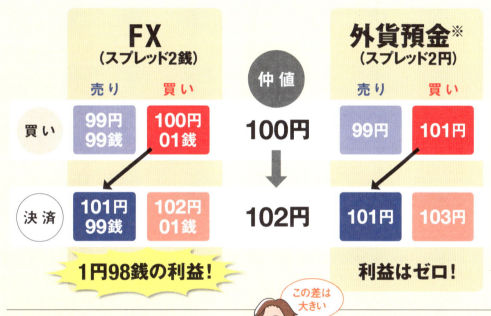

1限目 少額スタート&ハイリターンを可能にしてくれるレバレッジ

為替は株よりリスクが低い!?

株価に比べると外国為替市場の変化はわずかです。デイトレーダーが好んで売買するミクシィ株は1日に10%以上動くこともありますが、1ドル100円から110円に上がれば超大ニュースです。外国為替市場は1%も動かない日がほとんどですから、値動きだけで見ると株よりもリスクの低い市場と言えます。

ところがFXにはレバレッジがあるので、皆さんには「ハイリスク・ハイリターン」というイメージがあるかもしれません。レバレッジとは「てこ」という意味です。てこを使えば小さな力でも重たいモノを動かすことができますが、FXでもレバレッジの効果によって、小さな金額でも大きな金額の取引ができます。個人投資家がFXで使えるレバレッジは最大25倍です。10万円の資金を25倍にして、最大250万円分の取引ができるのです。

1ドル100円のとき、10万円あれば、レバレッジをかけなくても1000ドルが買えます。1ドルが110円に上がれば1000ドルの価値は11万円となり、1万円の利益です。

レバレッジがあるとどうでしょうか。10万円の資金を25倍にして、250万円分のドル、2万5000ドルが買えます。1ドル110円になると、その価値は275万円ですから決済益は25万円。10万円の元手しかなかったのに、25万円もの利益を得ることができます。これがレバレッジ効果です。

利益のときも損失のときも大きくなるのがレバレッジ

ただし、為替市場は不都合な方向にも動きます。先ほどのレバレッジが25倍の例でいえば、100円で買ったドルが96円へと4円下がると、損失は10万円。元手が全減してしまいます。レバレッジを大きくかけていると、元手がなくなるのもあっという間なのです。

FX会社ではそれを防ぐために「ロスカット」(138ページ参照)の仕組みもありますが、レバレッジを大きくかけるのは「利益は大きく、損も大きく」ということですから、レバレッジを高めた取引は長く保有せず早めに決済することも大切です。

また、FXは1万ドル単位(1万通貨単位)での取引が主流ですが、最近では1000ドル単位(1000通貨単位)で取引できるFX会社が増えています。1000米ドルならば、必要な資金(保証金)は4900円※。ギリギリの金額で始めてしまうと、柔軟な取引ができず苦しいのですが、1000ドル単位の取引ならば10万円、20万円もあれば十分でしょう。

※2015年1月5日現在

「レバレッジ」ってどういうコト？

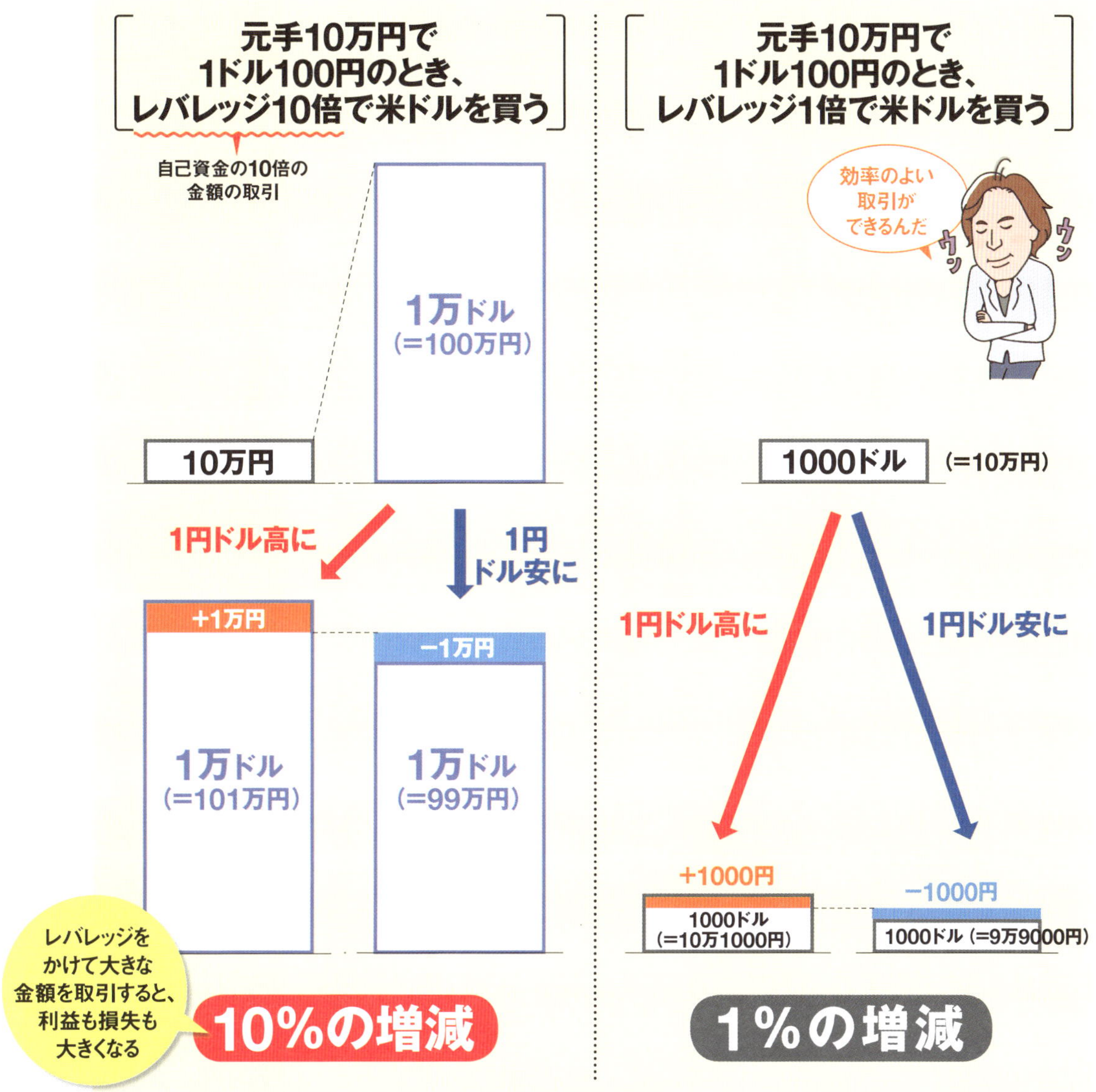

補習授業

ロスカット（ろすかっと）

取引が不利に進んで損失が膨らみ、一定レベル以上になったとき、FX会社が自動的に決済してくれる仕組み。ロスカットの仕組みがなければ、自己資金以上の損失が発生し、FX会社に対して「不足金」が発生するリスクがより高まる。

保証金（ほしょうきん）

FX取引の際に必要となるお金のこと。FXでは保証金に対し、どのくらいの取引を行なうかも大切。多くの金額を入れ、小さく取引すれば「低レバレッジ」でリスクも小さいし、少額で大きな取引を行なうと「高レバレッジ」でハイリスクになる！

1限目

日々の楽しみスワップポイント
FXは外貨預金のようにも使える

スワップポイントは2通貨の金利の差

外貨預金には金利がつきますが、FXではこれに近いものとして「スワップポイント」があります。**スワップポイントは毎日発生し口座に反映され、FX会社によっては貯めたスワップポイントだけを引き出して使ったり、再投資して保有するポジションを増やしたりと、自由度が高いのが特徴です。**

FXのスワップポイントは2通貨の金利差です。豪ドル/円ならオーストラリアと日本の金利の差がスワップポイントとなります。オーストラリアの金利が年4%、日本が年1%なら、年3%を日割りした金額が1日のスワップポイントの目安となります。

2014年時点では先進国が軒並み低金利なので、スワップポイントの魅力も薄れていますが、世界には高金利の国もあります。**トルコの政策金利は8・25%ですし、南アフリカは5・75%です**(14年12月10日時点)。

こうした新興国の通貨にFXで投資すると、1万通貨当たりのスワップポイントはトルコリラ/円が1日100円程度、南アフリカランド/円が1日10円程度になります。年利回りに換算すると大体、トルコリラが7%、南アランドは3・6%です(同)。ただし、これはレバレッジ1倍で投資した場合で、2倍にすれば利回りも2倍、5倍なら利回りも5倍になるので魅力は高まります。

リーマンショック以前には金利差を狙って投資する「円キャリートレード」がブームになったこともありました。日本がゼロ金利なのに欧米の先進国は金利を引き上げて円との金利差が拡大し、しかも円安が進んでいたためです。

しかし、リーマンショックで円高へトレンドが転換するとスワップポイントで得た利益以上の為替差損が発生する人が続出しました。

中長期スタンスでコツコツ貯める

FXの一番の醍醐味は為替市場の変動をダイナミックに狙った取引ですが、のんびりとした中長期スタンスでスワップポイントをコツコツと貯めるスタイルの人も大勢います。そうした人に人気なのは前述のトルコリラや南アランド、それに豪ドルやニュージーランドドルなどですが、**中長期のトレンド方向に反した取引では思わぬ損失が発生することもある**ので気をつけましょう。

また、スワップは支払いになる場合もあります。金利が低い通貨を買って、金利の高い通貨を売った場合です。支払いといっても数日、数週間といった短期ならば、問題にならない金額ですが、念のため頭に入れておきましょう。

スワップポイントは2通貨の金利差

通貨ペア	必要保証金額（1000通貨あたり）	スワップポイント（1万通貨あたり） 買い	売り
米ドル/円	4,900円	1円	－6円
ユーロ/円	6,000円	0円	－15円
ユーロ/米ドル	6,000円	－0.14ドル	0.05ドル
豪ドル/円	4,000円	63円	－75円
ポンド/円	7,500円	18円	－33円
ニュージーランドドル/円	3,800円	80円	－94円
カナダドル/円	4,200円	22円	－31円
スイスフラン/円	5,000円	0円	－5円
香港ドル/円	1,000円	0円	－5円
ポンド/米ドル	7,500円	0.07ドル	－0.17ドル
米ドル/スイスフラン	4,900円	0フラン	－0.1フラン
南アフリカランド/円	1,000円	10円	－15円
トルコリラ/円	2,100円	72円	－77円
人民元/円	1,000円	10円	－15円
ノルウェークローネ/円	1,000円	3円	－9円
スウェーデンクローナ/円	1,000円	0円	－6円
メキシコペソ/円	1,000円	1円	－6円

売買するのに最低限必要な金額

※外為どっとコムの場合（2015年1月5日）

ポイント 高スワップポイントの新興国通貨

トルコや南アフリカなどの新興国は高金利が魅力だが、高いインフレ率などの悪材料を抱えていたりもする。よく検討してから取引を。

支払いになる場合もあるっきー！
スワップポイントって何だかお得な気分♪

補習授業

先進国
（せんしんこく）

定義はさまざまだが、わかりやすいのはG7（先進国首脳会議）参加国。日本、アメリカ、イギリス、カナダ、ドイツ、イタリア、フランスだ。

新興国
（しんこうこく）

経済発展中の国。代表格は「BRICs」（ブリックス）と総称されるブラジル、ロシア、インド、中国の4カ国だが、南アフリカやトルコなど有望な国は多い。

為替差益
（かわせさえき）

為替レートの変動から得られる利益のこと。FXではこの為替差益（キャピタルゲイン）と、スワップポイントによる収益（インカムゲイン）の2つの収益源がある。

1
限目

市場の都合よりあなたの都合 FXは24時間いつでも取引

夕方から夜にかけて一番盛り上がる！

日本の株式市場が開くのは朝9時から15時まで。日中、仕事をしている人はリアルタイムに相場を見るのが難しい時間です。しかし、**為替市場は24時間いつでも開いています。**

僕が銀行でディーラーとして働いていたときも、東京市場の時間が終わりに近づくと、ポジション（保有中の通貨）をロンドンなど欧州で働くディーラーに引き継いでから帰宅することがありました。そうやって世界のディーラーが引き継いでいき、結果として24時間いつもどこかで外国為替取引がなされていることになります。

FXで取引するのは外国為替市場ですが、株のように東京証券取引所やニューヨーク証券取引所のような単一の市場はありません。外国為替市場のメインプレイヤーとなるのは銀行ですが、銀行のもとには貿易に必要となる外貨を買ったり、海外で受け取った外貨を円に替えたいという輸入企業、投機によって儲けたいヘッジファンド、あるいはFX会社など、さまざまな会社から注文が入ります。

こうした会社と値段が折り合えば売買が成立する「相対（あいたい）取引」で為替レートは決まり、個々の取引の全体が外国為替市場と呼ばれています。ですから、**為替を取引したい人がいる限り、取引が発生し、24時間いつも世界のどこかで為替レートが決まることになります。**

東京、ロンドン、ニューヨークが3大市場

ただし、時間によって中心となる国が異なります。9時から夕方までは日本が中心となる「東京市場」の時間ですし、日本のディーラーが帰宅する夕方からは「ロンドン市場」、22時（夏時間は21時）を過ぎると「ニューヨーク市場」の時間です。

ロンドンとニューヨークは、東京とともに為替の3大市場に数えられる中心地ですから、**両市場が重なる21時から0時過ぎに値動きは拡大しやすくなります。**この時間帯は仕事から帰宅し、あるいは家事を終えて一段落する頃でもあるでしょう。ちょうどその頃が為替市場のピークですから、日本人はとても恵まれています。

ニューヨーク市場が終わるのは朝7時（夏時間は6時）で、為替市場ではこの時間が1日の区切りとされます。ただ、すでにニュージーランドのウェリントン市場では新しい1日が始まっています。

また、土日は為替市場もお休みですが、元日などごく一部を除き、FXは祝日に関係なく取引できます。取引チャンスが非常に多いのが、FXならではの特徴でしょう。

世界のどこかで24時間、為替取引がなされている!

※夏時間の場合、ウェリントン・シドニーは1時間遅く、欧州・ニューヨークは1時間早まる。

※冬時間の場合

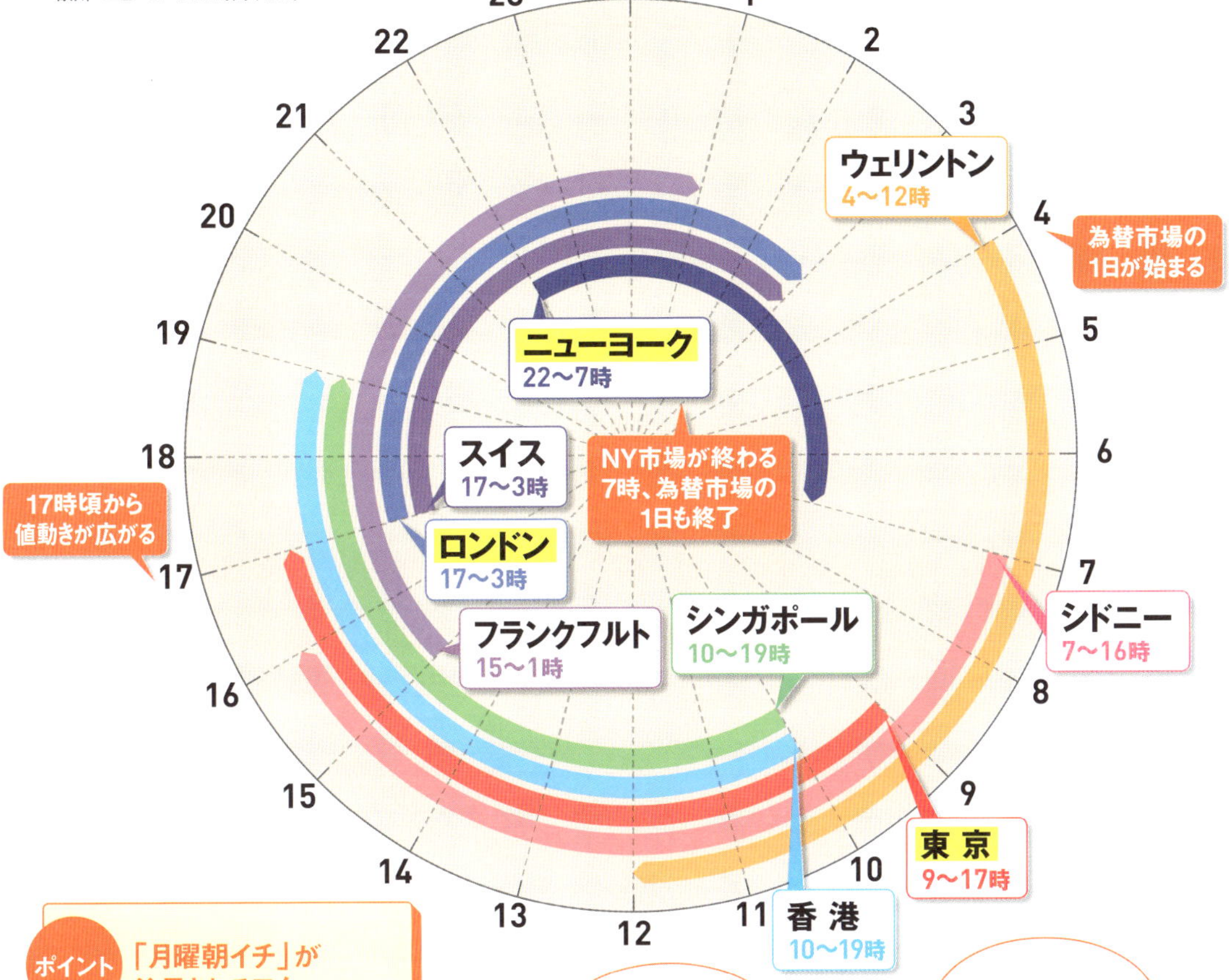

ポイント 「月曜朝イチ」が注目されるワケ

週末の大きなニュースが為替に反映されるのは月曜早朝、ウェリントン市場の時間だ。市場参加者が少なく大きく動きやすいので要注意。

補習授業

相対取引(あいたいとりひき)

FX会社と個人投資家、銀行と企業のようにそれぞれが取引価格に合意し成立するのが相対取引。株のように取引所が決めた価格で売手と買手が取引するのは取引所取引。東京金融取引所による取引所取引のFX「くりっく365」もある。

3大市場(さんだいしじょう)

世界でも取引が多い東京、ロンドン、ニューヨークが3大市場と呼ばれる。東京市場では円の取引が活発になり、ロンドンではポンドやユーロが、ニューヨークでは米ドルが動きやすいといったように、各市場で特徴がある。

1限目

景気も紛争も飲み込む為替“ニュース通”になれちゃう!?

思わぬニュースが為替を動かすことも

「乳製品価格が下落！」

そんなニュースで為替が動くことがあります。乳製品を主産業とするニュージーランドの場合ですが、このように為替市場ではさまざまなニュースが材料となります。景気や金利、テロ、紛争、選挙、株や資源価格、企業買収――。

ですから、FXでは世界の動きに敏感になる必要がありますし、逆にFXをやっていると新聞やニュースが気になるようにもなります。僕自身、日々のニュースが「為替にどう影響するだろうか」と意識して考える習慣がついていますし、アベノミクスが市場のテーマになるのであれば、その理論面を支える経済学者の本を読み、理解を深めようとしたりもします。為替をきっかけにして、自分のアンテナを広げていくわけです。

もちろん最初は乳製品価格の下落を取引につなげるのは難しいでしょう。まずは本書のような入門書を読み、さまざまな人の分析を眺めることが上達への近道です。最初はプロの分析を参考にして、だんだんと自分のオリジナルに変えていくのがよいでしょう。

「FXが好き！」の思いが上達への近道になる！

プロの優れたディーラーは皆、取引ノートを作り、読み返しては向上のヒントを探していました。そこまで熱心にやれるのは根底に「為替が好き」という思いがあるからでしょう。

FXの上達には、好きになることが第一ですし、楽しくなくては好きになれません。取引や分析を話し合える仲間を見つけるのも、FXを楽しくする方法の1つです。FX会社のセミナーへ出かけたり、FXトレーダーの集まる会に足を運んだりすることで、上達のヒントが得られることもあります。

反対に、やめたほうがいいと思うのが、コソコソ取引することです。よく聞くのが家族に内緒でFXを始めるケースなのですが、精神的によくありません。損したときに隠そうとしたり、すぐに損を取り戻そうといつもより多くの金額を注ぎ込んだりして、心のバランスを崩しがちです。そんな状態では、家族関係もFXも上手くいきません。

FXを楽しくしてくれるのは、やはり利益を得ることでしょう。利益が出ればFXが好きになりますし、上達への意欲も自然と高まります。最初に損して「もうや～めた」となってしまう人も多いのですが、最初から利益が出せるほど甘い世界ではありません。なぜ負けたのかを反省し、「もう一度勉強してやり直そう！」と思える人こそ、最後に勝つ人です。

為替には世界で起きることのすべてが反映される

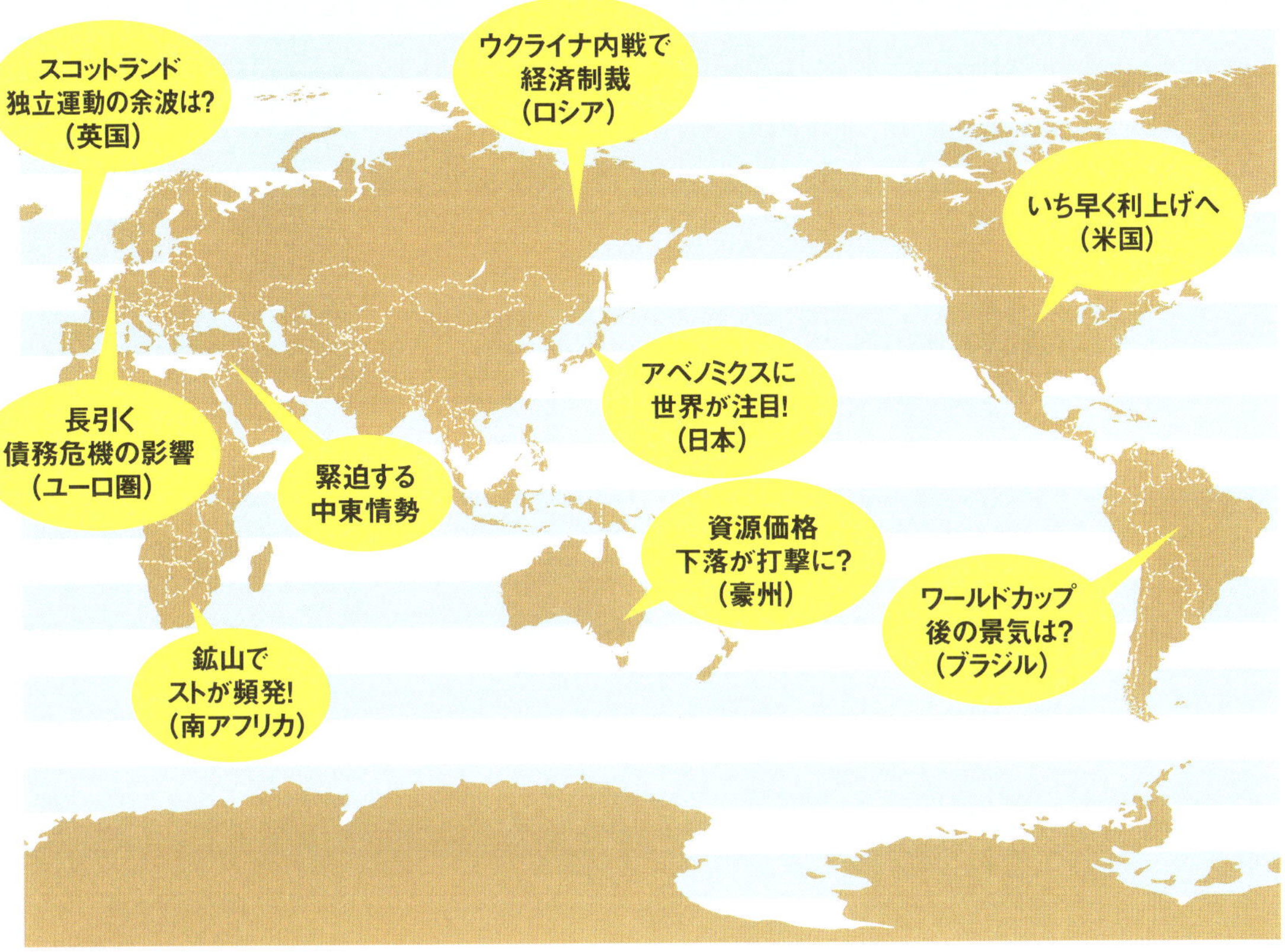
スコットランド
独立運動の余波は?
(英国)
ウクライナ内戦で
経済制裁
(ロシア)
いち早く利上げへ
(米国)
アベノミクスに
世界が注目!
(日本)
長引く
債務危機の影響
(ユーロ圏)
緊迫する
中東情勢
資源価格
下落が打撃に?
(豪州)
ワールドカップ
後の景気は?
(ブラジル)
鉱山で
ストが頻発!
(南アフリカ)

ポイント　会場セミナーへの参加方法は?

FX会社が行なうセミナーはオンラインが主流だが、一部には会場セミナーを積極的に行なうFX会社も。一度参加してみよう。

FXをやると
賢くなれそう〜
情報への
感度が自然と
上がるよーっ!

用語解説

材料(ざいりょう)

値動きに影響を与えるすべてのものを総称して材料と呼ばれる。ニュースであったり、値動きの勢いだったり、中央銀行総裁の発言であったり、景気動向を示す指標であったりと、為替市場の材料となる要素は非常に多い。

アベノミクス(あべのみくす)

2012年の第2次安倍内閣発足とともに始まった一連の経済政策。「円高の是正」を目標の1つとしており、13年4月に日本銀行が行なった「異次元緩和」は外国為替市場に大きなインパクトを与えて、円安が進むきっかけとなった。

西原先生からのアドバイス

外貨預金より柔軟に、効率よく外貨投資！

デフレ脱却が迫る今、
外貨投資は欠かせません。
レバレッジ、低コスト、売りも買いもできるなど、
メリット多彩なＦＸを活用して、
外貨投資に積極的に
目を向けていきましょう。

西原宏一先生は「ザイFX！」とコラボで有料メルマガ「FXトレード戦略指令！」を月100本配信中！
ご自身のポジションも公開していて、信頼性の高さも人気の理由のひとつだ。

登録後10日間無料 西原宏一　ザイFX 検索 **で検索**

2限目

取引前の必修授業

デモトレでFXを体感しよう

FXもスポーツと同じ。
自然に発注できるよう
「筋トレ」が大切です

石川久美子 先生

外為どっとコム総合研究所 研究員。外国為替相場担当の編集記者として新聞や雑誌などで活躍し、2009年より現職。日々のレポートやツイッター、セミナーなどを通じてFXに役立つ情報を配信中!

FXを始める前に必要な知識の全部!

FXヴィーナス

Introduction

実際のお金で試す前にデモ!「慣れ」と「筋トレ」を

FXで必須の習慣をデモで身につけておく

FXは「世界を知る扉」なんです。政治や経済、世界の紛争、労働問題、文化や慣習、国民性まで、何が外国為替市場に影響を与えてもおかしくありません。

だから、日々のニュースを見ながら「今、世界の流れがどうなっているのだろう」「このニュースは外国為替市場にどう影響するだろう」と考える習慣がつきますし、興味の範囲が広がっていきます。「今、為替が動いた理由は何だろう?」とニュースを調べてみたり、反対にニュースから為替を予想したりして、興味の範囲は広がっていくのですが、それを知る目的となるのは、為替の値動きなんです。

これからFXを始めようとする皆さんですが、もし知らない間にサイフのお金が増えたり減ったりしたら、とても怖いですよね。

FXを始めるときもそれと同じ。右も左もわからずにFXの取引を始めると、知らない間に口座のお金が増減してしまいます。

そうならないように、FXではバーチャルなお金を使って練習ができる「デモ口座」があります。デモ口座では実際に使うのと同じ取引ツールを使って為替レートを見たり、新規や決済の注文をして取引したりすることができます。例え損をしてもお金がなくなるわけではないので、安心してFXを試してみることができるのです。

何度も繰り返し勝つための身体づくりを

このデモ口座には2つの意義があります。1つは「FXに慣れること」。注文画面の使い方を知っておかないと、いざ決済したいときにできずにあわててしまいます。

それにFXには独特の用語がありますし、時間によってどんな値動きをするのか、レバレッジを変えることによって損益がどう変わるかなど、FXならではの部分はデモ口座のうちに慣れておくことが大切です。

もう1つは、「筋トレ」の場としての意義です。プロのテニス選手は力強いショットで相手のコートの隅を狙って打ち返すことができますよね。プロのテニス選手にしたって、何もせずに強くて正確なショットを打ち返せるのではなく、練習を重ねてきた結果です。

FXも同じで、利益を上げるために必要なルールを決め、デモ口座を使って反復練習し、自然に体が反応するようにしておく必要があります。実際のお金を使って筋トレするのは不安ですが、デモ口座ならば実力が身につくまで思い切り筋トレすることができます。

デモ口座の利用は無料です。利用期限がある場合もありますが、再申し込みすることで何度でも使えます。自分自身が納得いくまでデモ口座を使いこんで、「世界を知る扉」を開いてみましょう!

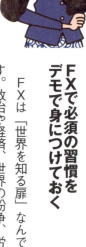

デモ口座と実際の口座の違い

	デモ口座	実際の口座
資金	仮想のお金	実際のお金
取引ツール	同じ	
チャート	同じ機能	
チャート／ニュース	閲覧制限あり	制限なし
口座開設料	無料	
使用期限	90日間（再登録可能）	なし

※外為どっとコムの場合（2015年1月1日現在）

デモ口座なら
損しても
安心だね!

①FXの用語や注文方法、仕組みに慣れる
②FXで勝つための習慣を身につける
この2つのためにデモ口座で練習を!

まとめ デモ口座は実際に取引する会社で

FX会社によって画面配置やツールの使い方は異なります。デモ口座は実際に取引する予定の会社で開設をするようにしましょう。

補習授業

デモ口座（でもこうざ）

ほとんどのFX会社がデモ口座を用意している。デモ口座では実際の口座とほぼ同じ環境でFXを試せるし、デモ口座での収益を競うコンテストを行なっている会社も。「デモじゃ本気になれない」という人のモチベーションUPにもよさそう。

取引ツール（とりひきつーる）

注文したり、値動きやニュースを確認したり、FX取引に必要な機能を提供するのが取引ツール。パソコンにインストールするものやインターネットブラウザで使えるもの、スマホのアプリなど1社で複数の取引ツールがあることも。

2限目

5分もあれば試せちゃう！デモ口座の開設は超カンタン

デモ口座は無料 何度でも使える！

それではデモ口座を開いてみましょう。

もちろん「株の経験があるから取引方法や値動きの見方はわかっているよ」という人は、最初から実際のお金を使って取引することも可能です。

それに「実際のお金じゃないとやる気が出ないよ！」なんていう人もたまにいます。そんな人は失っても惜しくないと思える最低限のお金だけを入金して、1000通貨単位といった小さな取引から始めてみるのもいいと思います。

ただ、やっぱり多くの人はデモ口座から始めてみてください。デモ口座なら、損失を出しても「なかったこと」にできます。

過去にFXの経験がないと、最初は暗闇を歩いているような感じがすると思いますが、壁にぶつかりながら、「あ、ここは壁なんだ」と学んでいけるのがデモ口座です。何度も壁にぶつかって、だんだんと部屋のどこに何があるのか、配置を確認していくようなイメージでFXに慣れていきましょう。

実際のFX口座の開設には運転免許証などの本人確認書類が必要だったりするので、申し込みから取引できるようになるまで数日から1週間くらいかかります。しかしデモ口座なら、使いたいと思ったら最速で数分後には取引を始めることができます。

プロ顔負けの取引をする 一般の人もたくさん！

デモ取引を始めるには自分のパソコンに取引ツールをインストールする必要があるかもしれません。インストールで困ったことがあったら、ホームページの「よくある質問」を見てみたり、あるいはサポートセンターに問い合わせてもよいでしょう。口座を開いていない人でも親切に対応してくれるはずです。それにFX会社によっては、パソコンの操作に不安のある人向けのセミナーを行なっている会社もありますから、利用してみるのもいいですね。

準備が完了したらログインできるかどうか、まず試してみてください。ここまできたら、あとは練習次第。FXでは一般の人でもプロ顔負けの取引をする人がたくさんいます。

FXではインサイダー情報のようなものもなく、取引コストもプロと個人投資家ではほとんど変わりません。情報についてもプロと変わらない内容を確認することができます。

外国為替市場の特徴は他の金融市場よりもプロとアマチュアの垣根が低いこと。だからこそ、一般の人でも練習次第で利益を上げやすい環境なのかもしれません。

エー！
デモ口座開設しました

デモ口座を登録しよう!（外為どっとコム「外貨ネクストネオ」の場合）

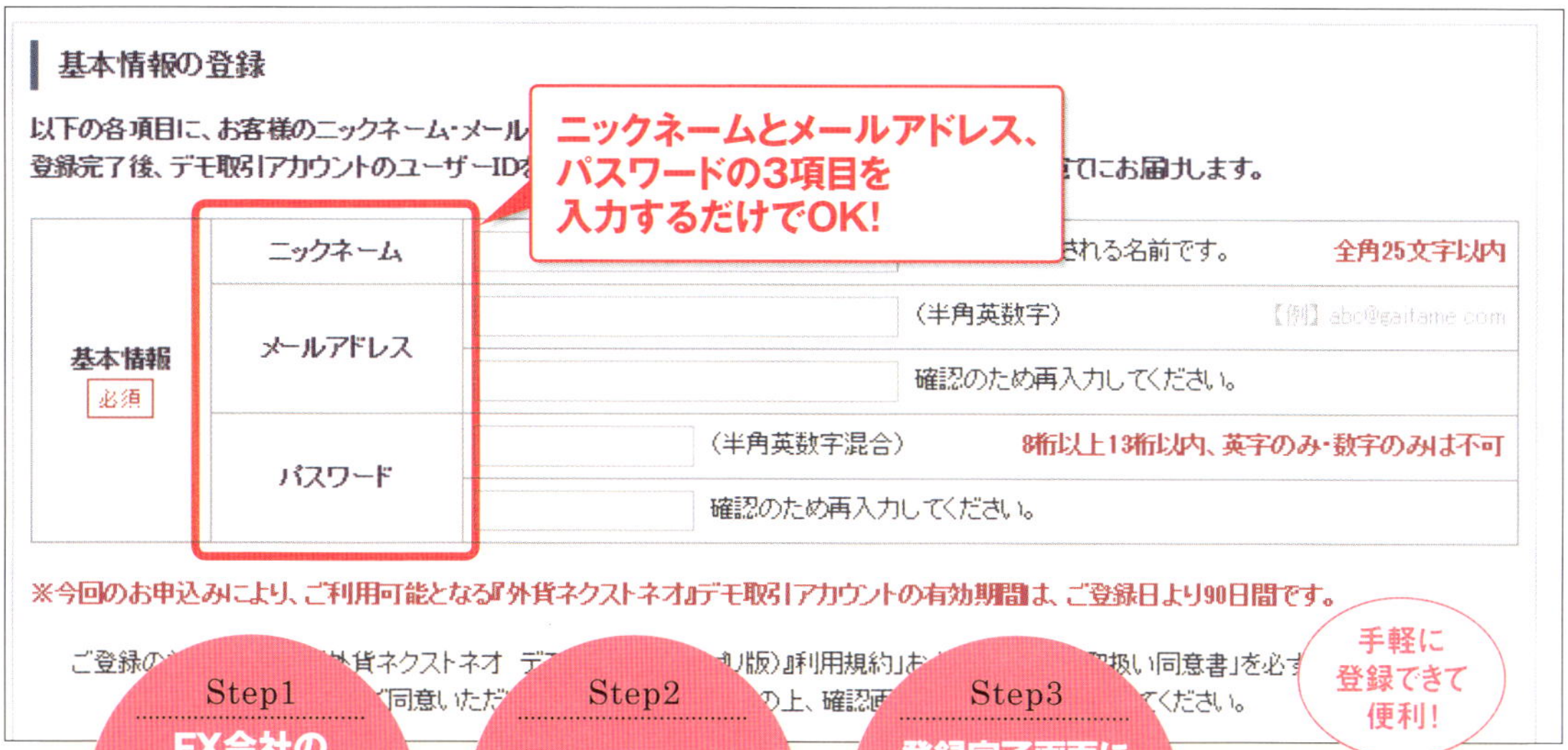

ニックネームとメールアドレス、パスワードの3項目を入力するだけでOK!

Step1 FX会社のHPから「デモ版を利用する」をクリック

Step2 ニックネームとメールアドレス、パスワードを入力

Step3 登録完了画面に表示されるユーザーID（メールでも送信される）とパスワードでログイン

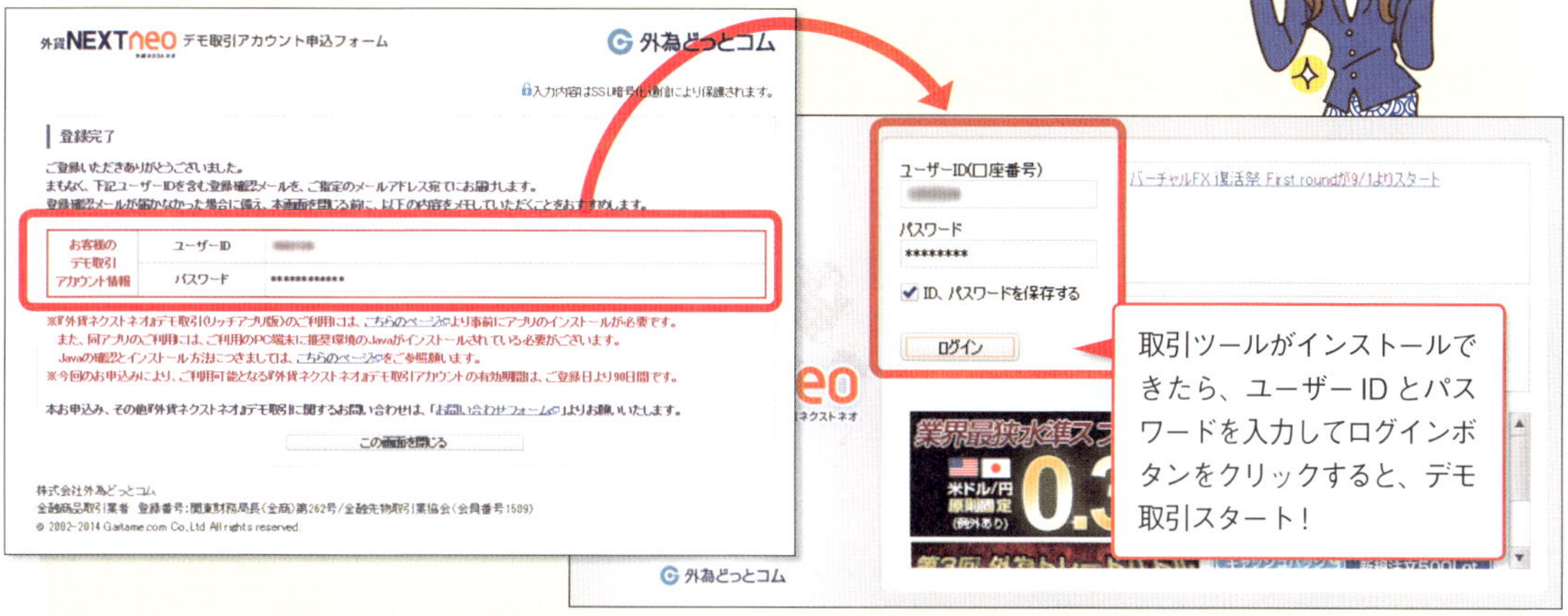

取引ツールがインストールできたら、ユーザーIDとパスワードを入力してログインボタンをクリックすると、デモ取引スタート!

補習授業

1000通貨単位（せんつうかたんい）

FX会社によって最低取引単位は異なる。多いのは1万通貨単位だが、最近増えているのは1000通貨単位。最低取引単位の違いは、最低限必要な元手（保証金）の違いにもなるから、少額で始めたい人には絶対便利!

インサイダー情報（いんさいだーじょうほう）

株ではインサイダー取引で逮捕される人がたまに見られるが、FXではほぼ皆無。外国為替市場は巨大すぎて、特定の情報が相場を動かすようなことは難しいためだ。日銀総裁やアメリカ大統領でもないとインサイダーは無理!?

2限目

英語と数字だらけでも大丈夫 為替レートの見方を覚えよう

FXで取引するのは2つの通貨「ペア」

FXとはどんな取引なのでしょうか？　簡単にいうと「安く買って高く売る」「高く売って安く買い戻す」ことで利益を得られるのがFXです。値動きで利益を上げる取引ですから、為替レートをきちんと見られるということが大前提になります。

FXの取引をもう少し具体的にいうと、①チャートやニュースを見て、②どの通貨を買ったり売ったりするのかを決め、③取引画面から発注し、④取引が成立したかを確認する。といった流れです。デモ口座では、この①から④までの方法を確認しておきましょう。

まず取引画面を見ると、「USD／JPY 108・524」なんて英語と数字が並んでいて、びっくりする人もいるかもしれません。FXでは円ならJPY、米ドルならUSD、ユーロならEURというように英語3文字で示すのが通例です。

それにFXで取引するのは円や米ドルといった通貨単体ではなくて、米ドル／円やユーロ／米ドルといった通貨と通貨の「ペア」ですから、「USD／JPY」「EUR／USD」と、2通貨の組み合わせで為替レートが記されています。このとき主体となるのは先に書いてあるほう。米ドル／円なら米ドルで、1ドルあたりの値段が為替レートとして表示されます。

為替レートは2つある！売値と買値の考え方を確認

値段が2つあるのはなぜ?と思うかもしれません。ニュースでも「1ドル108円55銭から58銭で取引されています」なんていわれることがあります。曖昧な言い方のようですが、株価のように1つの値段だけでなく、2つの為替レートがいつも提示されているのは、FXならではの特徴です。為替レートはBID（ビッド＝売値）とASK（アスク＝買値）の2つの値段があるからです。その差が「スプレッド」となり、FX会社や銀行へ支払う手数料になります。

買いや売りの基準ですが、これも通貨ペアの先に書いてあるほうが主体です。米ドル／円の買いなら「米ドルを買う（円を売る）」、米ドル／円の売りなら「米ドルを売る（円を買う）」ことになります。

「円高になりそうだから円を買おう」としたら、どの通貨に対して買うかを考えましょう。そうしないと円を買うつもりが、反対に米ドル／円の買い（＝円売り）の取引をしてしまいかねません。

この瞬間にも、画面の為替レートはチカチカ動いています。取引するのはこの為替レートですから、デモ口座を開いたらレートの見方をよく確認しておきましょう。

デモ口座を使ってみよう!

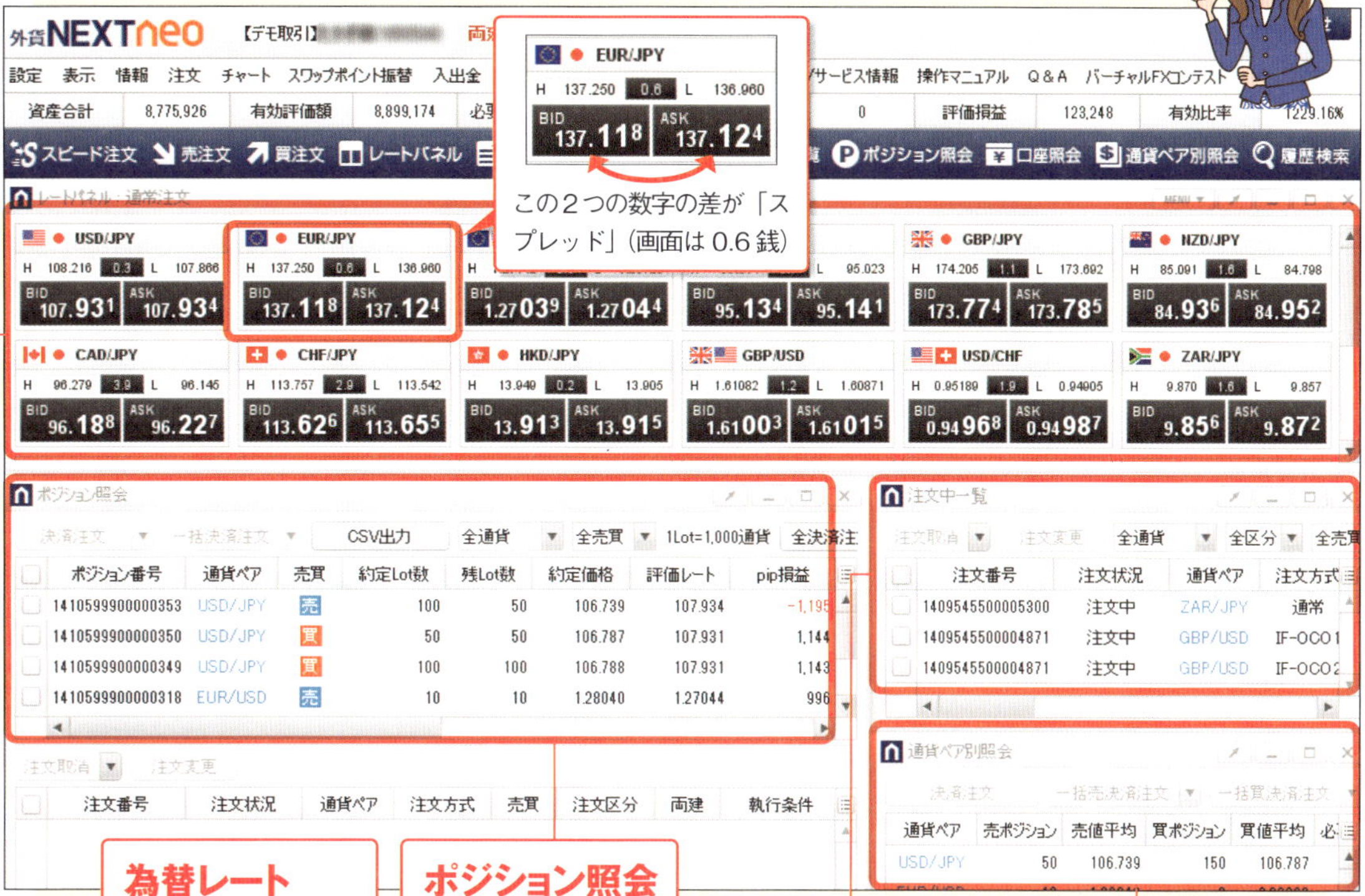

為替レート(レートパネル)
BIDが売るときの値段、ASKが買うときの値段となる。通貨の略称は下表を参考に

ポジション照会
現在保有するポジション(通貨)の量や、損益が確認できる

注文中一覧
現在発注している内容を確認できる

通貨ペア別照会
現在保有するポジションの損益を通貨ペアごとに合算して確認できる

代表的な通貨記号

略称	JPY	USD	EUR	AUD	NZD	GBP	CHF	CAD	ZAR	TRY	CNH
通貨	日本円	米ドル	ユーロ	オーストラリアドル(豪ドル)	ニュージーランドドル(NZドル)	英ポンド	スイスフラン	カナダドル	南アフリカランド	トルコリラ	人民元

補習授業

USD／JPY

米ドルと円の通貨ペアは米ドル／円。この並びが円／米ドルみたいに反対になっている会社はない。円の絡む通貨ペアはすべて円が後ろだが、ややこしいのは米ドル。対円だと前だが、ユーロ／米ドルや豪ドル／米ドルのように後ろに来ることも。

手数料(てすうりょう)

今はほとんどのFX会社で手数料が無料に。もちろんFX会社はボランティアではないから、手数料の代わりにスプレッドから収益を得ている。FXの取引コストはスプレッドだから、会社を比べるときの大事なポイントとなる。

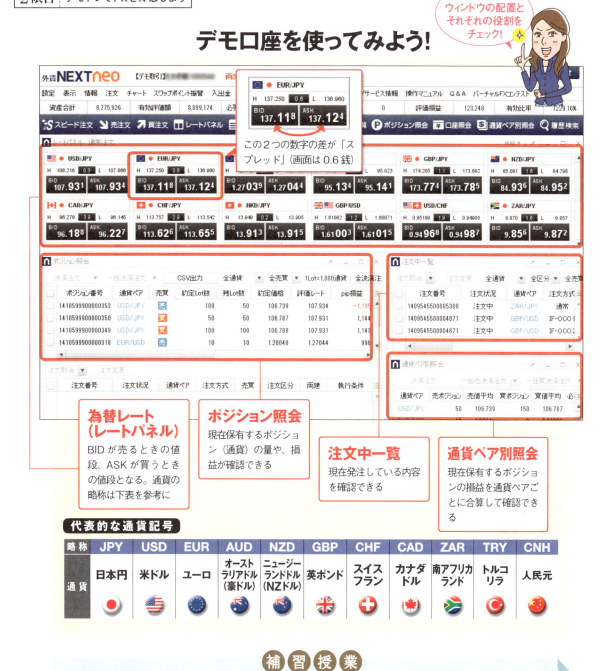

2 限目

チャートの基本 ローソク足を覚えよう!

日本で生まれて世界に普及 超便利なローソク足チャート

ドルをもっと買いたいと思う輸入企業や、中東情勢の混乱で外貨をいったん円に戻そうとするファンド、円安期待で円を売る個人投資家、そんなさまざまな投資家の思惑や取引、ニュースが為替レートには織り込まれています。

為替レートは刻々と変わりますが、その値動きを記録したものが「チャート」です。チャートには折れ線グラフのようなラインチャートや欧米でよく使われるバーチャートなどもありますが、基本はローソクのような見た目が特徴の「ローソク足」です。

ローソク足は日本で生まれ、世界に普及しています。FXには欠かせないので、しっかり見方を覚えましょう。

ローソク足には1本が示す期間により、いろいろな「足」があります。1本のローソク足が1日の値動きを示すのは「日足(ひあし)」で、一般に一番使う機会が多いチャートです。1時間なら「1時間足」、5分なら「5分足」です。

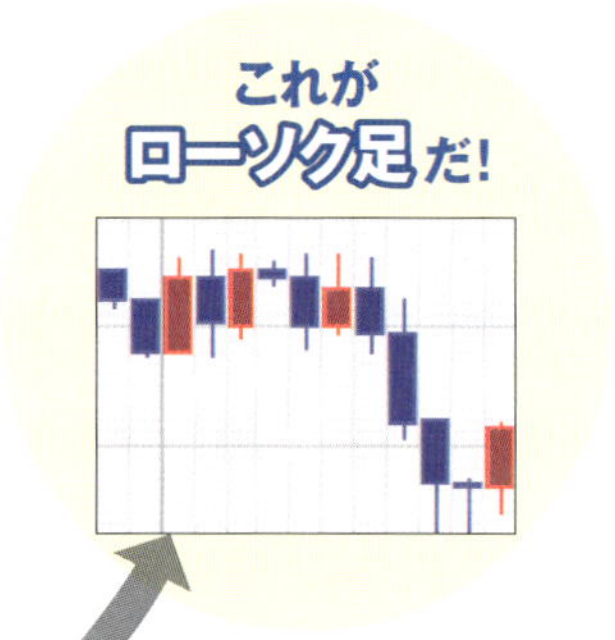

長いものだと「週足」や「月足」もあります。まずは日足のローソク足チャートを開いてみましょう。

ローソク足のスゴいところは、ぱっと見ただけでいろいろな情報を教えてくれることです。1日の始まりの値段「始値(はじめね)」よりも終わりの値段「終値(おわりね)」が高ければ陽線、反対に下がって終わったら陰線となり、色で上げ下げがわかるのです。FX会社によってさまざまですが、陽線は赤や白、陰線は青や黒が使われることが多いようです。

月足や週足から見ていく習慣を

ローソク足には色の塗られていない棒線の部分もついています。この棒の先が示す為替レートは、高値(たかね)と安値(やすね)を教えてくれます。棒の部分は「ヒゲ」、色の塗られた部分は「実体」と呼ばれ、長いヒゲは相場のトレンドの転換を示す重要なサインになることもあります。

ここでぜひ身につけてほしいのは、「大きな流れから小さな流れを捉える習慣」です。最初のうちは1時間足のような短い時間軸の値動きに目を奪われがちですが、より大切なのは月足や週足といった長い時間軸での流れ、方向性です。月足から週足、日足、1時間足と「大きな流れから小さな流れ」を見る習慣をつけておいてください。

ローソク足の見方

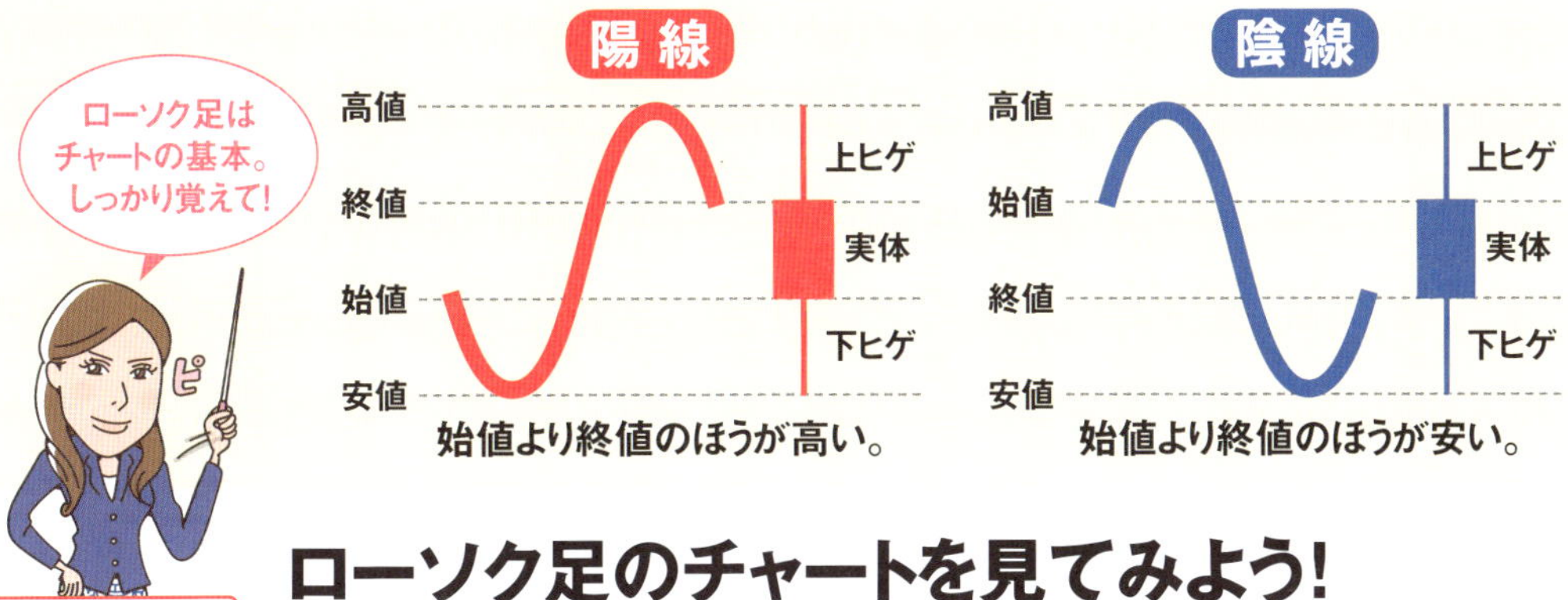

ローソク足のチャートを見てみよう!

補習授業

チャート(ちゃーと)

チャートは「罫線(けいせん)」と呼ばれることも。書き方を工夫したものも多く、なかでも始値・終値の平均値などを使って、1本のローソク足を描く「平均足(へいきんあし)」は人気の1つ。同じ色の足が続きやすく、市場の傾向が見やすいのが特徴。

足(あし)

長いものだと年足、反対に1分足のような非常に短いものもある。最も短いチャートは「ティック」(TICK)ですべての値動きを折れ線グラフで示したチャートだ。ティックは秒単位の超短期取引をする人のための特殊なチャートだ。

2
限目

取引単位に気をつけて まずは成行注文を出してみよう

最短1クリックで 取引が完了する

ローソク足チャートの見方がわかったら、次に覚えておきたいのが注文方法です。まずは米ドル／円を1万ドル買ってみましょう。

FX会社によって細かい違いはありますが、基本的なやり方は同じです。米ドル／円のレートが表示された部分をマウスでクリックすると注文画面が開きます。

①通貨ペアが米ドル／円（USD／JPY）になっていることを確認して、②取引量を1万通貨に指定し、③買いを選択し、④「注文」や「OK」と書かれたボタンをクリック。すると発注ができるはずです。FXの注文方法はとてもカンタンなんです。注文画面では、それ以外にも選ぶ項目があると思いますが、後から覚えていきましょう。

ここで気をつけてほしいのは、取引量の指定です。FX会社によって最低取引量が異なることもあり、「1」と入力すると1000通貨だったり1万通貨だったりと単位が違うことがあります。自分が使っているFX会社の取引単位（ロットと呼ばれます）を確認しておきましょう。

注文画面で知っておきたいことに「執行条件」というものがあります。「いくらでもいいから約定（やくじょう）させて！」というときに使う「成行（なりゆき）」と、もう1つ便利なのが「指値（さしね）」です。指値では「いくらになったら約定させて」と為替レートを指定して注文でき、よく使われる注文方法です。最初に成行で注文をしたら、指値でも注文を入れてみましょう。

困ったら右クリック！ 便利なメニューが使える

あとはぜひ試してほしいのが「右クリック」です。気の利いた取引ツールだと、素早く発注したり、より便利に操作できるように右クリックからいろいろなメニューが選択できるようになっています。例えばチャート上で右クリックをすると発注画面を出せたり、チャートに線を引いたり、レートパネル上で右クリックをすると執行条件を指定できたりと、とても便利なのが右クリックです。

実際に自分のお金で取引するときには、恐怖や戸惑いなどさまざまな感情が湧いてきます。そのときにあわてることがないようにデモ口座でいろいろ試しておきましょう。

米ドル／円の買い注文を出してみよう！

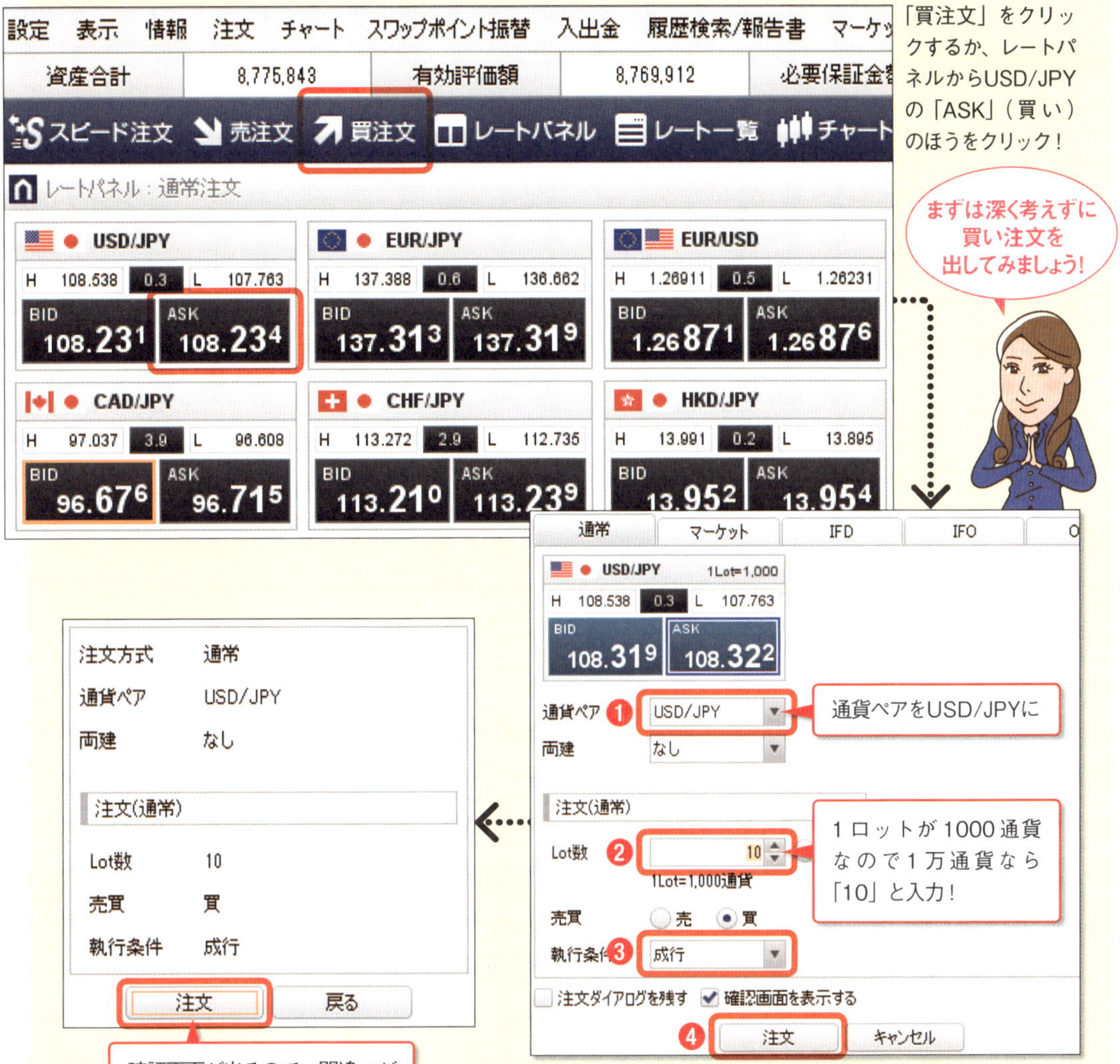

確認画面が出るので、間違いがないことを確認したら「注文」ボタンをクリックして発注完了！

注文ウィンドウが開いたら、通貨ペアやLot数、売りと買い、執行条件を選んで「注文」ボタンをクリック。最初のデモ取引では深く考えず注文ボタンを押してしまおう。

補習授業

「注文」や「OK」

発注したら確認画面が表示されるのが一般的だが、それを省略する機能がついていることも。急いでいるときに便利だ。「スピード注文」と呼ばれ、誤発注のリスクが高まるから初心者向けではないが、上達したら使ってみよう。

レートパネル

為替レートが一覧表示され、チカチカと値動きを教えてくれるのがレートパネル。前よりも為替レートが上がったら暖色系の色、下がったら寒色系の色で点滅するのが一般的。暖色ばかりが目立つときは上がってるなと判断できる。

2限目

新規注文した後は忘れちゃいけない決済方法

ポジション状況を確認してみよう

FXは買ったら売る、売ったら買い戻すことで損益を確定させます。そのため新規注文が約定してポジションを持っただけでは損益は確定しません。決済して初めて利益なり損失なりが生まれます。決済しないうちはいくら利益が出ようが絵に描いた餅にすぎません。

注文画面で新規の注文が完了したら、「ポジション照会」の画面を開いてみましょう。自分が今、保有している通貨の状況が一覧で表示されています。売りと買いや、注文数量を間違えていませんか？合っていることを確認したら「評価損益」を見てください。評価損益は「今のレートで決済したときの損益」です。FXでは売値と買値に差がありますから、新規注文の約定直後、評価損益はマイナスとなり赤字で表示されます。為替レートが思った通りに動けば赤字が黒字に変わってくれて、心も晴れ晴れとしてきます。

ポジション照会の画面にはFX独特の「pip損益」もあります。「pip（ピップ）」はFXでよく使われる単語で、為替レートの最小単位を示します。外為どっとコムの場合、米ドル／円なら0・1銭ですし、ユーロ／米ドルだと0・001セントです。FXではさまざまな通貨を取り扱うので、共通の単位としてpipが使われることがよくあります。

「有効比率」で自分のリスク度合いを確認

pip損益が示すのは、約定価格と現在レートの差です。ロット数は考慮されません。1ドル100円で買い、現在のレートが100円50銭なら1万ドル持っていようが500万ドル持っていようが、pip損益は500です。

この画面で決済したいポジションを選び、右クリックすると決済注文のメニューが表示されます。新規注文と同じように執行条件がいくつか選べますが、最初は成行で決済してみましょう。ポジション照会の画面から、決済したポジションが消えると思います。「今日はもう眠い」というときは、決済したい価格を指値で指定して注文を置いておくこともできます。

また、ポジションを持ったら口座照会の画面も見ておいてください。「有効比率」が大切です。これは入金額に評価損益（現状レートで決済したときの損益）を加味した有効評価額と、ポジションの維持に必要な保証金額に対する比率で、有効比率が100％を割るとロスカット。有効比率がどう変わるのか、100万ドル、200万ドルとたくさんの注文をデモ取引して数字の変化を確認してみてください。

ポジション照会をしてみよう!

大事なのは「評価損益」＝現時点のレートで決済した場合の損益

「決済ストップ」の欄が損切り（損失を確定させること）。ここが空欄にならないよう、損切り注文を忘れずに

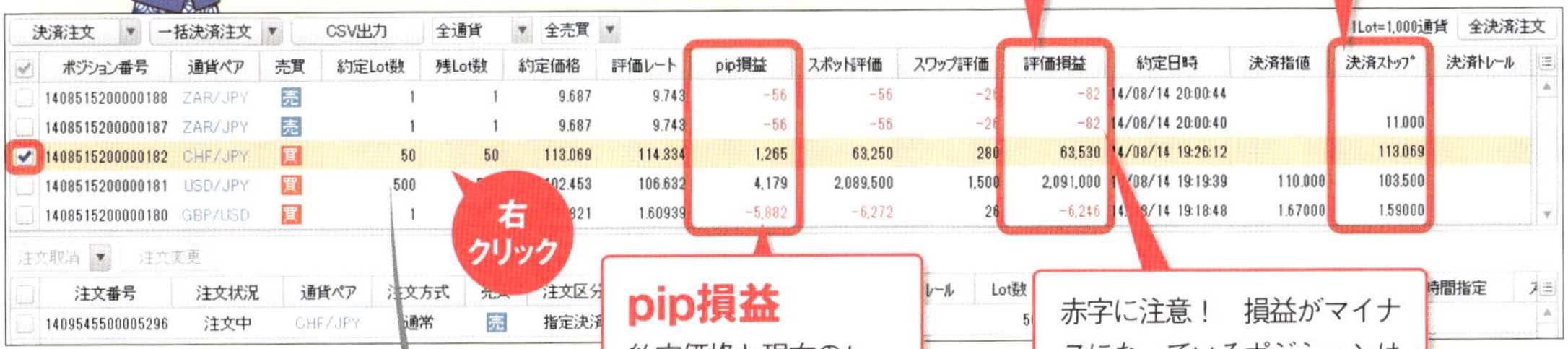

pip損益

約定価格と現在のレート（評価レート）の差

赤字に注意！　損益がマイナスになっているポジションは赤い文字で表示される

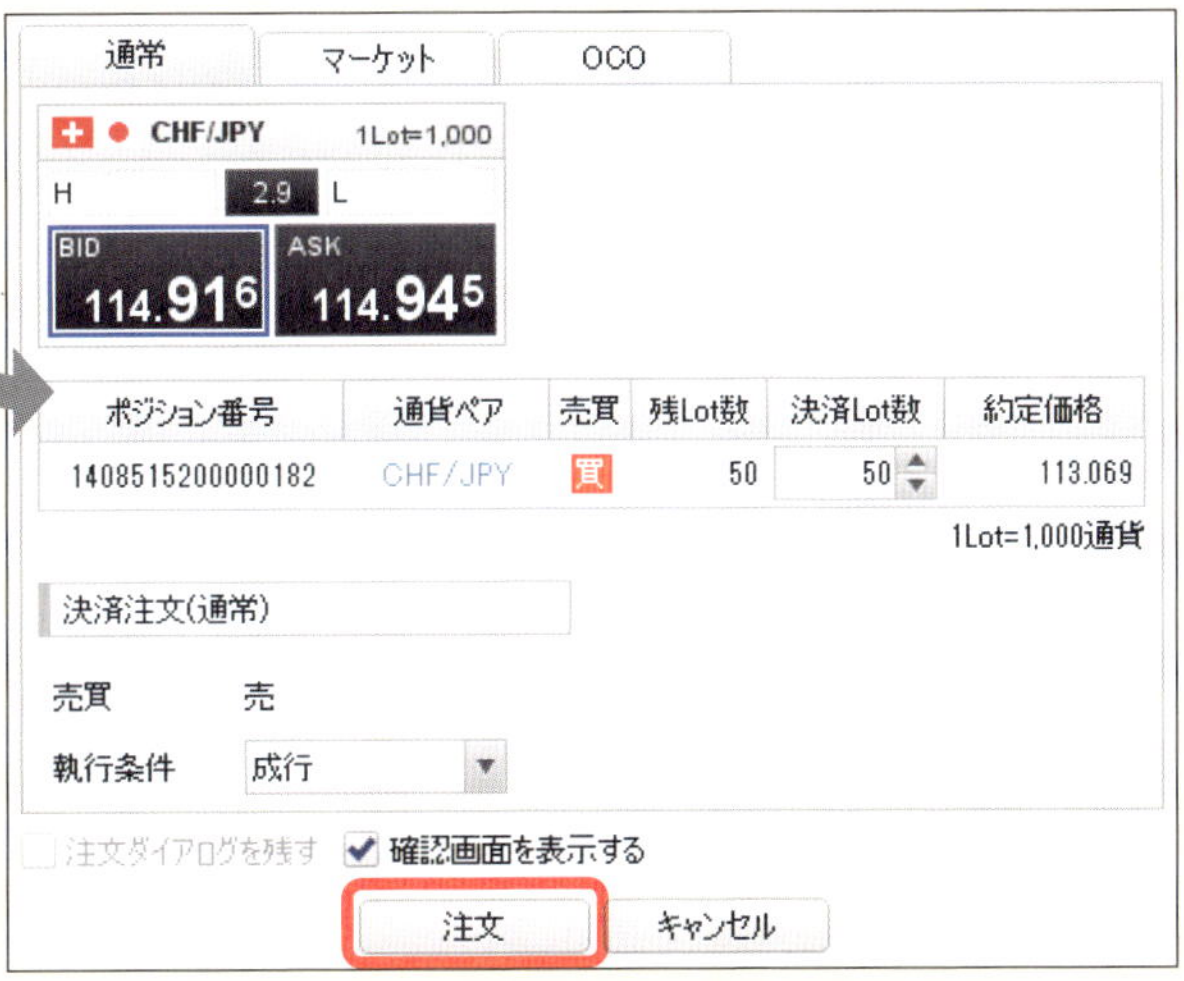

決済したいポジションを選んで右クリックすると決済注文のメニューが開く。今のレートと同水準で確実に決済したいときは「成行注文」を選択して、数量などを指定し、「注文」ボタンを押す

ポイント　有効比率を気にする習慣を

どのくらいリスクをとっているかの目安が「有効比率」。高いほど低リスクで、200％を割れば黄色信号、100％割れでロスカットに。

ポジション確定後は「有効比率」をチェック!

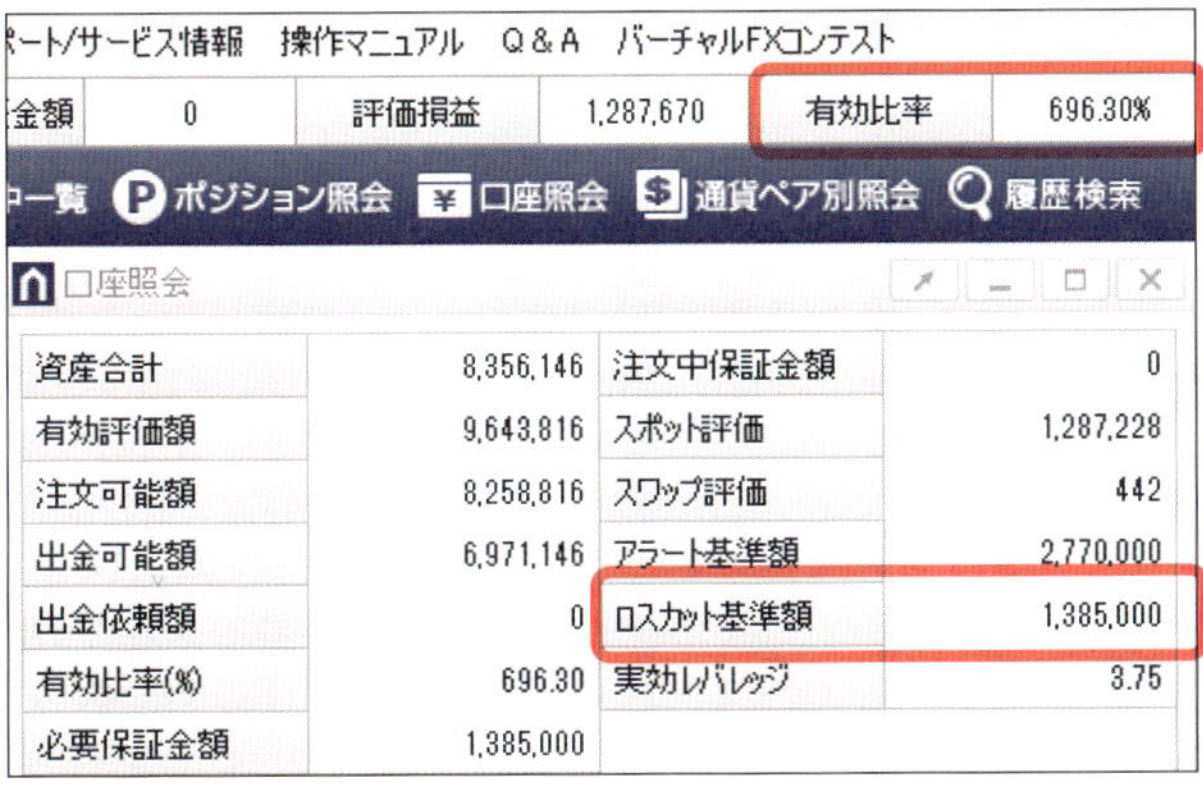

資産合計	8,356,146	注文中保証金額	0
有効評価額	9,643,816	スポット評価	1,287,228
注文可能額	8,258,816	スワップ評価	442
出金可能額	6,971,146	アラート基準額	2,770,000
出金依頼額	0	ロスカット基準額	1,385,000
有効比率(%)	696.30	実効レバレッジ	3.75
必要保証金額	1,385,000		

「有効比率」はいつも画面の右上に表示されている。100％に近づいていたらピンチ。1万通貨、10万通貨とポジションを増やすとどのくらい有効比率が下がるか、確認しておこう

より細かく口座の内容を見たいときは「口座照会」のウィンドウを開こう。「有効評価額」が減っていき、「ロスカット基準額」に達してしまわないよう気をつけること

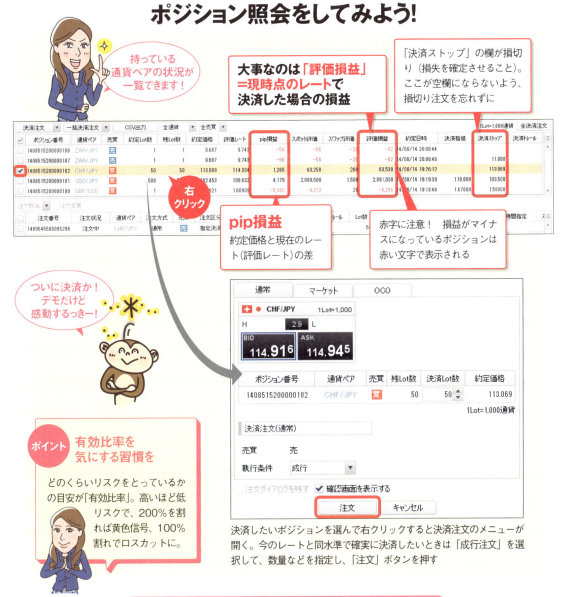

2
限目

どの情報を見て判断するのか「情報の取り方」のルール

相場が動いたらニュースを確認

為替市場は「空気」に敏感です。今、相場が何を気にして動いているのか、そんな空気を知るには専門家のレポートが一番です。

ただ、デモ口座だと入手できる情報に限度がありますので、実際の口座も作っておき、より豊富な情報を得ながらデモ口座で取引して、「情報の取り方」のルールを決めておきましょう。

ＦＸに役立つ情報には、いろいろな種類があります。世界経済の大きな流れを知るには新聞が役立ちますし、ロイターやブルームバーグのような経済ニュースの専門会社、ＦＸ会社の口座で読める為替の専門ニュースもあります。「ＧＩ24」や「フィスコ」といった会社が配信するニュースです。こうしたニュースはＦＸに役立つように書かれているので、相場の見通しなど外国為替メインの話になっていて、小さな流れを知るにはうってつけの材料です。

ただ、これらのニュースは毎日何十本と配信されるので、とても全部に目を通すことはできません。そこでオススメなのが、アナリストやストラテジストなどの専門家が配信するレポートです。その日の注目ポイントや中長期的な見通しを教えてくれ、取引に直接役立てることができます。

毎月第1金曜22時30分デモ取引をしてみて！

「日経新聞で世界の出来事を確認して、専門家のレポートで毎日の主なイベント予定を確認。さらに為替レートが動いたら、ＧＩ24で原因を確認する」など、自分がどんなニュース、レポートを頼りにするのか、情報の取り方を決めておきましょう。

もう1つ、為替市場の値動きをよく知るには、さまざまな時間帯でチャートを見てみるのもいいでしょう。東京市場が中心の時間帯は、朝からお昼くらいまでは比較的動きがあるものの、午後から値動きが少なくなります。さらに、夕方から徐々に値動きが活発化し、アメリカの経済指標が多く発表される22時30分には、為替が大きく動きやすいといった特徴が肌感覚としてわかってくると思います。

あとは原則毎月第1金曜日の夜22時30分（夏時間21時30分）にもぜひチャートを見てください。アメリカで「雇用統計」が発表される時間で、為替レートが数秒のうちに大きく動きます。デモ口座で取引してみると、評価損益が刻々と変わっていき、為替市場のダイナミックな値動きを実感できます。

ＦＸは市場の空気が読めないと勝てません。そのための情報の取り方、時間帯による空気の違いをデモ口座で知っておきましょう。

為替市場の24時間、特徴を知っておこう

朝は日経新聞

世界の政治や経済の大きな流れをつかむには新聞が便利。好況か不況か、不安が渦巻いているのかいないのか、世界の空気感を把握しておく

帰宅後に「外為トゥデイ」で予定を確認

為替市場の空気を感じるのに便利なのが「外為トゥデイ」。外為どっとコム総研が日々配信するレポートで1日の注目点がサッと読める

取引中は「GI24」

為替市場の動きを予測、確認するには、GI24など為替の専門ニュースを。今の為替市場が何を見て動いているのか、旬を教えてくれる

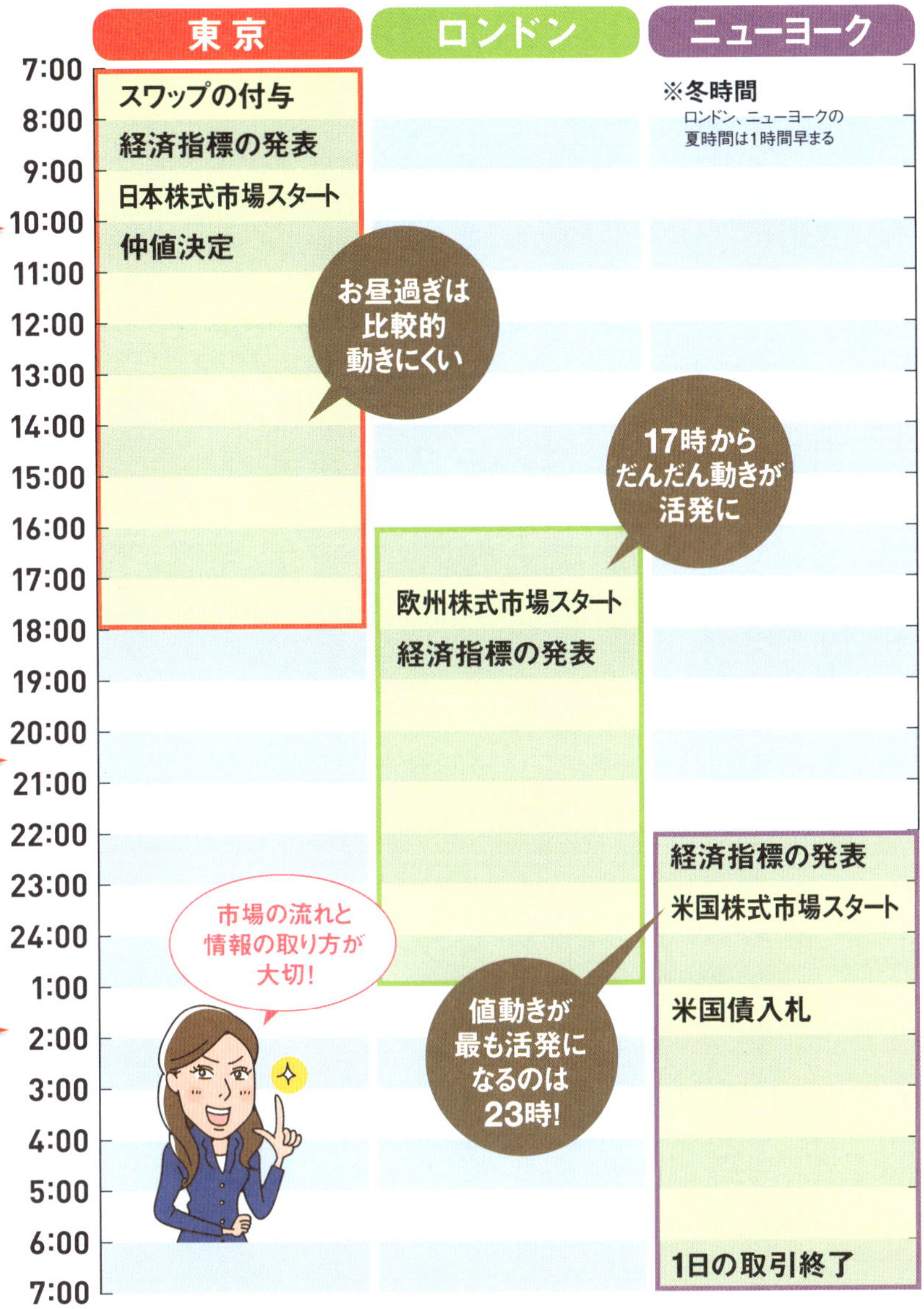

補習授業

アナリスト（あなりすと）

FX会社では、アナリストやストラテジストと呼ばれる人たちのレポートや動画を配信している。情報の充実度もFX会社選びのポイントだ。

経済指標（けいざいしひょう）

GDPや失業率、物価指数といった景気や労働市場の状況、物価動向など経済の状態を示すデータが経済指標。為替市場を動かす要因となる。

雇用統計（こようとうけい）

経済指標の王様的存在が、アメリカの雇用統計。雇用統計で発表される「非農業部門雇用者数」（NFP）と失業率は、市場の注目度が非常に高い。

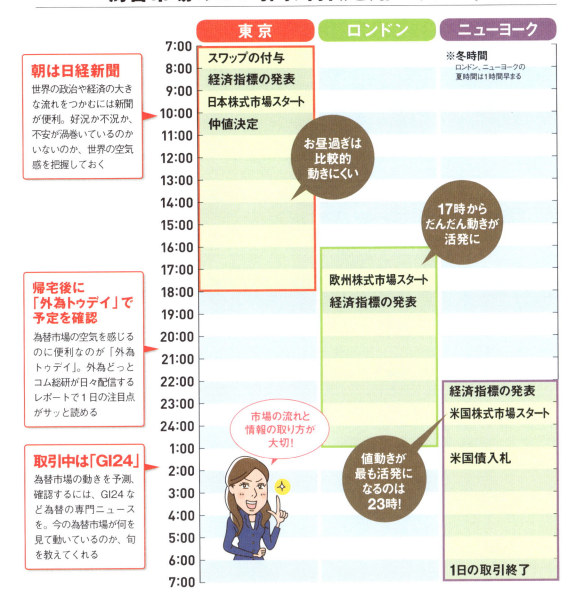

2
限目

取引前の「3点ルール」でIFO注文を活用

FX取引では損切りが必須！

デモ口座で最後に身につけてほしいのが、新規注文、利益確定、損切りの「3点」のレートを意識した取引です。

FXの取引では、新規の注文と決済の注文の2つがあります。決済注文は利益を確定させる「利益確定」と、思った通りに為替レートが動かなかったときにあきらめて損失を確定する「損切り」があります。利益確定では、「今よりも高く売りたい・安く買いたい」ですから指値注文を使いますが、損切りで使うのは「ストップ（逆指値）」注文です。ストップは「今よりも安く売り・高く買う」ための注文方法で、損切り（あるいは一定レベルの利益確定）に使われることが一般的です。

損切りは、FX取引において必須です。しかし誰だって損をしてしまうのはいやですし、初心者にとって適切なタイミングで見切りをつけるのはとても難しいものです。「もう少し待てば利益になるかも……」と損切りをためらっているうちに損失を膨らませてしまい、資金の大半をなくしてしまうという人も少なくはありません。

利益確定・損切りを同時に発注するIFO

FXでは指値やストップなど、さまざまな注文の方法がありますが、3点を意識した取引に便利なのが、「IFO（あいえふおー）注文」です。複数の注文を一度に発注できる「複合注文」の1つで、IFO注文では3点の注文を同時に発注できます。

新規注文が約定すると決済の注文が自動的に発注され、利益確定か損切りのどちらかが約定すればもう片方は自動的にキャンセルされる、というもの。とても便利に使えます。

IFO注文を発注するときには「105円で新規の買い、108円まで上がったら利益確定、102円まで下がってしまったら損切り」といったように発注時に3点を指定するので、損切りをずるずると先延ばしにしてしまうことがありません。

最初は取引ツールの使い方を覚え、慣れてきたら実際のお金で取引しているのと同じ気持ちになって、チャートやニュースを見てください。「ここまで下がったら新規で買おう。利益確定と損切りはここだ」と3点を決めて発注するのです。

人間の心は弱いものですから、損切りは後回しにしてしまいがちです。デモ口座で3点の注文を同時に発注する習慣を身につけて、意識しなくともナチュラルに損切りのストップ注文を最初から発注できるようにしておきましょう。

FXで使える注文にはどんなものがある?

成 行(なりゆき)

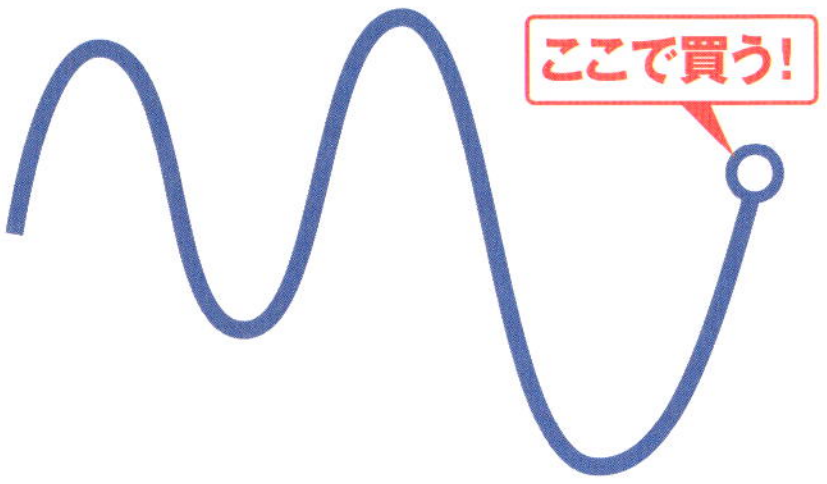

価格の多少の変動は気にせず、時価で取引したいときに使う注文方法。注文がサーバーに届いた時点の価格で約定する。

指 値(さしね)

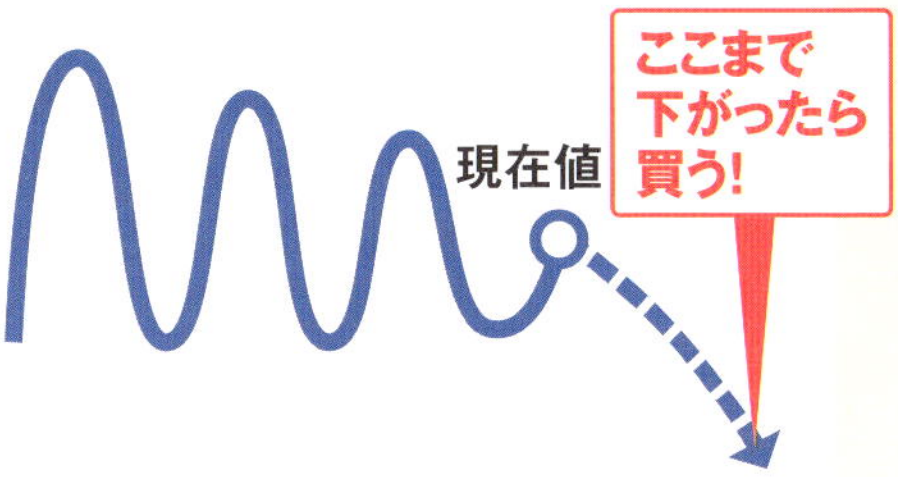

「安く買いたい・高く売りたい」とき、現在値よりも有利な価格を指定して発注する。決済注文の場合は主に利益確定に使う。

ストップ(逆指値)

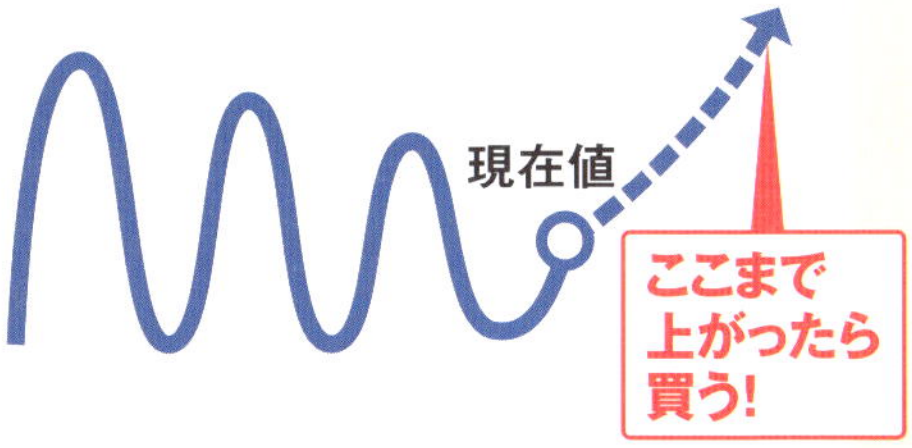

現在値よりも不利な価格を指定する。新規ではトレンドに乗ってエントリーするとき、決済では損切りや一定レベルの利益確定に使う。

IFD

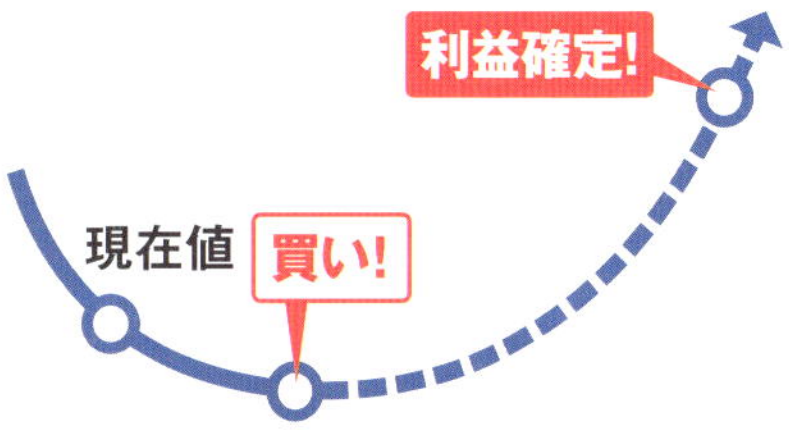

新規注文と利益確定（または損切り）の決済注文を、同時にできる。新規注文が約定すると、自動的に決済注文が有効になる。

OCO

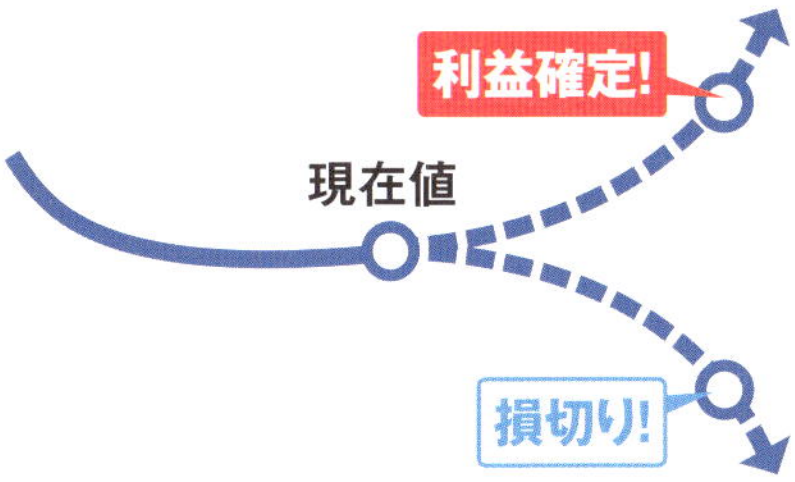

2つの注文を同時に発注し、片方が約定すると他方が自動的にキャンセルされる。保有ポジションに対する利益確定・損切りに便利。

IFO

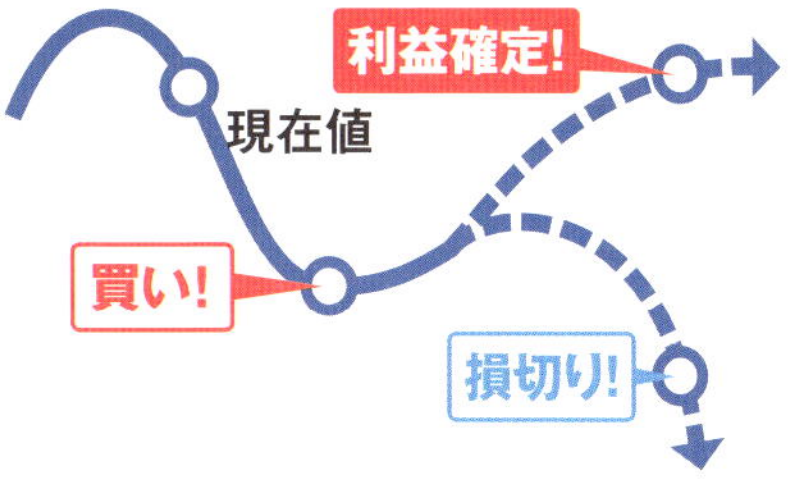

新規注文と決済用のOCO注文の3注文を同時に発注。新規注文から利益確定、および損切りを一度の注文で発注できる。

※IFO、IFO注文、IFOORDERは株式会社外為どっとコムの登録商標です。

パソコン不要、いつでもできる「ペーパーディール」で3点練習

練習問題のポイント

1 「新規・利益確定・損切り」の3点を記入

プリントアウトしたチャートを見ながら、新規（エントリー）と利益確定、損切りをそれぞれどこで行なうか考えて記入する。

2 答え合わせをしながら反省点を洗い出す

結果が出たら再度チャートを印刷して答え合わせ。よかった点、悪かった点などをメモして残しておく。

3 ファイルを作成して何度も読み返す

取引が終わったら捨てずにファイリング。時間のあるときに読み返して、同じような失敗を繰り返さないようにする。

FXの練習はパソコンがなくてもできるんです。私が以前からやっているのは、プリントアウトしたチャートを使った「ペーパーディール」。1枚のチャートをじっくりと見ながら、どこで取引を始めて、損切り・利益確定するか、理由とともにチャート上に書き込むんです。日がたったら答え合わせして、実際にどうなったかも書き残しておきます。

チャートにラインを書き込みながら考えてもいいですし、このあとに登場する先生たちが教えてくれるテクニカル分析を表示させてから印刷してもいいと思います。

とてもアナログなやり方ですが、実際のチャートを見ているとローソク足が動いているので惑わされてしまうところ、ペーパーディールなら落ち着いて考えられます。これも「3点」を意識する筋トレの1つになりますから、ぜひ試してみてくださいね。

記入例はこちら!

カナダドル／円 日足
チャートを印刷するときはこのボタンをクリックするか、右クリックメニューから「チャートを印刷」を選択する
106.5円まで上がったら損切り
103.5円で売りエントリー
101円まで下がったら利益確定
これならじっくり考えられるね!
!!

Q 印刷したチャートに「どう取引するか」書き込んでみよう!

石川先生の模範解答はこちら!

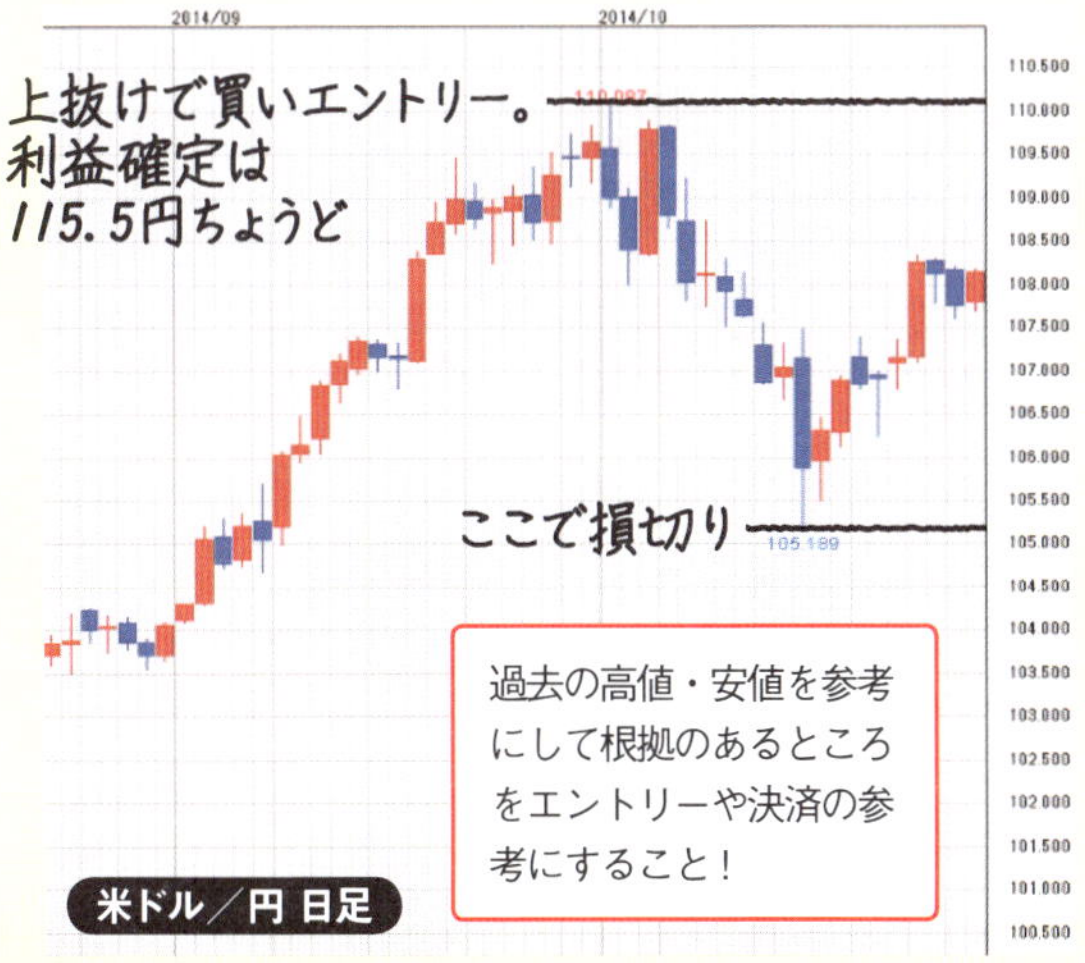

過去の高値・安値を参考にして根拠のあるところをエントリーや決済の参考にすること!

結果は?

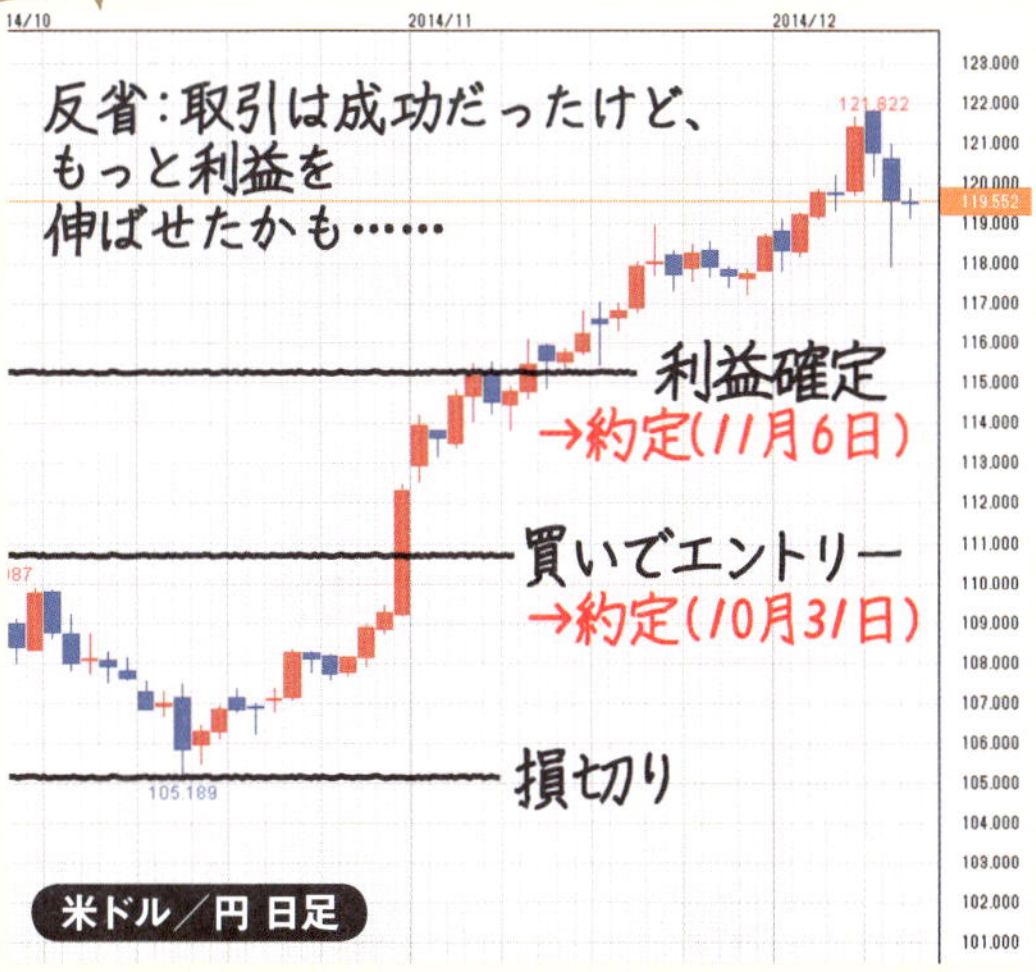

まとめ デモ口座も有効だけど、動いているチャートを見ていると落ち着いて考えにくいですよね。印刷したチャートなら熟考できるので、何枚かチャートを印刷して持ち歩いて、空いた時間にペーパーディールで訓練を!

石川先生からのアドバイス

一人前になるには練習が欠かせません

FXは誰かに強制されて
やるものではありません。
大事なお金を運用するのですから、
デモ口座などを使って
「これならいける」と自信をつけてから
本番に臨むようにしましょうね。

3限目

燃える！ローソク足入門

チャートには何が書いてある？

チャートはFXの海洋図。
デイトレでも長期取引でも
「節目」が大切です

川口一晃 先生

オフィスKAZ代表取締役。証券会社や投資顧問会社でファンドマネジャーとして活躍し、2004年より現職。個人投資家向けセミナーやレポート配信などを行なう。難しい話をわかりやすく伝える語り口に定評。

「節目」が読めれば未来が読める！

熱血ティーチャー

Introduction

チャートは「為替号」の進路を教えてくれる「海洋図」！

chartの意味を辞書で引くと……

チャートは何のために見るのでしょうか？

チャートを辞書で引くと「海図、海洋図、または航空用の地図」といった解説が最初に出てきます。

あなたが乗った船の船長が「海図を読むのは苦手で」と笑っていたら、とても安心して舵を任せられません。

大事な命を地図の読める船長に託すように、大切なお金をFXに託すのなら、為替市場の海洋図であるチャートが読めることは基本中の基本なのです。

ここで「FXで勝つためには」という基本に立ち返ると、「安く買って高く売る」「高く売って安く買い戻す」という値動きを読むことです。FXは値動きの勝負であって、その値動きを記録してあるのがチャート（ローソク足）ですから、チャートを読めないとFXでは勝てません。

僕が投資の世界に入ってから30年以上がたちました。その間にいろいろな人を見てきましたが、多くの人が遠回りをしているように感じます。なぜかというと、一番大切な基本であるはずのローソク足を軽視しているからです。

最近では「ローソク足軽視」の風潮があるのか、ローソク足よりも移動平均線などテクニカル分析を熱心に勉強する人が多いようです。「売られすぎ」「買われすぎ」といった、テクニカル分析が示すサインを売買シグナルとして取引に役立てようとしているからです。

テクニカル分析だけを勉強しても遠回りになる

ところが、いくらテクニカル分析だけを勉強しても勝てるようにはなりません。ローソク足には私たちがFXで勝負しなければいけない為替レートの値動きについて、さまざまな情報が詰まっています。そこを勉強することが先決です。

チャートとは海洋図ですから、そこには島や港の位置が描かれています。船は島や港に近づけば泊まるもの。そのポイントがわかります。また、為替市場の潮の流れも読み取ることができます。上に行くのか、下に行くのか、漂ったままなのか。

個人投資家と話していると「何を勉強すれば勝てるのだろう」といった迷いが伝わってくることも多々ありますが、まずはチャートという海洋図を攻略することです。

ですから、FXで最初に勉強するべきは、移動平均線も何も表示しない、「真っ白なチャートから未来を読めるようになること」。それが僕の持論です。

読み方に不安がありますか？ 大丈夫です。私が教えてきた個人投資家の方たちも、正しいやり方を覚えるとすぐに未来が読めるようになっています。その読み方を一緒に勉強していきましょう！

未来の動きを予想するイチバンの材料がチャート

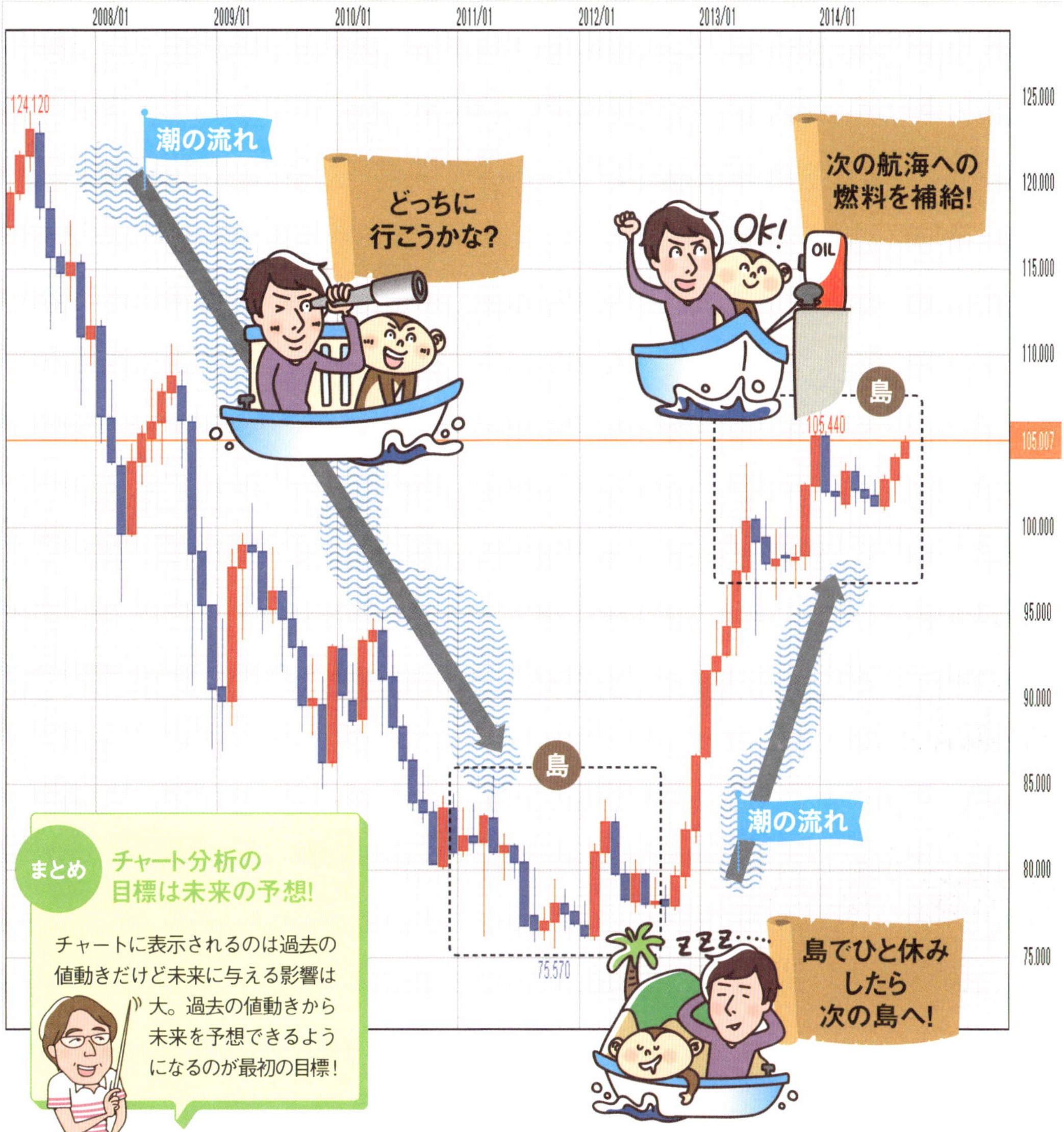

まとめ　チャート分析の目標は未来の予想！

チャートに表示されるのは過去の値動きだけど未来に与える影響は大。過去の値動きから未来を予想できるようになるのが最初の目標！

補習授業

テクニカル分析（てくにかるぶんせき）

ローソク足チャートなどに表示する判断の補助材料。過去の為替レートの平均値から引ける移動平均線や、それに統計的操作を加えたボリンジャーバンドが代表的。その他、世界には数多くのテクニカル分析があり、判断材料とされている。

売買シグナル（ばいばいしぐなる）

買いや売り、決済のタイミング、またはその通知のこと。「ローソク足が移動平均線を上抜けたら買い」など、大半がテクニカル分析と為替レートの位置関係をもとに売買シグナル発生の条件とする。自分なりの売買シグナルに従って取引する人も多い。

3
限目

価格が止まる場所がある
高値・安値の節目は超重要！

高値・安値は「為替号」が停泊する「島」となる

チャートを分析するときに、必ず見ないといけない場所が2つあります。

①過去の高値・安値
②過去のもみ合いポイント

チャートをパッと見たときに、明らかに高いな、低いなと感じるような為替レートが高値・安値です。また、「もみ合い」とは一定の値幅のなかでローソク足が方向感なく動いているような場所です。それまで上げてきたのに、1ドル110円で高値をつけて107円から108円の間でジリジリとして新しい高値や安値を作らない、こうしたとき110円は過去の高値ですし、107～108円はもみ合いのポイントとなります。この2つのポイントがチャートの重要な節目（ふしめ）となって、未来の値動きに大きく影響を与えます。

先ほど、チャートとは海洋図であると言いましたが、この節目となる高値・安値、もみ合いのポイントは島です。速度を上げて進んでいた船も、島が近づけば停泊しようと速度を落とします。そこで物資を補給したり、貿易したりするためです。

為替レートという船も同じで、節目に近づけば、勢いを弱め、停泊しようとします。ですから節目を意識していれば、節目を超えてさらに進むのか、Uターンして戻ろうとするのか、あるいはしばらく島に停泊するのか、と考えていくことで未来の動きが読めるようになっていきます。

チャートは節目を意識しながら動いている

実際にチャートを見てみると、過去の高値・安値付近で為替レートが反転したり、あるいは一時もみ合ってから再上昇したりといったケースをよく目にします。こうした節目のそばには多くの注文が置かれていたり、他の投資家も節目を意識しながら取引したりしているためです。

為替レートが動き出したら、「近くにある節目までは行くだろう」と考えて、「次の節目まで一気に行くエネルギーがあるだろうか、あるいは反転して下の節目まで戻るだろうか」と、節目を意識して予想することが、チャートから未来を読むための最初にして最大のポイントです。

私はよくセミナーなどで「美しいチャートですね」と言うことがあります。そうすると受講者からは「美しい？　その感性がわかりません」と腑に落ちない顔をされますが、節目節目できちんと反応しながら動いているのが、美しいチャートです。美しいチャートほど未来が読みやすく、取引も有利に進められるのです。

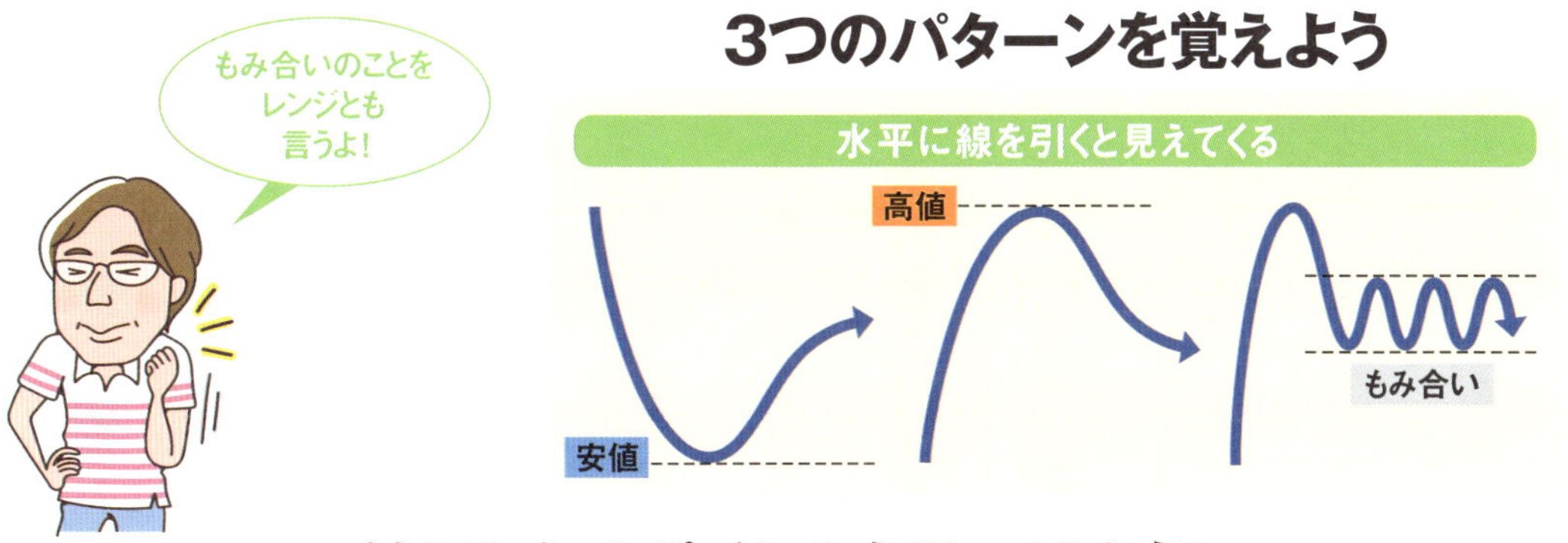

節目となるポイントを見つけよう！

補習授業

天井・大底(てんじょう・おおそこ)

レートが上昇し高値を作り反転したら「天井を打った」とか、下落して安値を作り反転上昇したら「大底をつけた」などと言われたりする。強いトレンドの天井や大底となった為替レートは、その後の重要な節目となりやすい。

節目(ふしめ)

個人投資家もプロも過去の節目を意識し、注文している。多くの人が意識する節目ほど多くの注文がされるから、その節目に為替レートが達したとき、値動きが強まりやすい。代表的な節目が高値・安値であり、もみ合いのポイント。

3 限目

たった1本のローソク足が未来のヒントをくれる!

覚えたいのは2つだけ 長いヒゲと同事線

1本のローソク足には始値・高値・安値・終値の4つの価格が記録されています（37ページ参照）。ですから、ローソク足の動きの中には、投資家の心理や市場のエネルギー、さらには今後の値動きを予想できる材料が含まれています。

過去の高値・安値やもみ合いのポイントが島だとすれば、「この先に島がある」と教えてくれる目印となるブイがローソク足の形です。

ローソク足の分析方法には「酒田五法」などさまざまなものがありますが、ここでは、2つの形だけを覚えてください。長いヒゲと「同事線（どうじせん）」です。

長い上ヒゲがついたローソク足であれば「一度高値をつけたものの、上がり切れずに下げてしまった」ということになります。上昇する力が減衰しているわけですから、高値圏で長い上ヒゲが出れば「いったんは天井となり下の節目まで戻すかな」と考えられます。

反対に安値圏で出た下ヒゲは、「もっと下げようとしたものの、上昇しようとする力に押し返された」ということになります。ということは、下ヒゲのついた足が安値となり反転上昇する可能性がありますから、注意が必要です。上昇後、下落後に長いヒゲが出たときは気をつけておきましょう。

ローソク足分析は アートの世界

また、同事線は始値と終値が同じ水準となり、実体の部分が非常に小さいか、あるいは直線になってしまったローソク足です。同事線が出現するときの投資家の心理を考えてみると、買えばいいのか、売ればいいのか迷っている状態です。同事線が出たときには、それまでの流れが変わる可能性があるので、これも要注意です。

覚えるのはこれだけでいいのですが、ローソク足の分析は独特の部分もあります。テクニカル分析は数式に為替レートを代入すれば誰もが同じ答えを得られます。数学的な「サイエンスの世界」と言えるでしょう。

一方、ローソク足分析は人によって「これは同事線だ」「いや、違う」と見方が異なることがあります。同じローソク足を見ても、人によっては「この上ヒゲで反転だ」「このくらいのヒゲは気にしないでいいだろう」と判断が分かれることもあり、いわば感覚的な「アートの世界」です。最初から多くの形を意識しているとキリがありません。それらはこれからゆっくり勉強することにして、まずは長いヒゲと同事線の2つの形だけを意識し、数多くのチャートを見ていきましょう。それがローソク足分析上達への近道となります。

この形が出たら要注意！

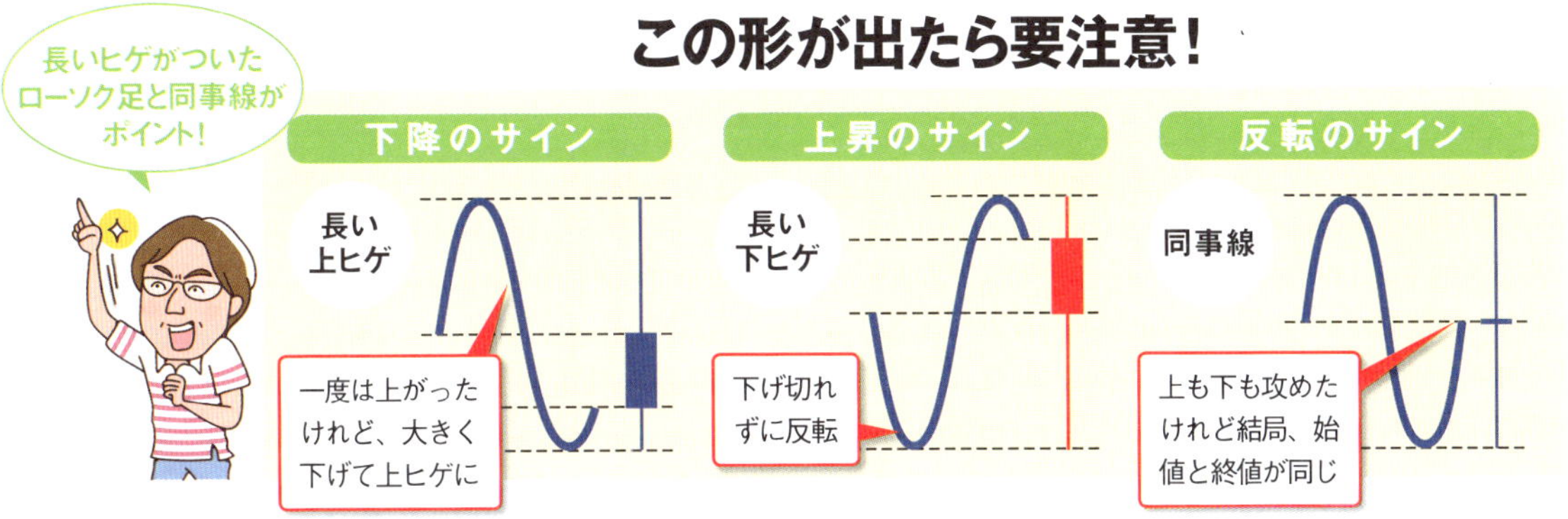

長いヒゲと同事線で相場は転換しやすい

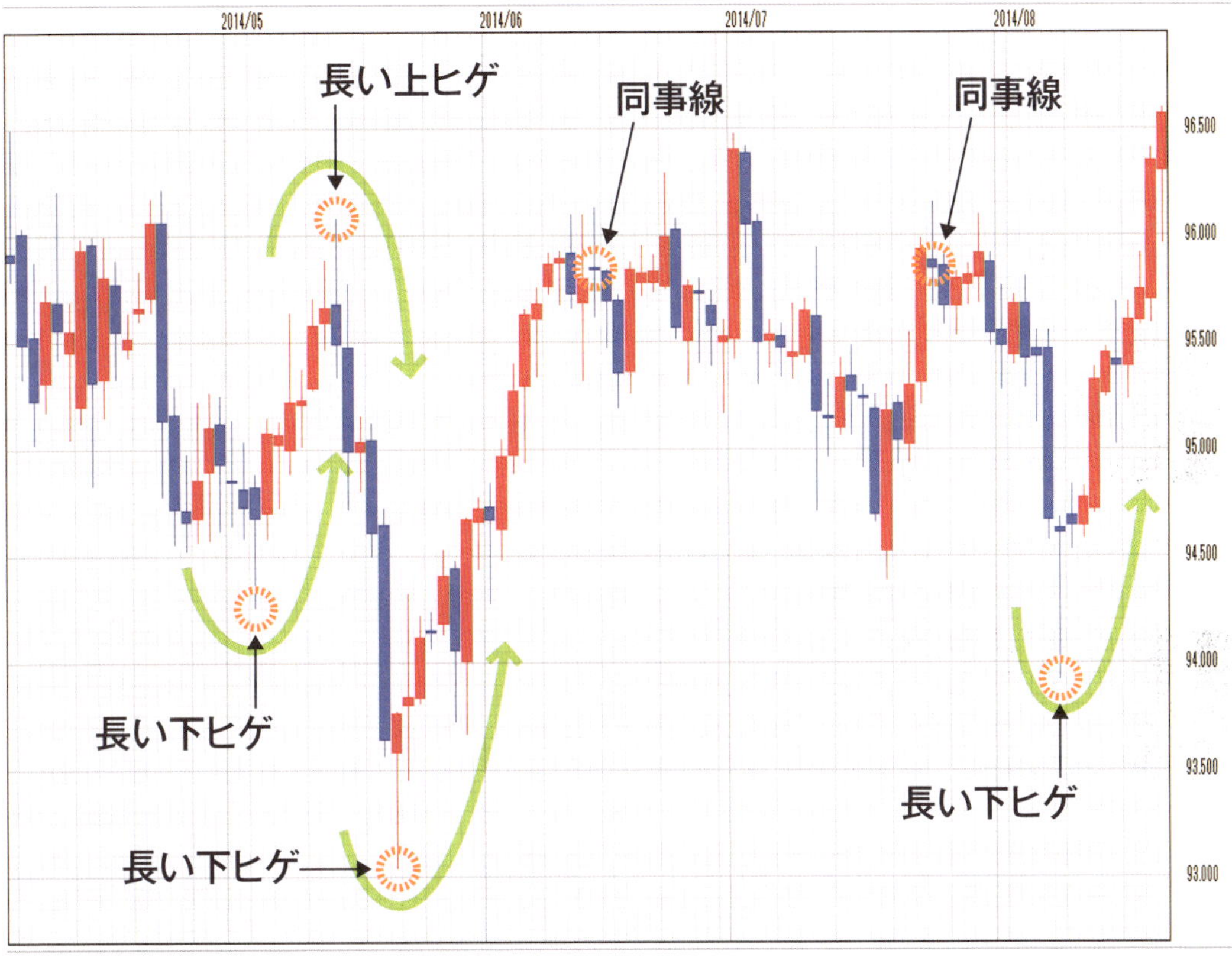

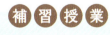

補習授業

酒田五法（さかたごほう）

江戸時代の米相場で活躍した相場師・本間宗久が編み出したローソク足の分析方法。三兵や三空、三川、三山、三法の５つのパターンが基本で、さまざまな応用の形がある。ローソク足分析の古典として、今も愛用する投資家は多い。

数多くのチャートを見て

長いヒゲや同事線に限らず新しい分析方法を学んだときは、現時点のチャートを見るだけでなく、過去のチャートをさかのぼってみよう。どんな場面で当てはまり、当てはまらないのかを自分で検証することがとても重要だ。

3限目

チャート全体の形で未来を予想 パターン分析を覚えよう

二度、三度と同じ水準の高値・安値ができたら

先ほどは1本のローソク足だけに着目しましたが、今度はチャート全体を俯瞰して、多数のローソク足が描く形から未来を予想する方法を紹介します。

チャートから未来を読むために必要となる最後の知識である、パターン分析です。

ローソク足分析と同じく、パターン分析にもいろいろあるのですが、最初は混乱しないように3つだけを意識していきましょう。

まずは「ダブルボトム」と「ダブルトップ」です。為替レートが下げてきて安値をつけ、いったんは反転上昇するのですが、上げ切れずにまた安値をつける、このパターンがダブルボトムです。「W」の字をイメージすると理解しやすいでしょう。

このとき、注目されるのは反転上昇したときの高値です。この高値を抜けると、安値から高値の幅と同じ分だけ上昇する、というのがダブルボトムのセオリーです。

ダブルトップはというと、ダブルボトムをひっくり返したパターンになりますから、2つの高値とその間の安値の3つの価格で構成されます。

ところがダブルトップができて、「落ちるのかな」と思ったら落ちきれずにまた上がってきて、三度同じ水準で高値を作ることもあります。短期間に何度も同じ水準で高値を作るのなら、そこがとても重要な節目となるのは、もう勉強した通りです。三度もトライして、それでも上げ切れずに下落していくと、「トリプルトップ」の形成です。

高値・安値の幅が徐々に狭まっていく三角もち合い

トリプルトップなんていうと難しそうですが、高値の節目があり、節目を上抜けようとして挑戦したが失敗、再度挑戦してまたも失敗した形です。トリプルトップを知らなくとも、いつも節目を意識していればわかることでもあります。

3つめのパターンは「三角もち合い」です。これは高値と安値の間がだんだんと縮小していき、高値と高値、安値と安値を結んだ線を引いたときに、三角形となるパターンです。三角もち合いは市場が迷っている状態ですから、三角もち合いの最終局面では気迷いの証である同事線が目立つようになります。

上であれ下であれ、三角形を抜けたときには強い動きが発生しやすくなりますので、取引のチャンスとなります。チャートパターンに節目とローソク足の形を意識することで、チャートから未来の値動きを十分に予想できるようになります。

パターン分析で覚えておきたい3つの形

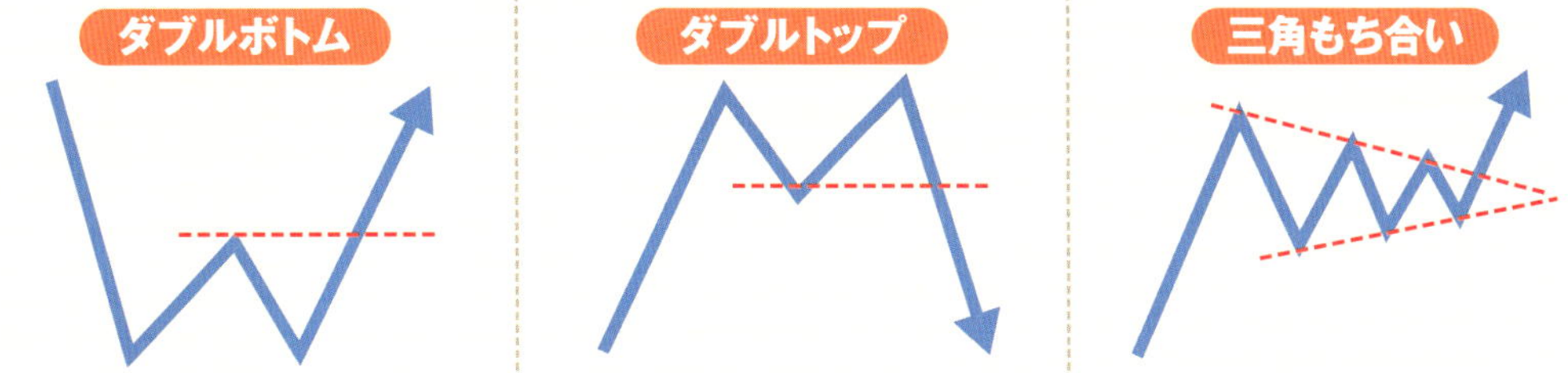

2つの安値の間にできた「ネックライン」（点線）を超えると上昇の合図

2つの高値の間にできた「ネックライン」（点線）を抜けると下落の合図

高値と安値の幅がだんだん狭まっていく。点線の三角形を抜けると値動き拡大へ

「ダブルボトム」はチャートの頻出パターン

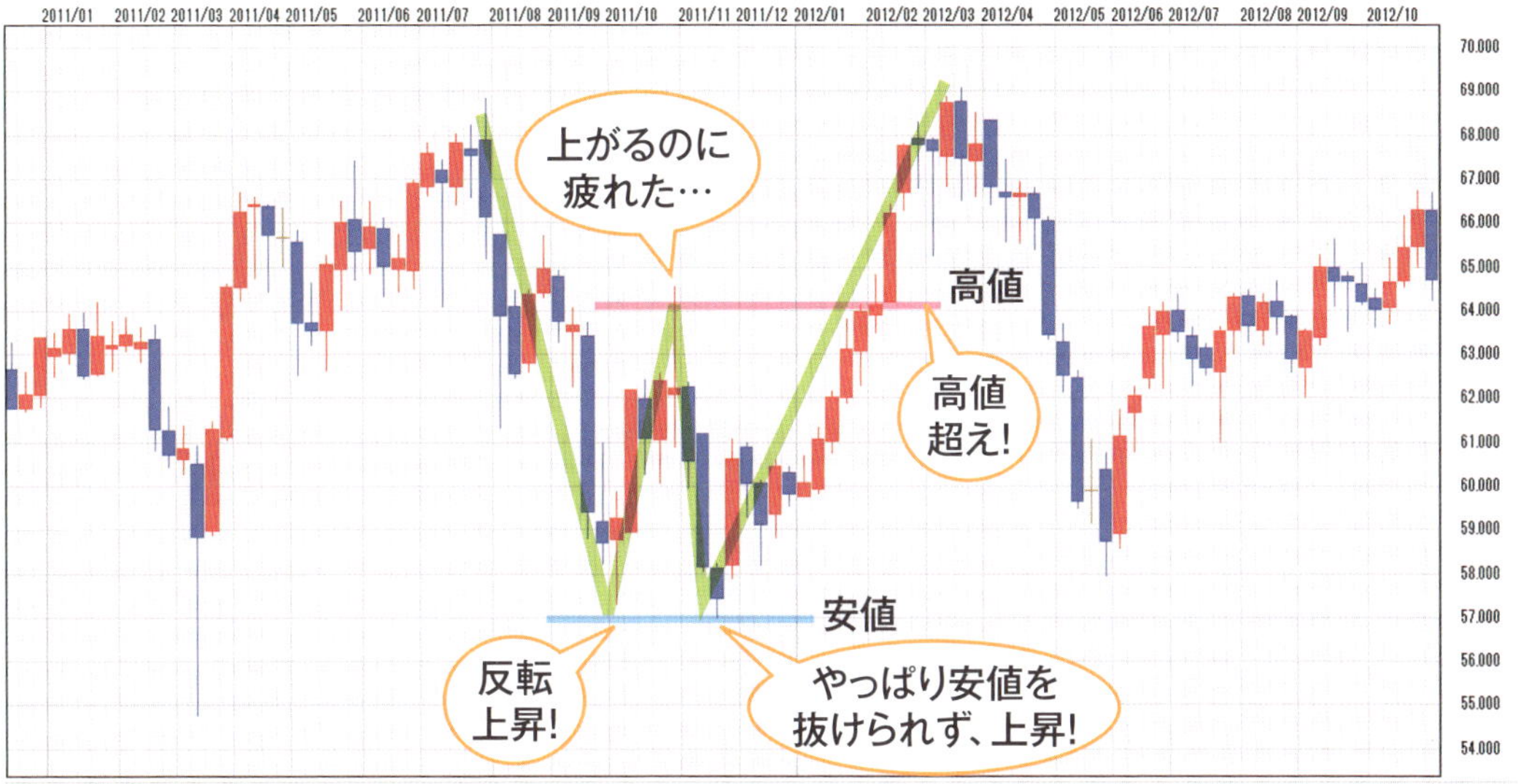

大きな値動きの前兆が「三角もち合い」

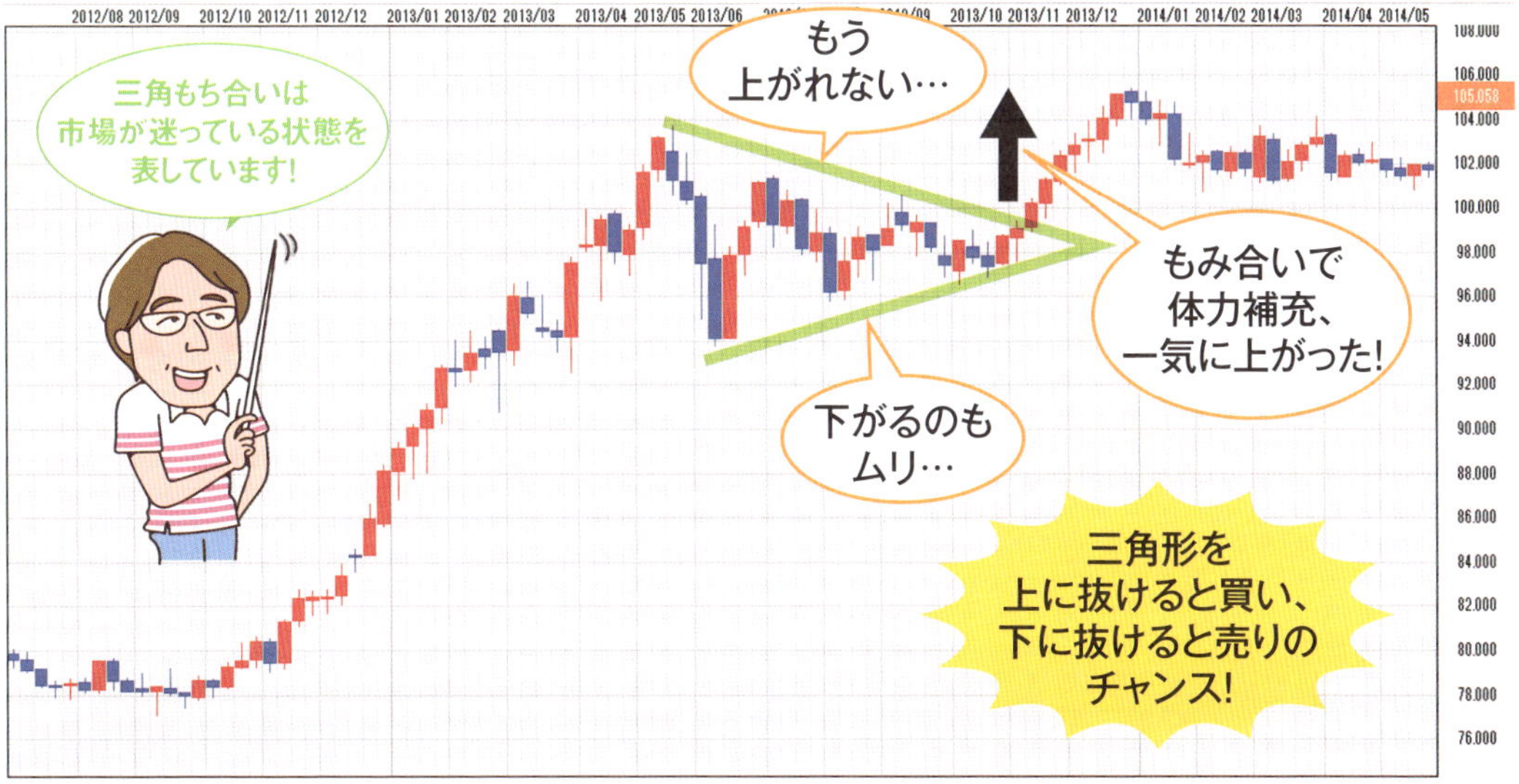

3
限目

トレンドの判断は移動平均線の傾きと節目抜け

移動平均線の向きはトレンドの方向

チャートから未来を描けるようになって初めて、テクニカル分析が意味を持ちます。チャート分析で未来のチャートをイメージできるようになったら、次は、具体的な売買のタイミングを教えてくれるテクニカル分析を学んでいきましょう。

テクニカル分析にはさまざまな種類があり、とてもすべてを身につけることはできません。まずは2つのテクニカル分析を覚えましょう。

なぜ2つかというと、市場の局面には2種類があるからです。上昇か下降の一方向に動いているトレンド相場と、方向感なく同じような高値・安値の間で動いているレンジ相場です。テクニカル分析には「トレンド相場に強いもの」「レンジ相場に強いもの」がありますから、使い分けが大切です。

ただそのためには、トレンド相場なのか、レンジ相場なのかを判断する必要があります。そこで便利なのが移動平均線です。

移動平均線は過去の価格の平均を結んで1本の線にしたもので、最も基本的なテクニカル分析です。この移動平均線は高値の更新が続いているようなときには右肩上がりとなり、安値更新が続けば下向きになり、高値も安値も更新できないときは横ばいとなります。ですから、移動平均線の向きを見るとトレンドがおおよそ把握できるわけです。

移動平均線で未来を読み解くためのポイント

しかし、移動平均線の傾きだけで判断すると、未来を読み間違えることが多いのも事実です。レンジ相場で横ばいだった移動平均線が上向いてきて「上昇トレンドだな」と思ったのに、すぐに下がってしまう、といった「ダマシ」(騙し)です。

ダマシを減らすために大切なのは、やはりチャートの分析です。レンジ相場からトレンド相場に転換するときには、必ずレンジ相場の高値・安値を抜けていきます。また上昇トレンドが本物であればローソク足は過去の価格の平均である移動平均線よりも上に、下降トレンドができると下にくるはずです。

ですから、①ローソク足の節目抜け、②移動平均線が横ばいから傾き出したこと、なおかつ、③ローソク足が移動平均線よりも上(下降トレンドの場合は下)にあること、以上の3点をトレンド発生の条件と考えてみましょう。

移動平均線の傾きだけで考えるよりも、ダマシを大きく減らし、正確にトレンドを判断できるようになります。

移動平均線の傾きでトレンドを判断！

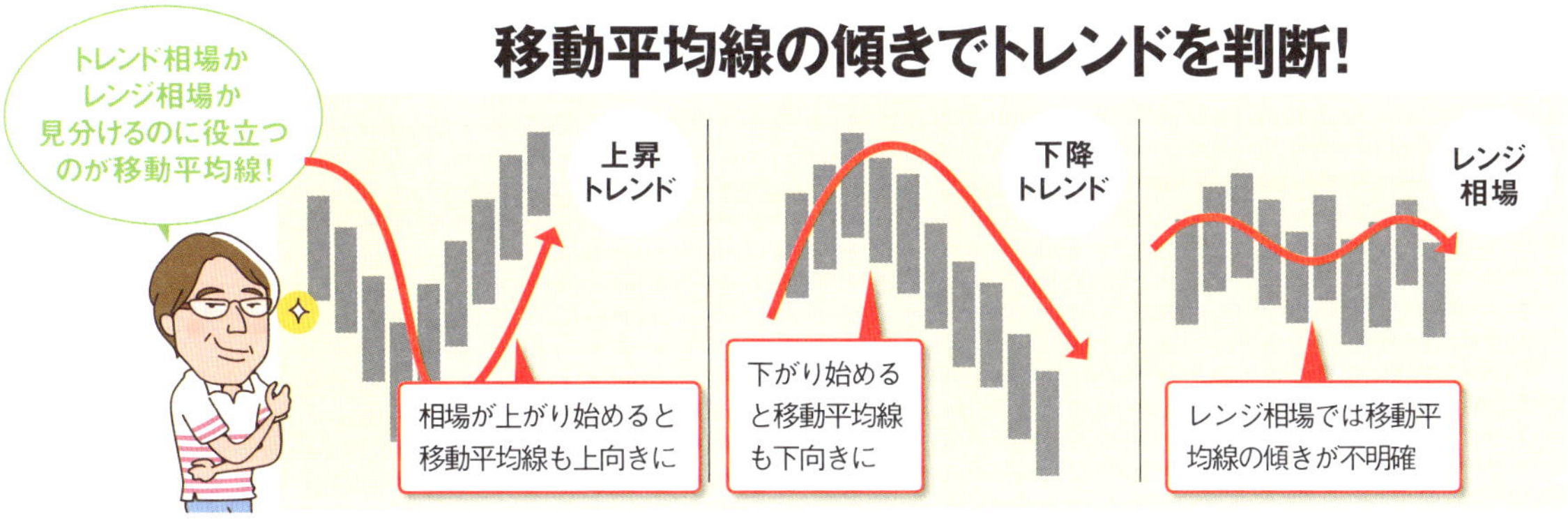

トレンド発生は3つのステップで確認！

補習授業

トレンド相場
（とれんどそうば）

上昇か下降の一方向への値動きが続いている状態。「相場はトレンド３割、レンジ７割」と言われることもあり、トレンドが出ているときのほうが少ない。

レンジ相場
（れんじそうば）

小さな値幅のなかで上下動を繰り返し、値動きの方向感が不明確な状態を指す。レンジ相場が長く続いたあとは強いトレンドが生まれやすい。

ダマシ
（だまし）

上昇・下落のサインに対し、結果として相場展開が逆になったものを指す。シグナルが外れるダマシをいかに少なくするかがFX取引でのカギとなる。

3
限目

移動平均線の成り立ちにひと工夫してみると…

移動平均線は短期・中期・長期を見る

トレンドを見るのにとても便利な移動平均線ですが、どのように描かれるのでしょうか。日足で「10」に設定したものなら、過去10日分の終値を合計し、10で割って平均値を計算します。1日ずつずらしてこの作業を毎日繰り返し、1本の線に結ぶと移動平均線が書き上がるわけです。

この「10」としたパラメーター（設定値）を20や75、あるいは100、200とした移動平均線もあります。パラメーターを大きくするにつれて、より古い為替レートも参照して平均を計算することになるので、長期的な動きを表します。

移動平均線は短期のパラメーターに設定した場合、為替レートの変化に敏感に反応して頻繁に傾きを変えます。トレンドが変化したときに素早く傾きを変えてくれる一方、ちょっとした値動きでも傾きが変わり「ダマシ」が多くなる傾向もあります。

また、長期のパラメーターに設定した移動平均線はなだらかな線となり、傾きを変えることは少なくなります。ダマシが減る半面、トレンドが変わったときも、なかなか移動平均線の傾きが変わらないという欠点があります。

長期と短期、それぞれ一長一短があるので、短期・中期・長期といった3本の移動平均線を組み合わせて見るのがよいでしょう。

昨日と10日前のレート 明日の予想に重要なのは？

さて、私たちが移動平均線をチャートに表示する理由は「明日の為替レートがどう動くか」を予想するためです。

10日前と昨日の為替レート、どちらが明日の市場の予想材料となるでしょうか？ 常識的に考えれば、鮮度の高い昨日の為替レートでしょう。それなのに移動平均線は10日前の為替レートも昨日の為替レートも、同じ比重で扱って平均値を計算します。

「だったら、単純平均ではなくて、直近の価格を重視して計算した移動平均線のほうがいいのでは」。そんな発想で生まれたのが「EMA（指数平滑移動平均線）」と呼ばれる移動平均線です。

EMAは直近の価格を重視するために、直近の価格を2倍にして計算します。これだけでもローソク足の変化により敏感に、動くようになるのです。

EMAは単純移動平均線よりもローソク足の動きに追随しやすいので、EMAを好んで使うトレーダーも多数います。次の見開きでは、EMAを使ったテクニカル分析である「MACD」（まっくでぃー）をご紹介しましょう。

移動平均線の描き方は？（5日移動平均線の場合）

基本型 単純移動平均線

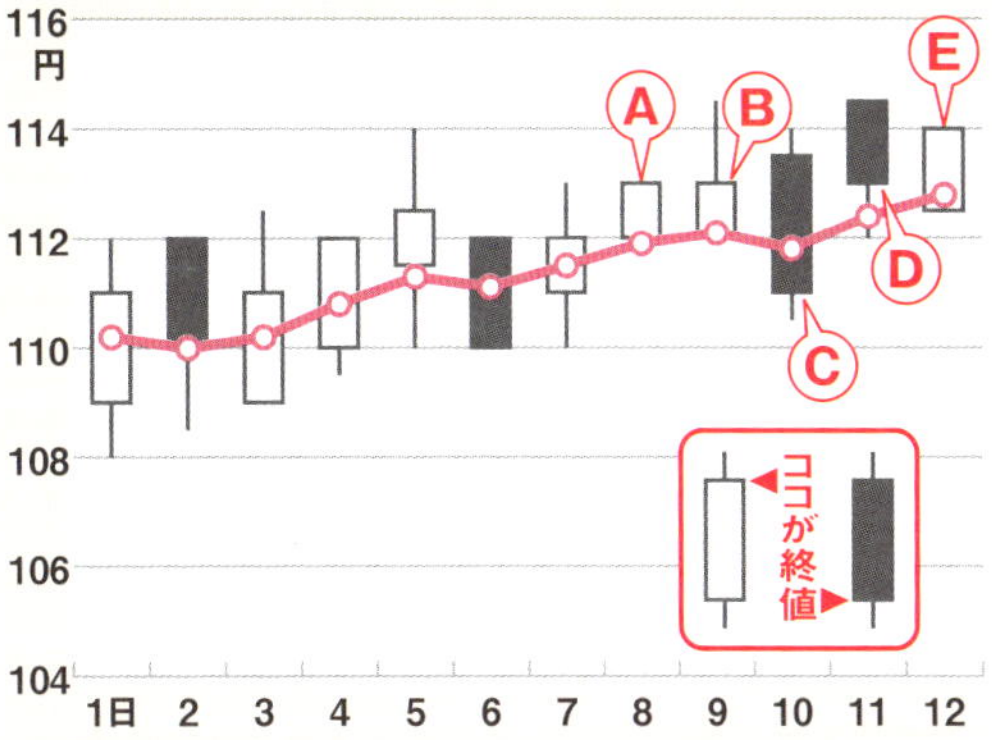

（A+B+C+D+E）÷5

5日移動平均とは、その日からさかのぼって5日間の終値の平均値を指す。上図のように計算した数字を結んだ線が5日移動平均線ということになる。

ひと工夫して EMA（指数平滑移動平均線）

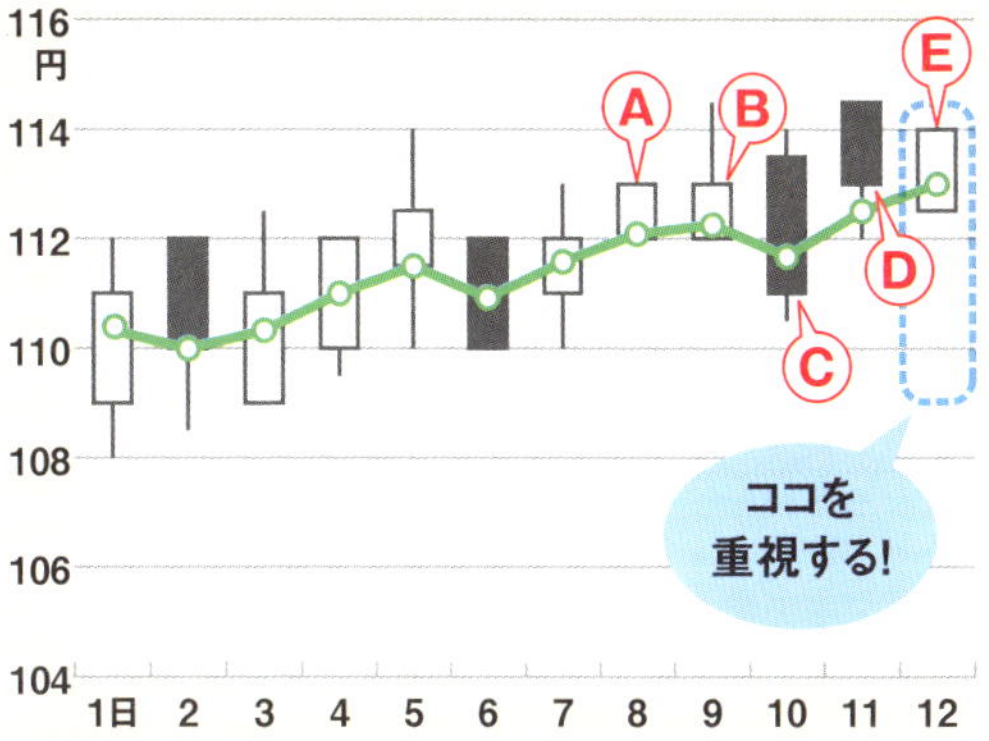

（A+B+C+D+E+E）÷（5+1）

直近の価格を2回加える!

5日EMAは、直近の価格を2回加えることで、新しい値動きのほうを重視する。上図のように計算した数字を結んだ線が5日EMAになる。

2つの移動平均線を比べてみると…

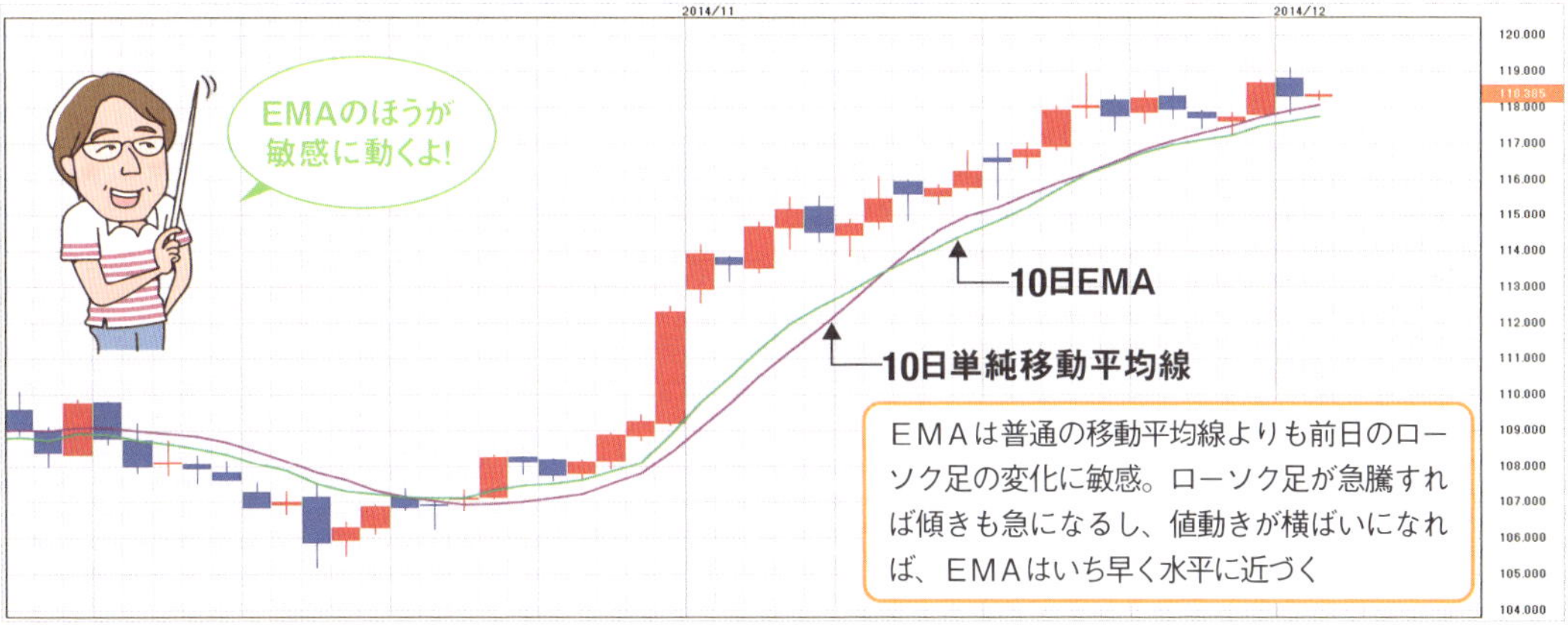

補習授業

EMA（いーえむえー）

指数平滑移動平均線。そういうと難しそうだが、使い方や見方については通常の単純移動平均線（SMA）と同じだ。トレンドの転換時に、EMA は単純移動平均線よりも早く傾きを変えて教えてくれる。EMA を好んで使う投資家も多い。

長期と短期（ちょうきとたんき）

厳密な定義はないが、長期移動平均線では 75 や 100、200 といったパラメーターがよく使われ、短期では 10 や 20、さらに短いものだと 5 や 6 などが多用される。短期と長期の中間くらいの値で中期線も加えて 3 本の移動平均線を使う人も。

3限目

トレンド相場に強いテクニカル代表選手は「MACD」

売買サインの代表が「ゴールデンクロス」

皆さんは「ゴールデンクロス」「デッドクロス」という言葉を聞いたことがあるでしょうか。

テクニカル分析における売買シグナルの基本的な形です。短期と長期、2本の移動平均線を見て、**「短期移動平均線が長期移動平均線を上抜いたとき」が、ゴールデンクロスで買いのサイン**。反対に**「短期移動平均線が長期移動平均線を下抜けたとき」は、デッドクロスで売りのサイン**です。

余談ですが、2本の移動平均線のクロスを売買サインにして実際に収益を狙うのは、なかなか難しいものがあります。通貨ペアによって2本のパラメーターの最適な数字が異なるため、どう設定したらいいのか、詳細な検証が必要になります。何も考えずにゴールデンクロス、デッドクロスだけを頼りに売買していると、勝率は50%にも満たないかもしれません。

ここでゴールデンクロスとデッドクロスを紹介したのは、これから解説していく「MACD」が2本のラインのクロスをもとにしたテクニカル分析だからです。

これらのうちMACDラインは、期間が異なる2つのEMA（指数平滑移動平均線）の「かい離幅」を1本のラインにした線です。ゴールデンクロスやデッドクロスが発生したとき、2つのEMAのかい離幅はゼロです。MACDラインがゼロに位置していれば、2つのEMA同士でクロスが発生しているということになります。

MACDにはもう1本の線があります。MACDラインを移動平均化したシグナルの線です。移動平均線と同じように、過去のMACDラインの平均をとって1本のラインを描くわけです。

数あるテクニカルの中で精度の高いMACD

MACDの売買サインはこの2本のラインのゴールデンクロスとデッドクロスになります。

・シグナルがMACDラインを上抜けたら買いのサイン

・シグナルがMACDラインを下抜けたら売りのサイン

また、2本のラインの位置にも気をつけてみましょう。**①買いサインが出た後に②MACDの2本のラインがゼロを超えたのを確認すると、上昇トレンド発生の可能性が高まります。**

ただし、MACDを使うときも、単純に売買サインだけに従って判断するのではなく、チャート分析と併せて活用していきましょう。

私自身の経験から、数あるテクニカルの中でもMACDは精度の高いものの1つです。特にトレンド相場では強みを発揮してくれるはずです。

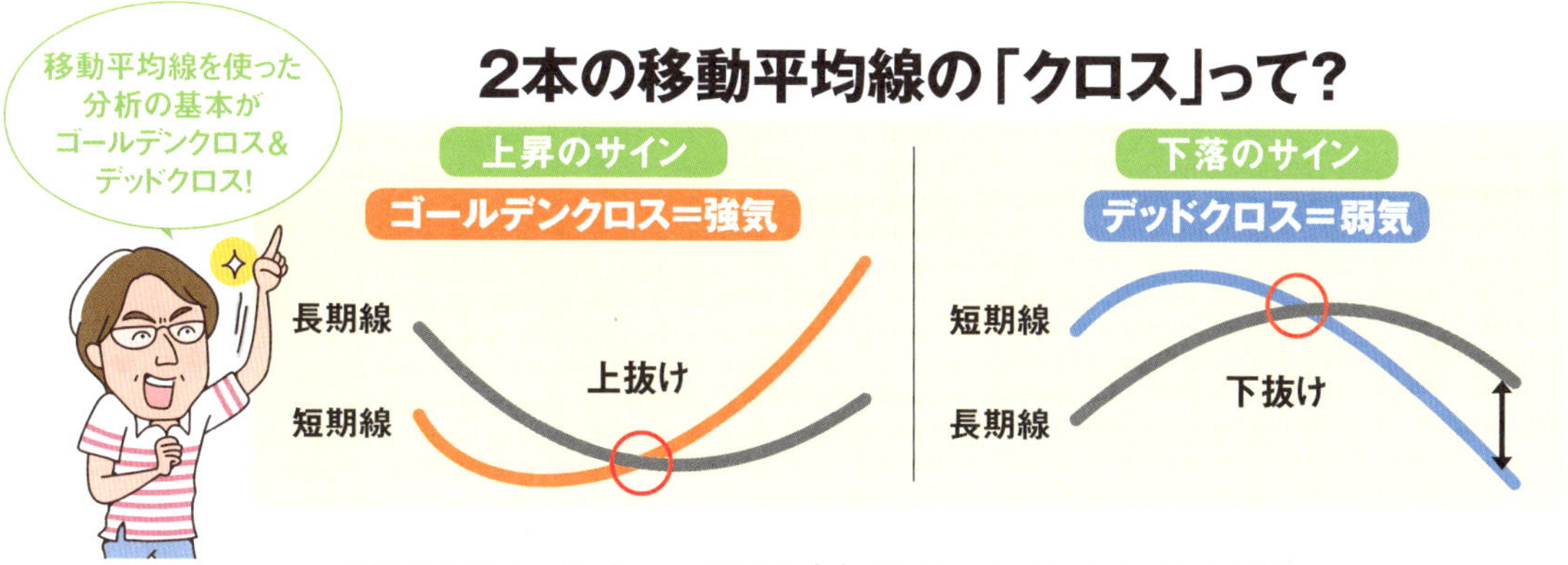

MACDのクロスは節目とあわせて使う

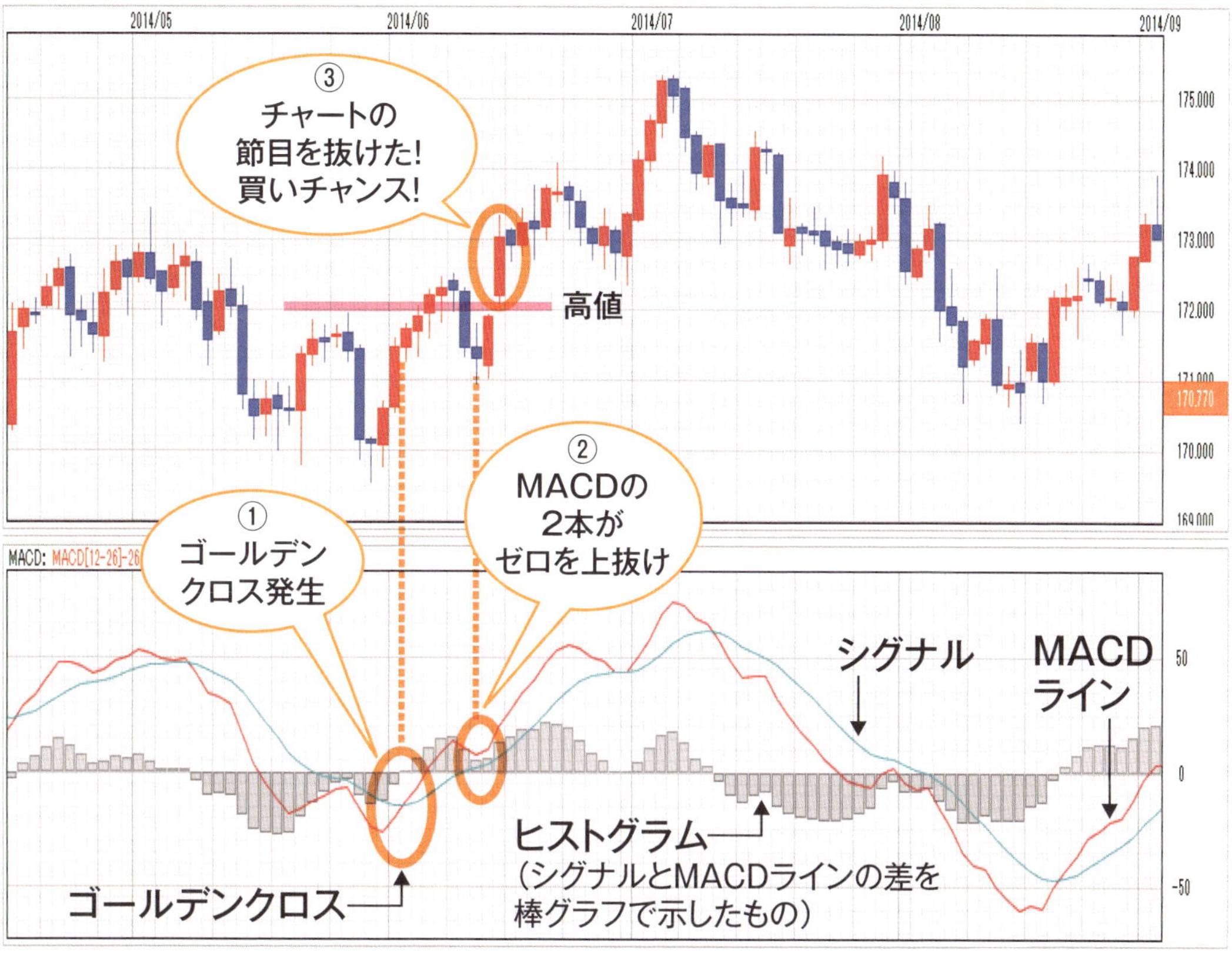

補習授業

移動平均化（いどうへいきんか）

2本のEMAのかい離幅を示すMACDラインの過去の値を平均して割り出し、1本のラインとしてつなげたものがシグナルだ。移動平均化するとより動きは滑らかになるので、MACDラインよりもシグナルのほうが遅れて動くようになる。

ゼロを超えると…

MACDラインとシグナルの位置もヒントになる。2本の線がゼロを上抜けて上昇していくようなとき、MACDのもととなる2本の移動平均線はかい離幅を広げて上昇していることになる。上昇圧力が強いということになり、トレンド発生の可能性大。

3
限目

レンジ相場で使えるRSIも節目とあわせて使う！

「70」と「30」を超えたら売買のチャンスが到来

次に紹介するのはMACDと並ぶテクニカル分析の代表選手「RSI（あーるえすあい）」です。

為替レートが動いたとき、「これだけ下がったら、そろそろ上がるはずだから買ってみようか」と感じることがあると思います。

ところが、こうした感覚に頼って売買していると上達しません。たしかに相場には「上がりすぎ・買われすぎ」や「下がりすぎ・売られすぎ」といったものがあります。それを感覚に頼って判断するのではなく、数字で明確に示してくれるテクニカル分析で見ていきましょう。いわゆる「オシレーター系」と呼ばれるテクニカル分析があり、「上がりすぎ・下がりすぎ」を教えてくれます。その代表格がRSIになります。

RSIは%で示され、0%から100%の間を動きます。「RSIが70%を超えると上がりすぎで売り・30%を割ると下がりすぎで買い」と判断するのが一般的です。

レンジ相場で強みを発揮！RSIの効果的な使い方

RSIが力を発揮してくれるのはレンジ相場です。レンジ相場では「レンジの上限で売り・下限で買い」と取引するのが効率的です。しかし、レンジ相場とはいえ常に同じ高値・安値をつけるわけではありません。そこで売買の判断を助けてくれるのがRSIです。

レンジ相場のときに「70%を超えていたRSIが70%を割り込んできたら売り」「30%を割っていたRSIが30%を上抜けたときに買い」と考えるのです。もちろん、このときに節目を意識しながら取引していくと、RSIをさらに有効に使えます。

あるいは、ローソク足の形を同時に見るやり方もいいでしょう。70%を超えていたRSIが70%を割り込んできて、ローソク足が長い上ヒゲを出した、同事線になったというときだけを売買サインにするといった考え方です。

ただ、トレンド相場では得てして「RSIは70%を超えて買われすぎを示しているのにさらに上がる」といった動きになりがちです。RSIが70%を超えたからといって、単純に売りと判断していると、トレンド相場では大きくヤラれてしまうことになります。RSIが効果を発揮しにくいトレンド相場は移動平均線など「トレンド系」のテクニカル分析を使うようにしましょう。

オシレーター系であれトレンド系であれ、やはり基本となるのはチャートの分析です。チャート上の節目を意識することで初めて、テクニカル分析の売買サインが力を発揮してくれます。

RSIは30%・70%が基準

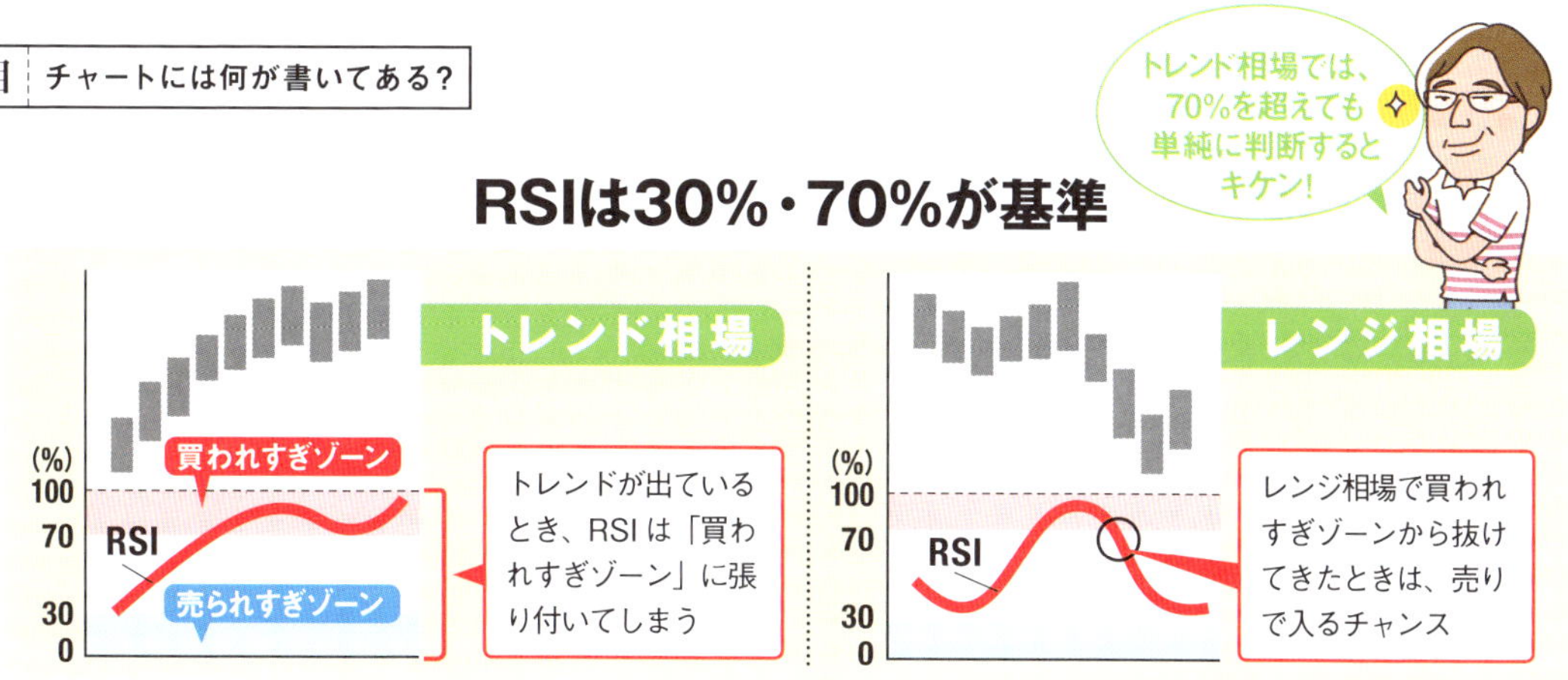

レンジ相場で頼れるRSIの売買シグナル

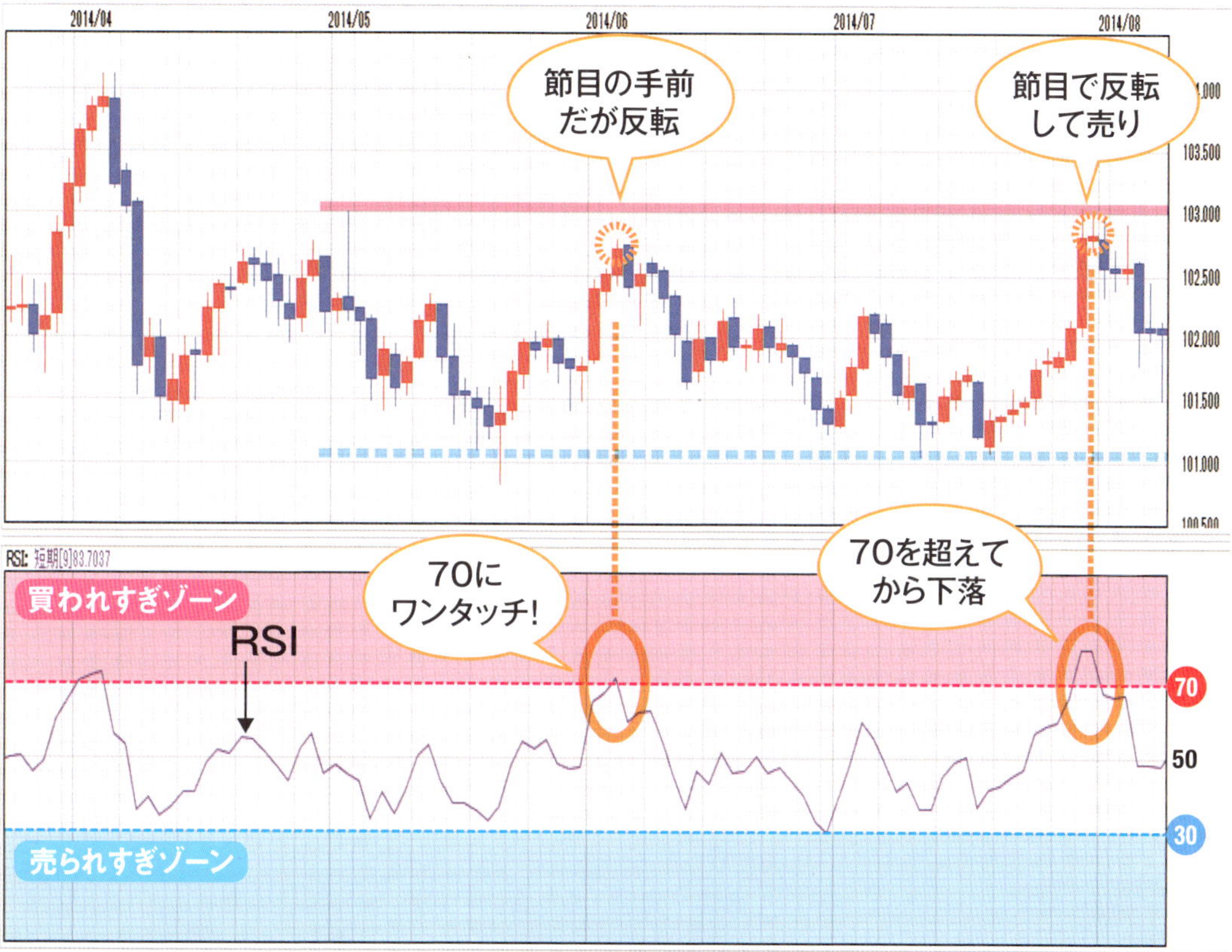

補習授業

オシレーター系
(おしれーたーけい)

値動きの勢いから買われすぎ・売られすぎなどを判断するテクニカル分析の種類。RSIやストキャスティクスなどが代表的。レンジ相場に強い特徴がある。

RSI
(あーるえすあい)

日本語に訳せば「相対力指数」となるが、RSIと呼ばれるのが一般的。ある一定期間の上げ幅・下げ幅をもとに、買われすぎ・売られすぎの判断を示してくれる。

トレンド系
(とれんどけい)

トレンドの方向性を探るときに強みを発揮するテクニカル分析の1つ。なかでも移動平均線やボリンジャーバンド、MACDなどが代表格。

節目を意識して描く 1カ月後の「未来チャート」

私がいつも生徒にやってもらう課題が「未来チャート」を描くこと。現時点の日足チャートに、向こう1カ月程度の値動きのイメージを矢印で書いてもらうんです。

日足チャートのスクリーンショットをパワーポイントなどに貼り付けて、上がり下がりを矢印でざっくりと書き加えてもらうだけなので、1枚の未来チャートを描くのに10分もかからない、とても簡単な作業です。

でも、1つだけ守ってほしいことがあります。それは高値・安値・もみ合いの「節目」を意識すること。上がると思ったら、「どの節目まで上がるか」を意識して矢印を引きます。下落する力が強いと感じたら、「この安値を抜けて次の安値まで行くだろう」と考えてもいいですし、矢印の終点が必ず過去の節目を根拠とするようにしてください。この作業で投資力は格段に高まるはずです。

練習問題のポイント

1 日足チャートをパワーポイントに貼り付ける

チャートのスクリーンショットを撮って、パワーポイントに貼り付ける。そのときチャートの右側にスペースを開けるようにする。

2 目立つ節目に水平線を引く

高値や安値、もみ合ったポイントのなかで自分が注目したポイントに水平線を引く。高値圏や安値圏で水平線を引けるポイントがないときは長期チャートも参考に。

3 向こう1カ月の値動きイメージを矢印で描く

現在のトレンド、今後のイベントなどを踏まえて、大雑把でいいので「この節目を目指すかな」というイメージを矢印で描く。

記入例はこちら!

Q 節目を意識しながら 向こう1カ月の値動きを予想してみよう

川口先生の模範解答はこちら！

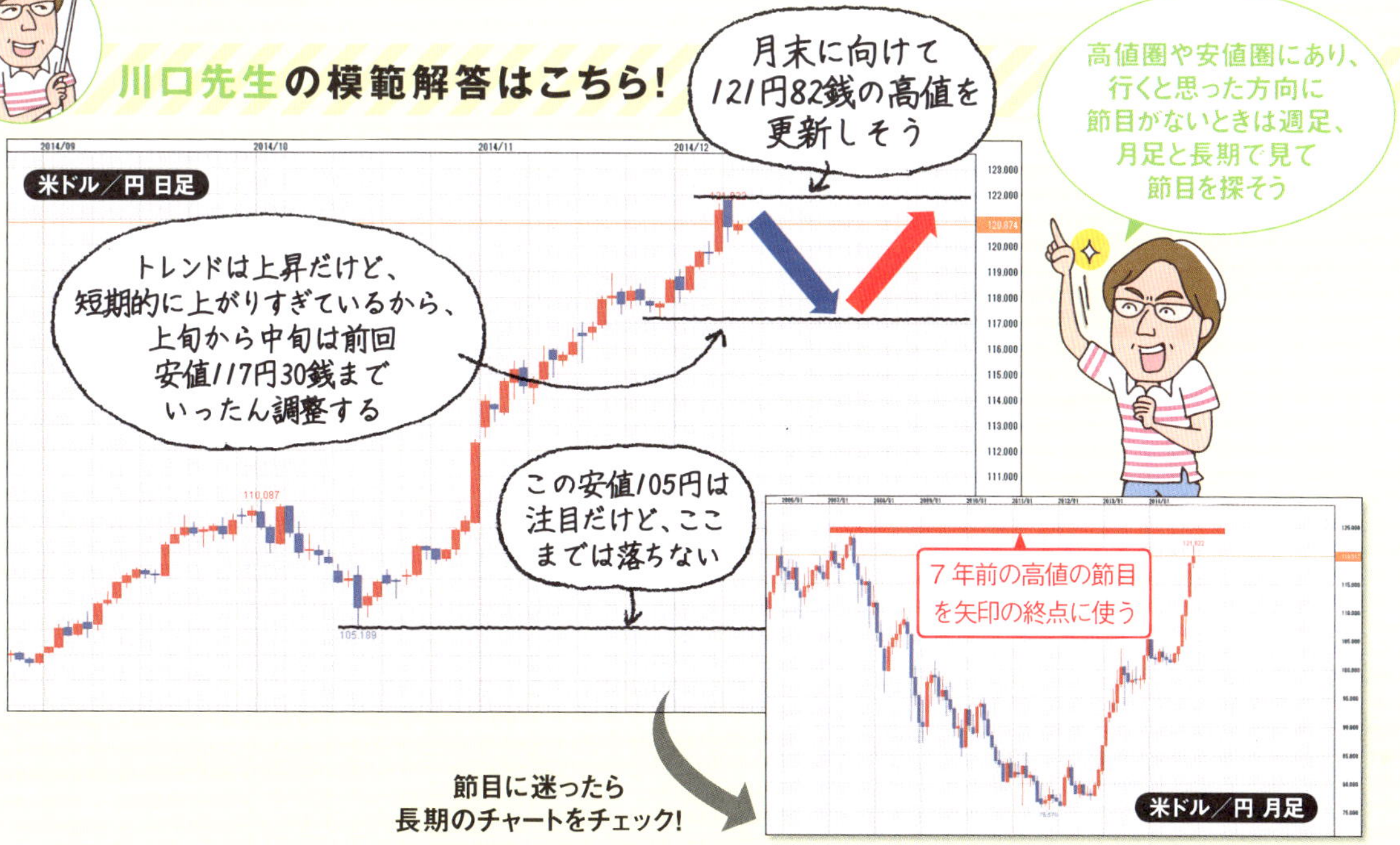

川口先生からのアドバイス

勝てない人に足りないのは「ローソク足を読む力」

「勝てないな」と嘆いている人に足りないのは
ローソク足の読解力。
ローソク足の動きを丹念に見れば
未来の動きがわかるんです。
いつも「節目はどこ？」と意識して
チャートを見てください。

4限目

「順バリ」マスター講座

トレードとはチャートである!

デイトレから中期取引に
必要な戦略の立て方は
これでバッチリ!

川合美智子先生

ワカバヤシ エフエックス アソシエイツ代表取締役。外国為替ストラテジスト。「伝説のディーラー」として知られる若林栄四氏のもとで罫線分析を習熟する。取引に即役立つ実践的なセミナーやレポートは大人気。

トレンドの波に乗る取引の秘訣!

なでしこトレード

Introduction

大きな流れについていく トレンドフォロー戦略

トレードはチャートが基本！

私にとってチャートとは「トレードに欠かせないもの」です。「トレード＝チャート」と言ってもいいかもしれませんね。

中央銀行の総裁や理事の発言、需要と供給、ＧＤＰなどの経済指標――為替市場に影響を与える要因は本当にたくさんありますし、私もまったく頭に入れないわけではありません。ただ、トレードの材料として使うのはチャートだけです。

雇用統計も、政策金利の発表も、私には値動きの「あともうひと押し」の役割にすぎません。少なくとも私にとっては「トレードではチャートだけを見ていればいい」ということなのです。

ですから、皆さんにまず身につけてほしいのも、チャートをどう読み解き、どう判断するのか、ということです。

さてもう1つ、私のスタイルの基本となるのが「トレンドフォロー」です。

市場には「トレンド」があります。アベノミクスが始まってからは円安トレンドですし、その前は円高トレンドでした。市場には上昇方向か下降方向に強い値動きが発生することがあります。それがトレンドです。

トレンドを細かく定義する人もいますが、上昇方向のエネルギーが強く、前の高値よりも高値が切り上がれば上昇トレンド。安値も同じように、前回よりも低い安値になってと切り下がっていれば、下降するエネルギーが強くなっていくので、下降トレンドと考えておけばよいでしょう。

初心者にオススメは「トレンドフォロー」

市場で発生するトレンドの方向に、寄り添って取引するのがトレンドフォローです。上昇トレンドのときであれば買いから入っていき、下降トレンドのときであれば売りから入っていくというスタイルです。

反対に上昇トレンドのときに高値付近で売り、下降トレンドで底値に近づいたら買いから入っていくスタイルもあります。「カウンター」です。

トレンドフォローとカウンターはどちらが正解、といった話ではなく、あくまで自分に合ったほうを選べばよいのですが、カウンターはタイミングを計ることが難しいので、初心者の方にまずオススメしたいのはトレンドフォローのほうです。

トレンドフォローといっても、いろいろなやり方がありますが、長すぎず、短かすぎず数時間から数日程度で終わるくらいの、「安いところを拾っていく・高いところを売っていく」ようなトレンドフォローのやり方について、これから説明していきます。

トレンド判断は「高値・安値」に注目を

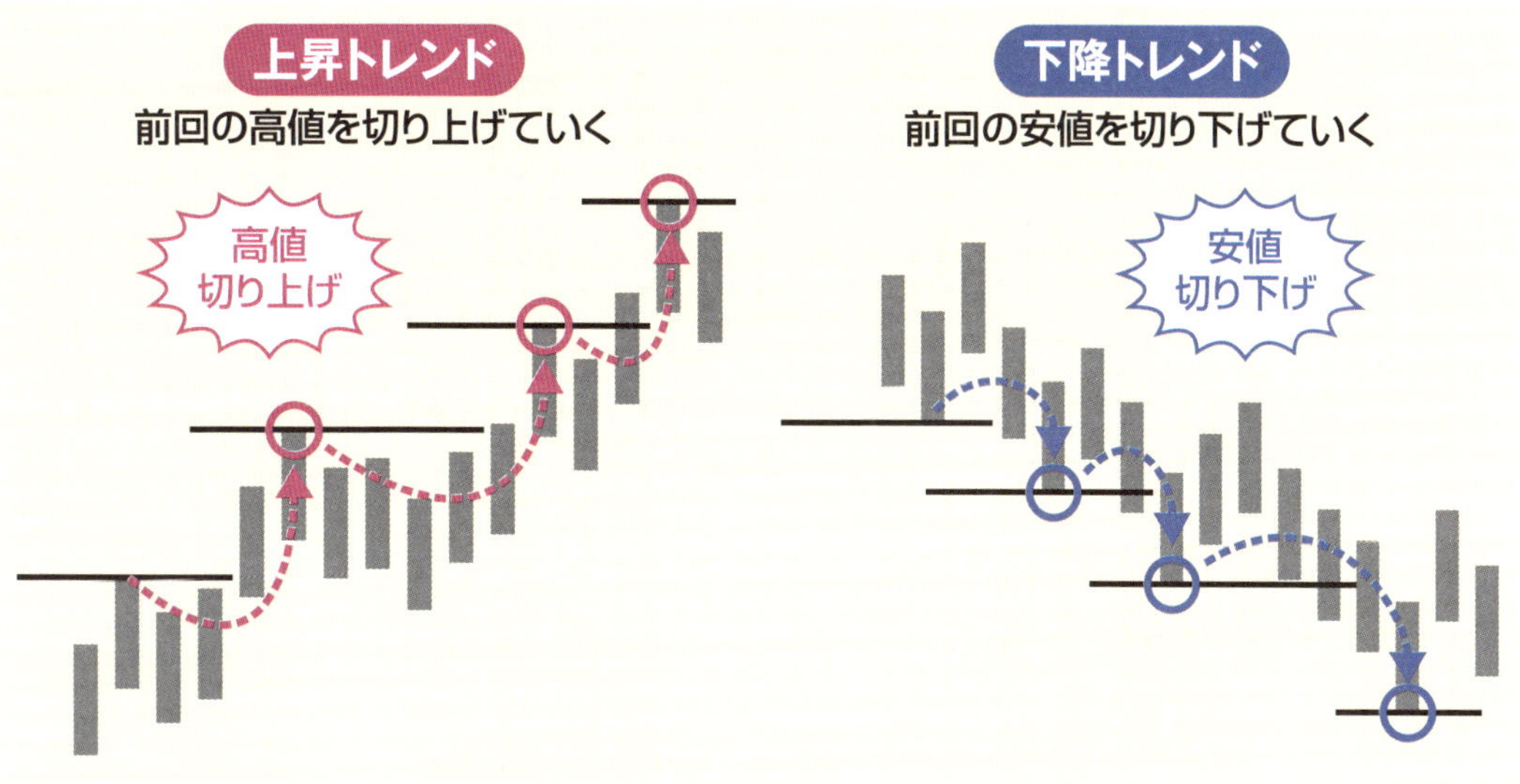

「トレンドフォロー」と「カウンター」

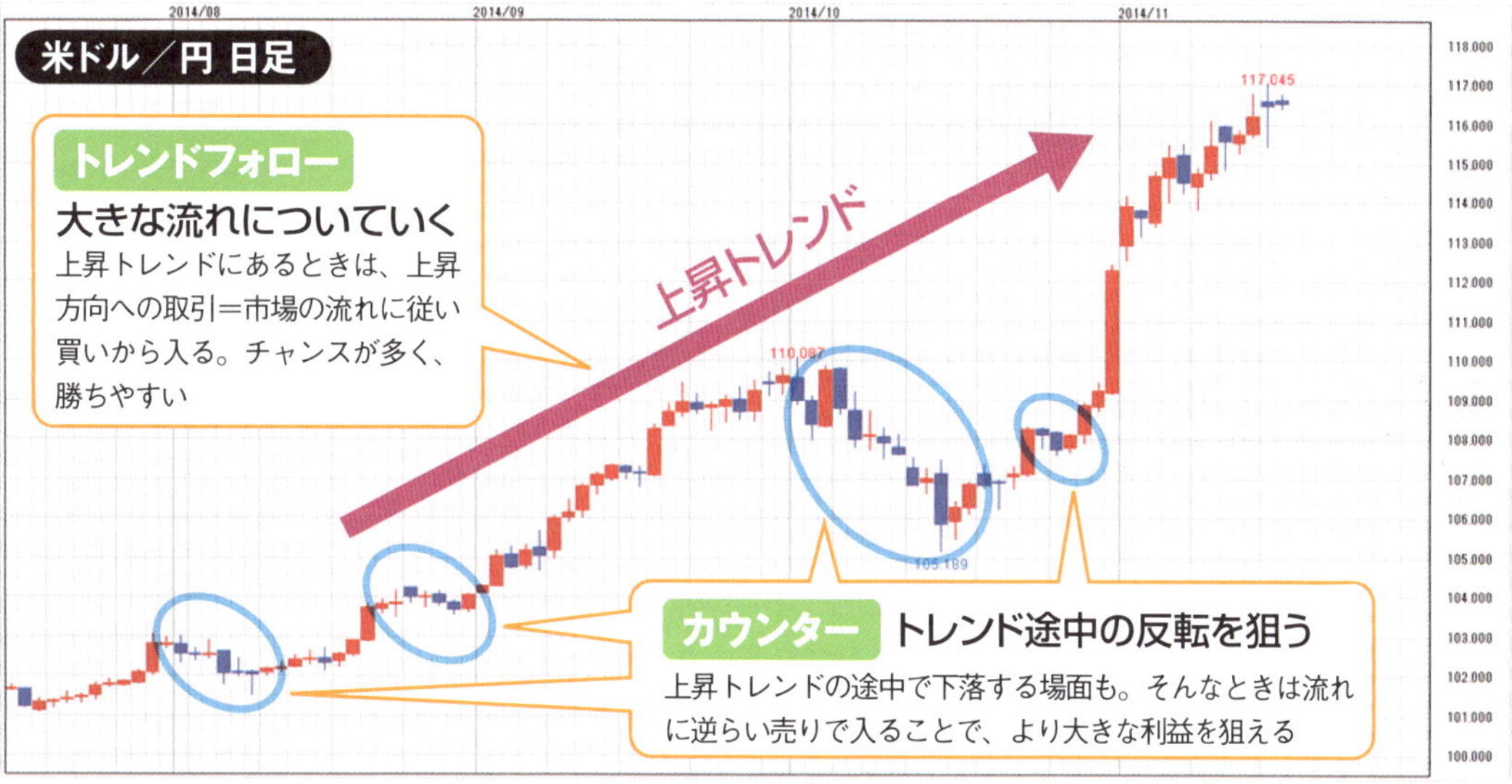

補習授業

トレンドフォロー

市場のトレンドに従い取引するスタイル。「順バリ」と言われたりもする。上昇トレンドなら買いから入り、下降トレンドなら売りから入る。上昇トレンドのなかの安値を買ったり、高値を追いかけて買ったり、トレンドフォローにも考え方はいろいろ。

カウンター

市場のトレンドに反して取引するスタイル。「逆バリ」とも呼ばれる。上昇トレンドでは売りから、下降トレンドでは買いから入る。上昇トレンドでも反落する場面があるし、下降トレンドでも反騰局面があるので、そこを狙う。

4限目

大きなトレンドはどっち？ 移動平均線&月足で確認

月足は大きなトレンドの方向を確認するために使う

トレードを始める前、必ず確認してもらいたいことがあります。大きなトレンドの方向です。

チャートには1分足から1時間足、日足、週足、月足とさまざまな足があります。1時間足で見たら下降トレンドだったのに、やけに上昇するエネルギーが強いといったことは少なくありません。そんなときは、日足や週足を見ると上昇トレンドになっているはずです。

トレンドはどの足で見るのかによって方向が変わりますし、1時間足のトレンドが月足や週足のトレンドと反対に動いていることもよくあります。重要なのは大きな流れなので、取引前には月足、週足、日足でトレンドを確認する習慣をつけておきましょう。

最初は月足を見てください。月足だと1本のローソク足を描くのに1カ月もかかりますから、チャートの形が変わるのには非常に長い時間がかかります。月足はトレードで、いつ売買を判断するかを決めるために見るのではなく、「とても大きなトレンドがどちらに向いているか」を確認するためのチャートになります。月足から週足、日足とチャートを変えてみて、それぞれのトレンドがどうなっているか、見てみましょう。

1分足や5分足は「スキャルピング」という超短期の特殊な取引をやる人向きのチャートになります。初心者が見ると惑わされてしまうでしょうから、短い足でも1時間足くらいまでを見れば十分でしょう。

ローソク足は移動平均線の上か下か？

さて、月足チャートを表示し、大きなトレンドの方向を確認するのですが、そのときに移動平均線を1本加えるとトレンドが確認しやすくなります。

私が使うのは、パラメーターを「31」に設定した31カ月移動平均線です。31は少し特殊な数字ですが、相場の世界でよく使われる黄金比の61・8％のほぼ半分の数字だということから使っています。

ローソク足がこの移動平均線よりも上にあるか下にあるかの位置関係を見て、上にあれば上昇トレンド、下にあれば下降トレンドと判断します。

左の米ドル／円の場合なら、ローソク足は２０１２年11月に31カ月移動平均線を上抜けてから上昇を続けています。「じゃあ買いから入ろうか」とトレードの基本的なスタンスが確認できるわけです。

このとき、ヒゲが抜けただけで判断するのではなく、「実体の部分が移動平均線を抜けているかどうか」を見ることで方向性がはっきり見えてくると思います。

3つのステップで売買タイミングを計る

①月足 大きなトレンドを知る

月足が示すのは非常に大きなトレンド。そう簡単に変わるものではないが、変わったときには影響大。売買の判断ではなく、トレンドの向きを確認するために使う。

使うのは
31カ月移動平均線

②週足 変化の兆しをチェック

長期的なトレンドの転換を月足よりも早く教えてくれる。トレンドの転換を見定めるのに使うのが基本だが、チャートのパターンなどから売買の判断にも使える。

使うのは
31週・62週移動平均線

③日足 売買のタイミングを計る

一番大事なチャートが日足。短期的なトレンドを見ながら売買の判断を下していく。月足、週足が上昇トレンドで日足が下げていたら買い、などと判断する。

使うのは
短・中・長期、3本の移動平均線

移動平均線の上なら上昇トレンド、下なら下降トレンド

上昇のサイン

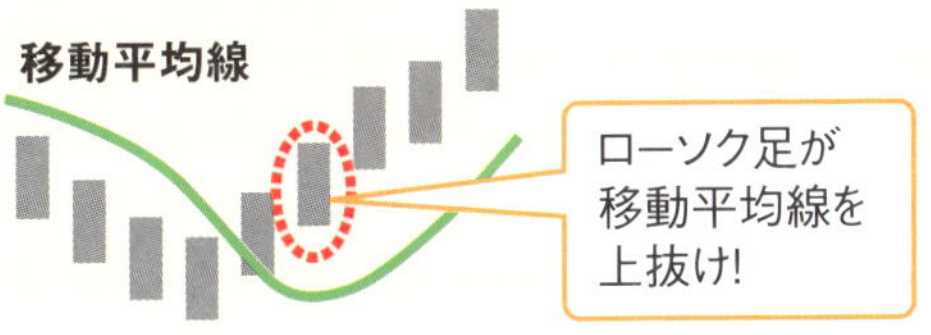

下降のサイン

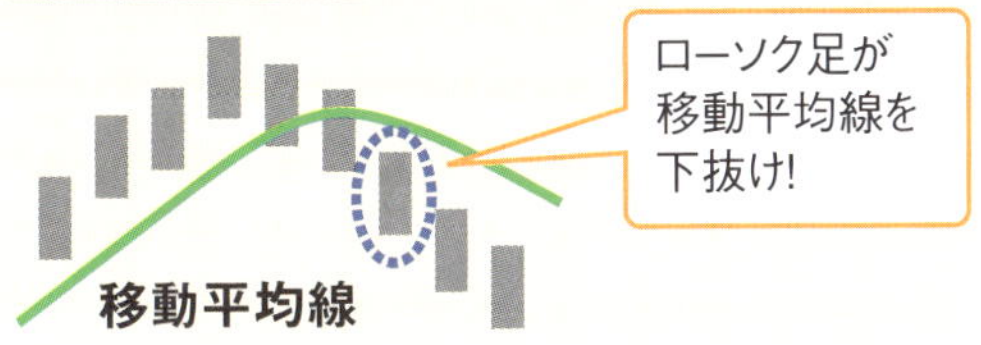

トレンドはヒゲでなく、実体で確認する

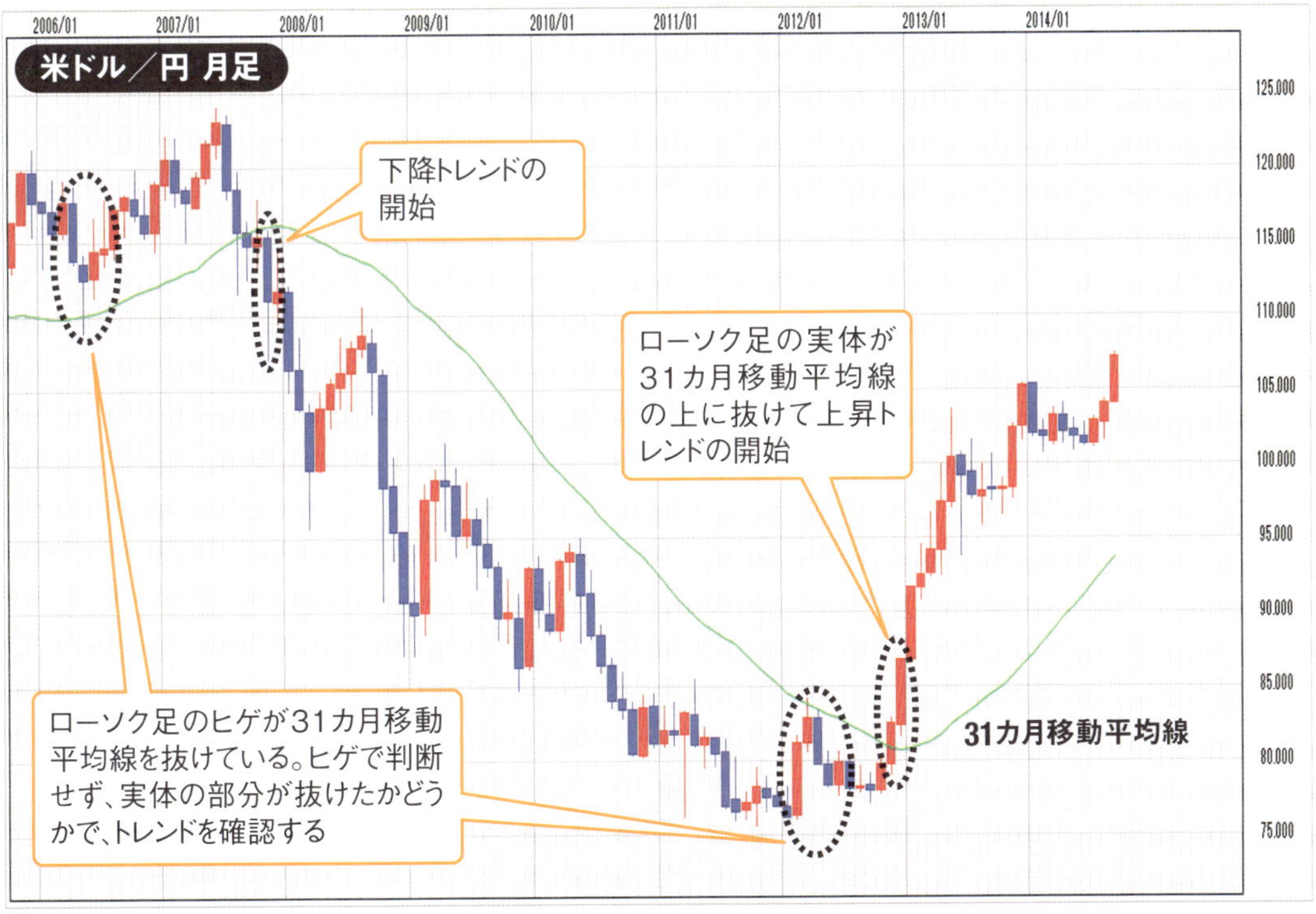

4限目

週足は2本の移動平均線でクロスと幅に注目する

2本の移動平均線の「幅」に注目する！

月足で大きなトレンドを確認したら、次に週足を見ます。週足は1週間で1本のローソク足が描かれますから、日足ほどではありませんが、月足よりは頻繁に形を変えていきます。

週足では、月足で使った31の移動平均線に、62の移動平均線も加えてより細かくトレンドを確認していきましょう。

2本の移動平均線を使うときは「クロス」を見ると、ゴールデンクロスで上昇トレンドへ転換、あるいはデッドクロスで下降トレンドへ転換したという転換点を見つけることができます。2本の移動平均線の「幅」にも注目してみてください。トレンドの強さや新しい動きの始まりを教えてくれます。

2本の幅が広がっている間はトレンドが加速している状況ですし、縮まってくるとトレンドが転換するかもしれない、と警戒できます。

左のチャートで見ると、最初に上昇が始まっているときは2本の幅を広げながらどんどん上がっていきましたし、幅が縮まってくると上昇が終わって、レンジ相場になってしまいました。

レンジ相場の場面では、ローソク足は31週移動平均線を何度か割り込んでいますが、62週線は下抜けていません。もしも62週線も下抜けてしまったら、下降トレンドが始まるのかなと警戒しますが、そこを維持したので方向は上向きのままです。

このとき、2本の移動平均線がとても接近していますよね。2本の移動平均線が接近しているときは大きな動きの前兆となることが多いんです。

週足のチャートは信頼性が高い

ローソク足が62週線も割らず、2本の移動平均線が接近していたので、「そろそろ大きな上昇トレンドが再開するかもしれない」と思っていたら、実際に上がり始めたわけです。

いつ上がり始めるのかをピンポイントで予想するのは難しいですから、上昇トレンドに乗り遅れないよう「とりあえず買ってみて、損切りを62週線の下においておく」といった判断で取引してみてもいいですよね。

週足が教えてくれるチャートのパターンは比較的信頼性が高いですし、大きな流れが変わる場面で取引できるので利幅も大きくなる魅力もあります。

本来は月足と週足だけでなく、日足まで見て売買を判断していくのですが、FXに慣れてきて週足がわかりやすい形になっていたら月足と週足だけで取引を決めてもいいと思います。

ローソクの形が変わった！
…
Happy Birthday

2本の移動平均線の「幅」に注目

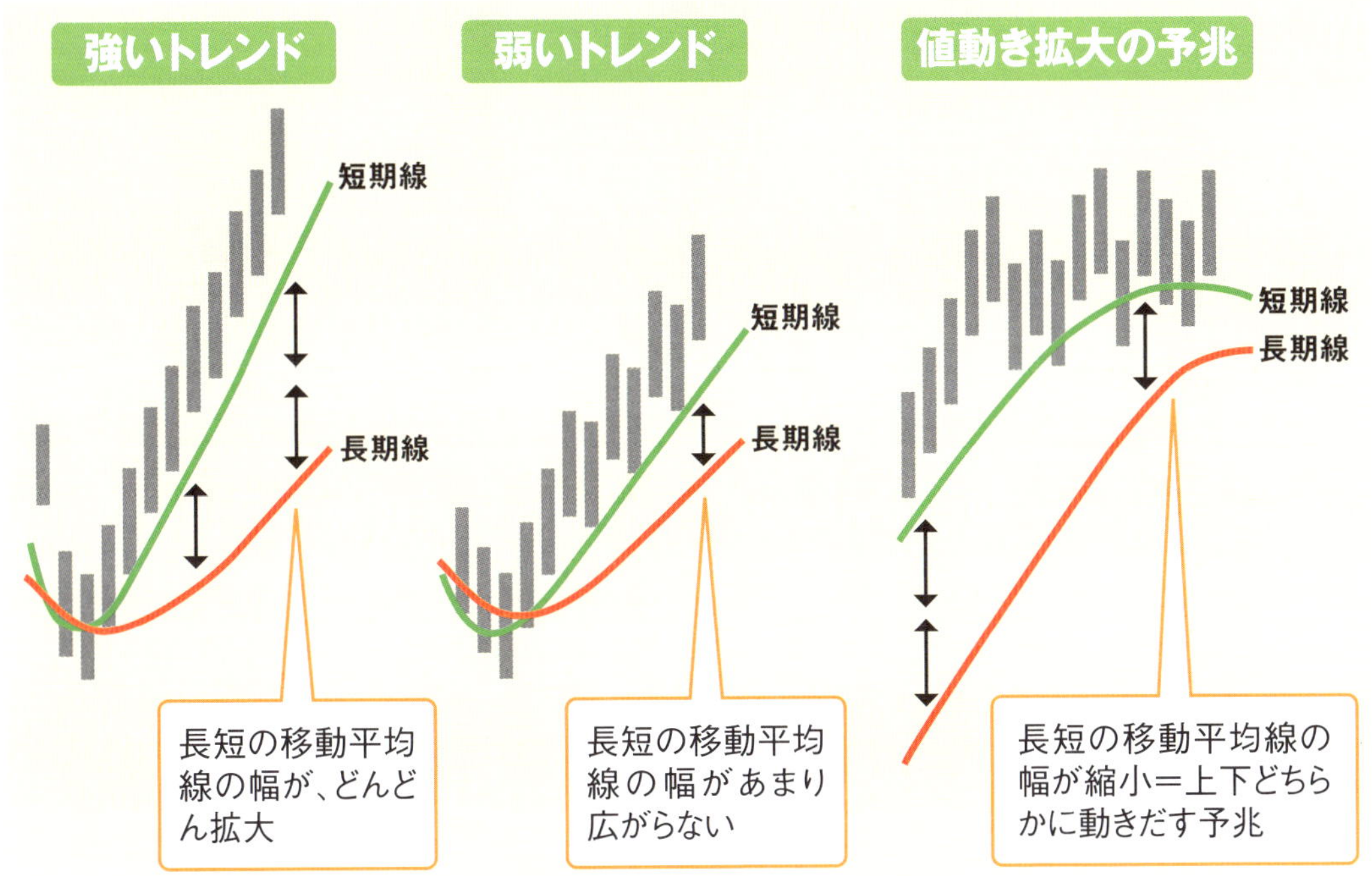

週足は2本の移動平均線で細かく分析！

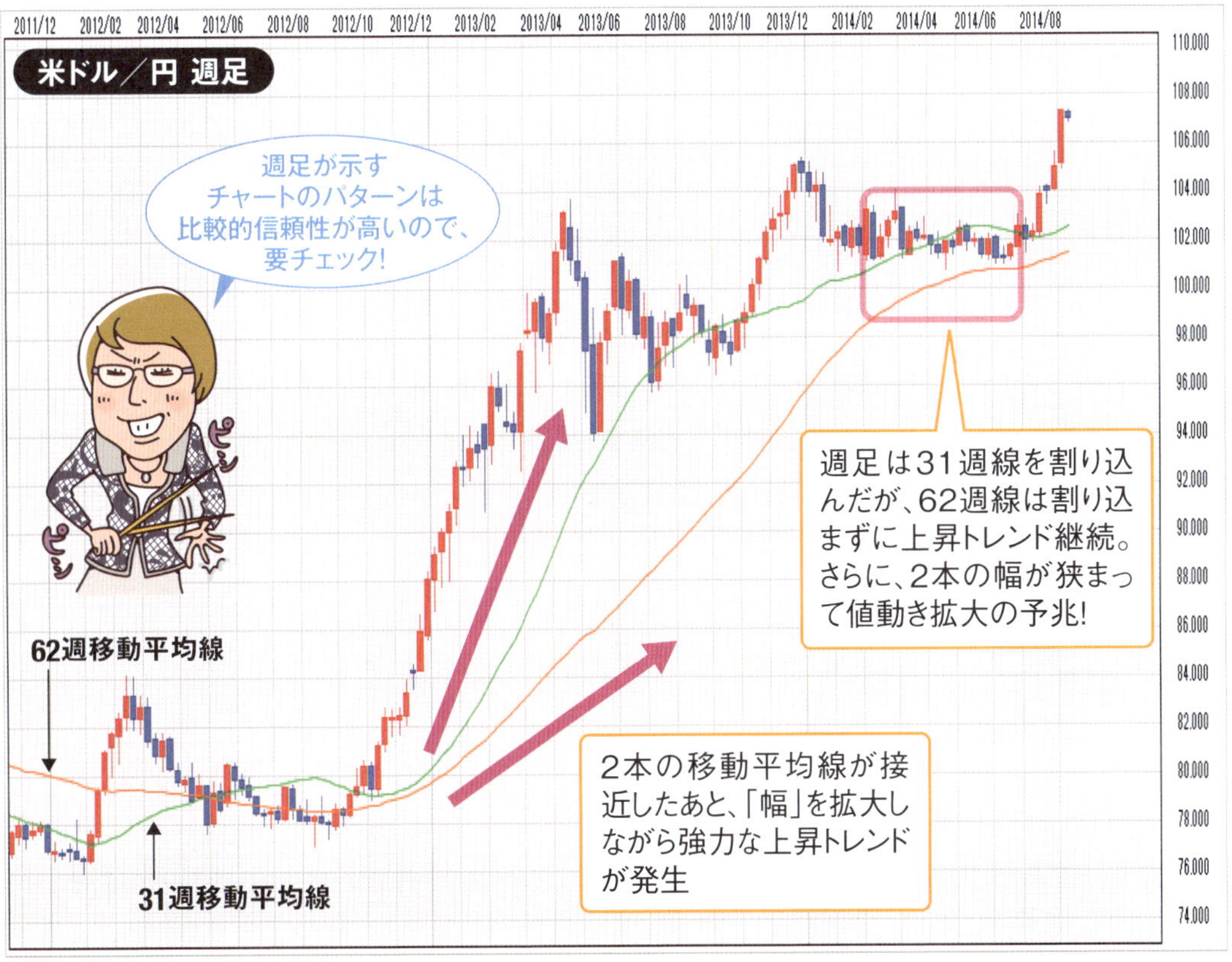

4限目

日足ではローソク足を1本ずつ見て取引を判断

短期・中期・長期 3本の移動平均線で見る

月足、週足とトレンドを確認し、方向性を決めたら、最後に日足を見て、判断していきましょう。

左のチャートでは21、120、200に設定した3本の移動平均線を表示させました。それぞれ短期・中期・長期の移動平均線です。

なかでも21を使うのは、それがフィボナッチ指数であることと、土日も入れると1カ月の〝31〟に近い数値になるからです。フィボナッチ指数とは中世の数学者、レオナルド・フィボナッチが発見し、エジプトのピラミッドや花びらの数など、いわゆる黄金比（1：1・618）でも知られ、トレードにもよく用いられるものです。

短期から長期の3本が同じような水準に収束しているときは相場に方向感がない状態です。でも、2本の移動平均線の幅が小さくなったら値幅が大きくなる予兆だったように、3本の収束はやがてくる大きな動きの兆候となります。

左のチャートでも3本がいずれも101円台で収束してから、一気に上昇を始めました。こうしたとき、移動平均線は短期線が最初に上向きに転じて、次に中期線も上向いて、最後に長期線も方向を転じてと順番に上向きへと転じていきますから、短期線を見て買ってもいいですし、日足の実体が3本すべてを上抜けたところから入っても十分間に合うと思います。

上げてきて「たくり足」おやっ？ 反転かも

日足ではローソク足の性格にも着目しましょう。長い下ヒゲの「たくり足」と長い上ヒゲの「トウバ」です。たくり足は、シャツの袖をたくり上げるときのように相場が下から反発して戻した状態をいい、反転の兆しとなることも。逆にトウバは「塔婆」とも書き、戦いに疲れた相場のこと。それまで上げていてもトウバが出たら反転の兆しですから、そこで1回考えないといけません。

それに1本のローソク足を見ているだけでもヒントがあります。7本続けて陽線が出て上がっていたら、「明日は下がりそうだから、落ちてから買おう」と待ってみるとか、あるいは「三段下げ」なんていうパターンもあります。

三段下げは3本の陰線が続くパターンですが、3本目に大きな陰線で下げたら、下落のエネルギーを吐き出した状態ですから、次の日はもう下がらないと考え、もう少し上がるのを待って売る、といったことができます。

トレードの判断のベースとなるのが日足ですから、なるべく有利なところで入れるように、1本1本のローソク足まで細かく見て判断していきましょう。

「トウバ」と「たくり足」

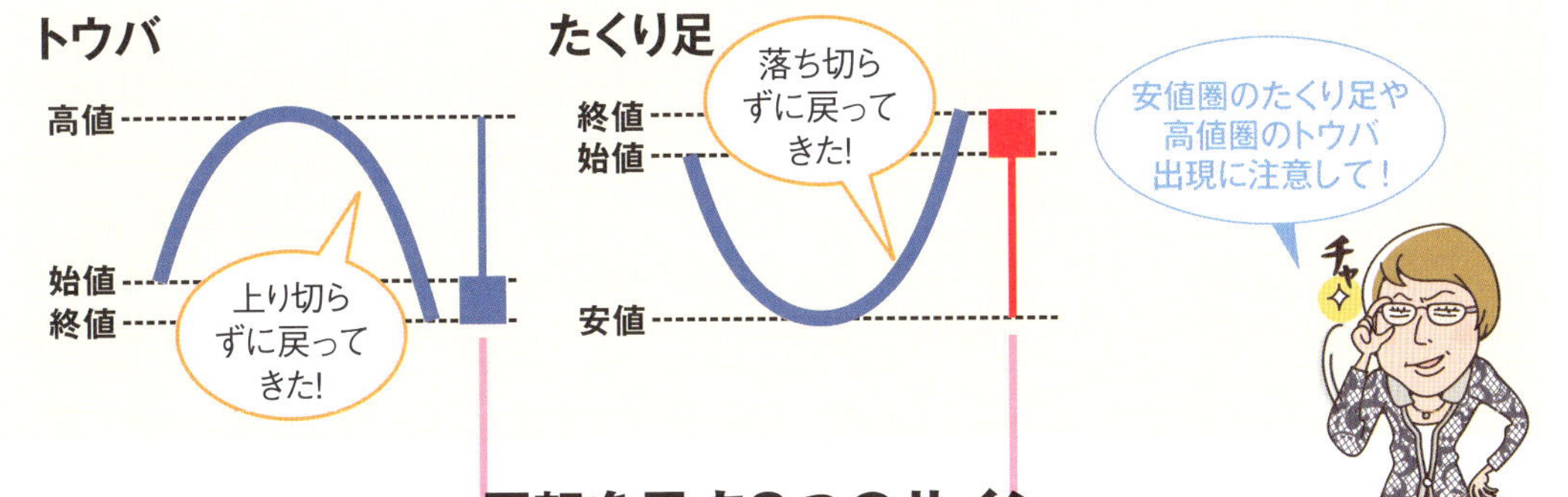

反転を示す3つのサイン

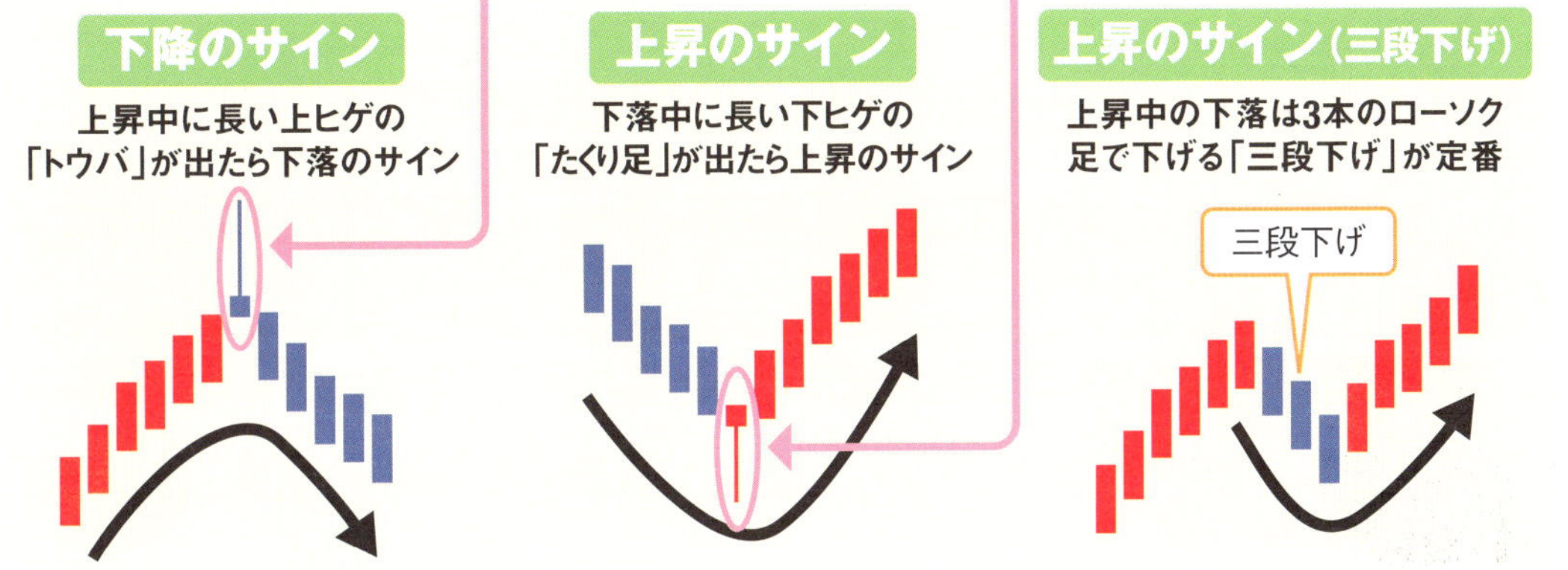

細かく分析してエントリーポイントを探そう

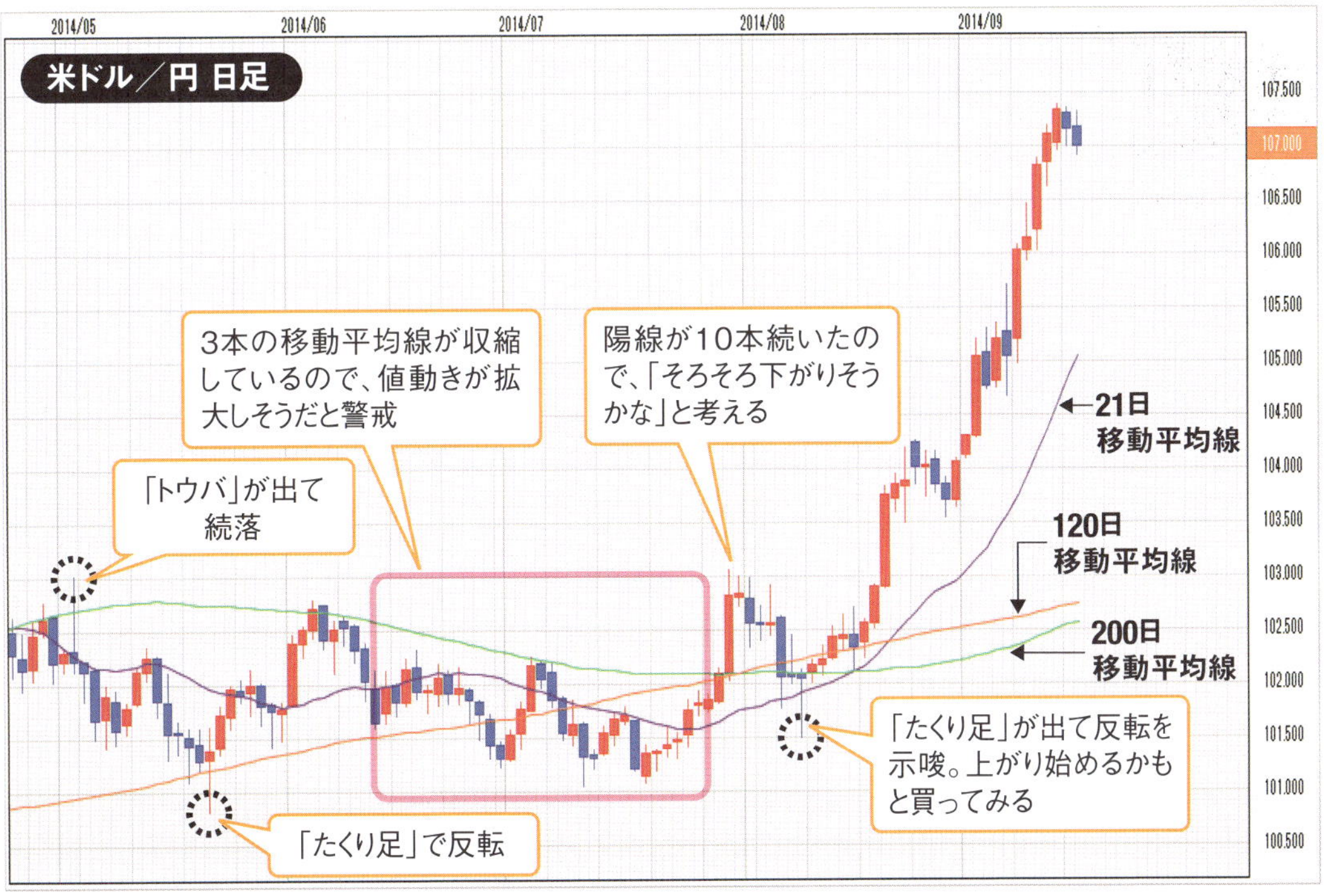

4
限目

押し目買い・戻り売りがトレードの基本戦略

安いところで買う 高いところで売る

トレンドフォローといっても、高いところを買ってしまうとなかなか利益になりにくいですし、安いところで売っても同じです。上昇トレンド中でもなるべく安く買って、下降トレンド中でもなるべく高く売っていきましょう。

上昇トレンドであっても、ずっと一本調子で上がり続けることはありません。トレンドがひと休みして、安値を作りにいくことがあります。「調整」と呼ばれる動きです。調整でできた安値は「押し目」と呼ばれます。安いところで買えれば利益が乗りやすい「押し目買い」というやり方です。押し目を狙って買っていきましょう。

反対に下降トレンドの調整でできた高値は「戻り高値」と呼ばれ、そこで売れば「戻り売り」です。

でも、「押し目だ！」と思って買っても、調整がもっと深くなってしまったり、最悪の場合はそのままトレンドが反転してしまうこともあります。

「もうだいぶ下がったから調整は終わりかな」と目分量で考えるのではなくて、きちんと分析した上で行なっていきましょう。

押し目や戻り高値の目安が簡単にわかるのが、1つは移動平均線です。上昇トレンド中に下がってきても、移動平均線が支えてそれ以上は下がらないようなことがよくあります。ローソク足が移動平均線に触ったところは押し目買いの目安に使えます。

3本の移動平均線を表示させた日足なら、短期の移動平均線まで下がったところで買って、長期の移動平均線の下に損切りを置いておく、などといったやり方ができます。長期線から相場が大きく乖離したところにあったら、トレンドラインを活用しましょう。

トレンドラインで 押し目買い・戻り売り

もう1つ、覚えておいてほしいのは「トレンドライン」です。

トレンドラインは自分でチャートに線を引かないといけないのですが、難しいことはありません。上昇トレンドが始まった付近にある安値と、その次につけた際立った安値を結ぶだけです。

こうやって引いたトレンドラインはトレンドの「巡航速度」を教えてくれます。トレンドラインよりもローソク足が上に離れて上昇していたら「そろそろ調整が始まるかな」と身構えて、実際に調整が始まってもトレンドラインにタッチしたあたりで調整が終わると考えられます。トレンドラインは押し目買いや戻り売りにとても便利に使えますから、過去のチャートにトレンドラインを引いてみて、引き方を覚えておきましょう。

「押し目買い」と「戻り売り」

押し目買い

上昇トレンドで一時的に価格が
下落したポイントで買うこと。

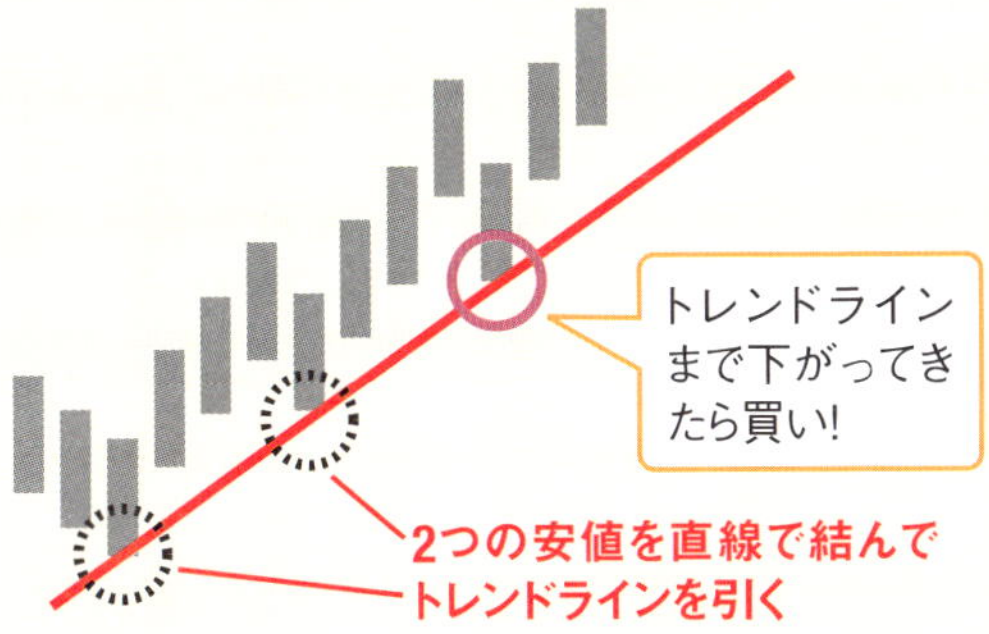

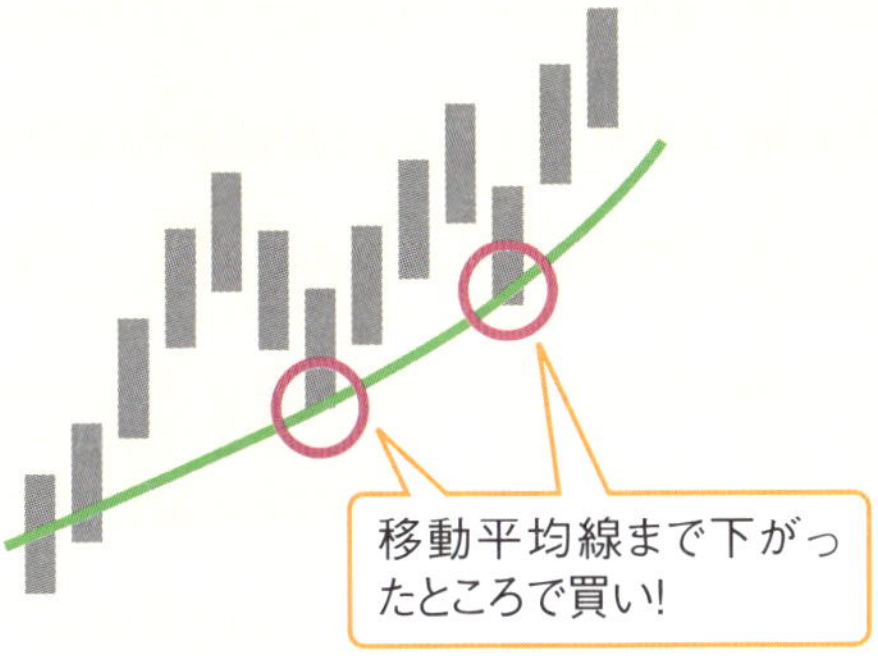

戻り売り

下降トレンドで一時的に価格が
上昇したポイントで売ること。

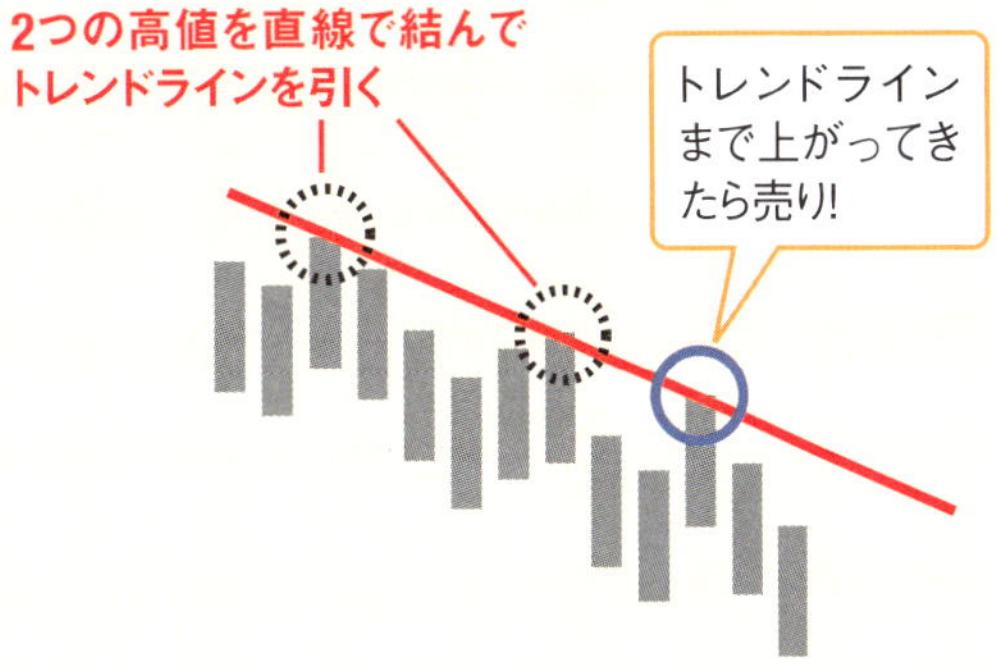

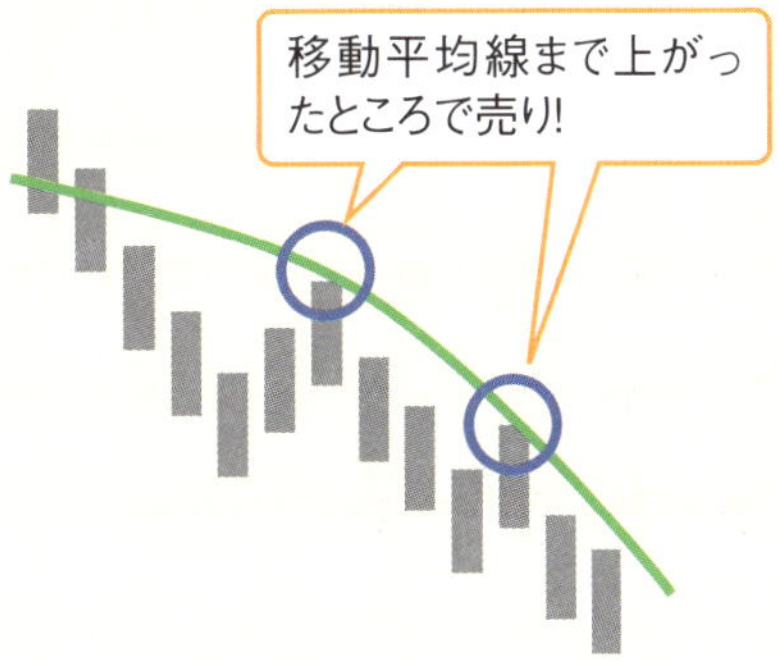

実際のチャートで見る「押し目買い」

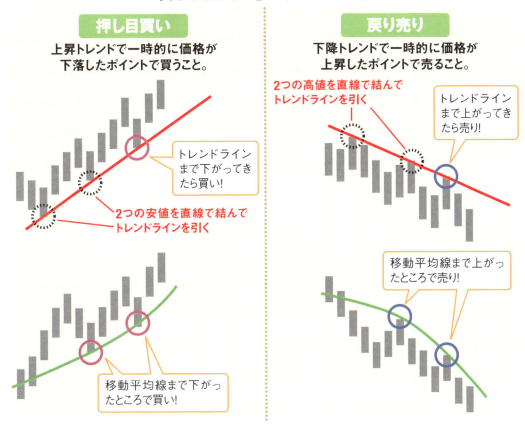

4限目

「利乗せ」や「ナンピン」資金を小分けして柔軟に

きっちり損切りで利益増大の可能性も

FXは「自分との戦い」でもありますから、メンタルのコントロールがとても大切です。

ところがメンタルの管理はとても大変です。その最たるものが損切りです。初心者には難しい損切りですが、FXを取引する上で、どうしても欠かせないものです。

損切りを確実にできるようになると、最終的にはかえって利益増大の道が開けてくると思います。

損切りを置くポイントは、お財布との相談にもなりますが、「50銭幅、反対に動いたら取引をやめる」「1万円の含み損になったらやめる」というように考えるよりも、トレンドフォローなら「このポイントを切れたらトレンドの転換だろう」という場所に置くとよいでしょう。移動平均線でもトレンドラインでも、あるいは節目になっている過去の高値や安値でも構いません。「ココを抜けたらトレンドが転換するだろう」とあらかじめ考えておいて、そこを損切りのポイントにしてください。

資金を小分けにして新規や決済を分散する

始めてすぐだと、少し反対に行っただけで怖くなって損切りしてしまう人もいます。逆に、少し利が乗っただけですぐに利益確定してしまう人もいます。そんなときは資金を小分けにしてみましょう。30万円で取引しているなら10万円ずつ3つに分けて、1つずつ取引してみるといったやり方です。

資金を小分けにして1つずつ買っていけば、もしも思惑に反して下がってしまっても、2つめの買いではより安いところで同じ銘柄を購入（ナンピン）できます。思った通りに上がったら、次の押し目を狙って、2つめの買いを入れるといった「利乗せ」もできます。

ただし利乗せと違い、ナンピンは含み損を抱えた状態でポジションを積み増すことですから、損が膨らむこともあります。

①損切りを必ず入れる
②ナンピンするのは損切りポイントに近づくまで我慢する
③ナンピンは一度限り、損切りがついたら潔く最初のポジションとともに決済すること

が条件です。これが守れない人にはおすすめできません。

決済の場合も3つの買いがあるとしたら、2つは早めに利益確定し、残りは大きく伸ばすといったようにすると精神的にも落ち着いて取引できます。基本は「新規と決済」の繰り返しですから、最初のうちは「勝ちグセ」をつけるためにも、買ったら決済、売ったら決済と繰り返していくのがいいですが、慣れてきたら資金を小分けにしてみると、動きやすくなります。

資金を小分けにするとメリットがたくさん!

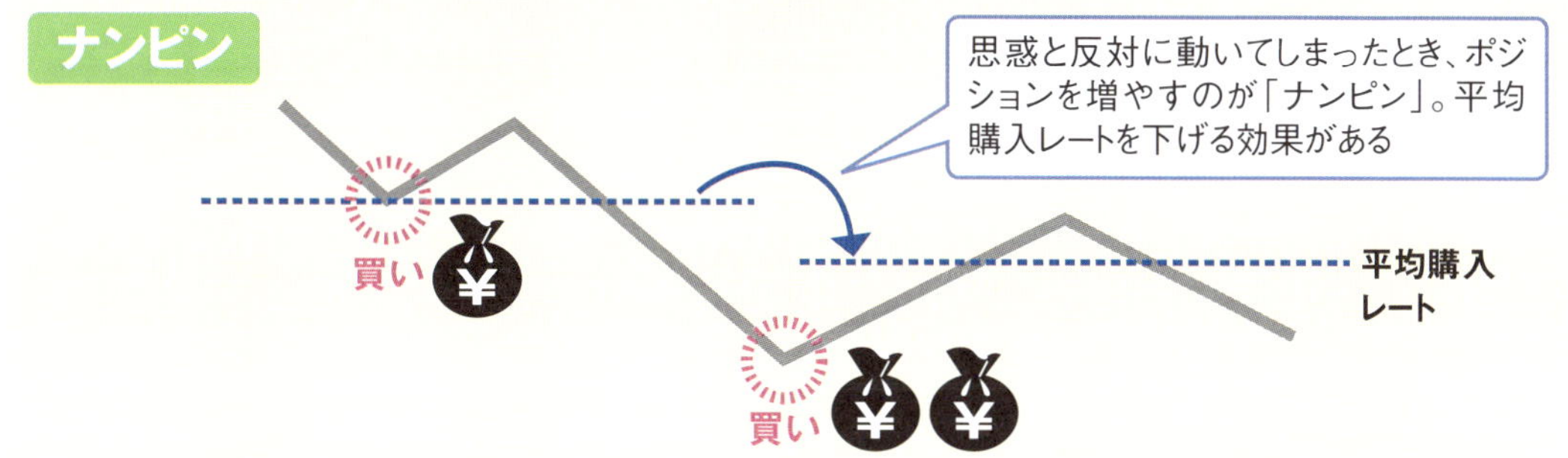

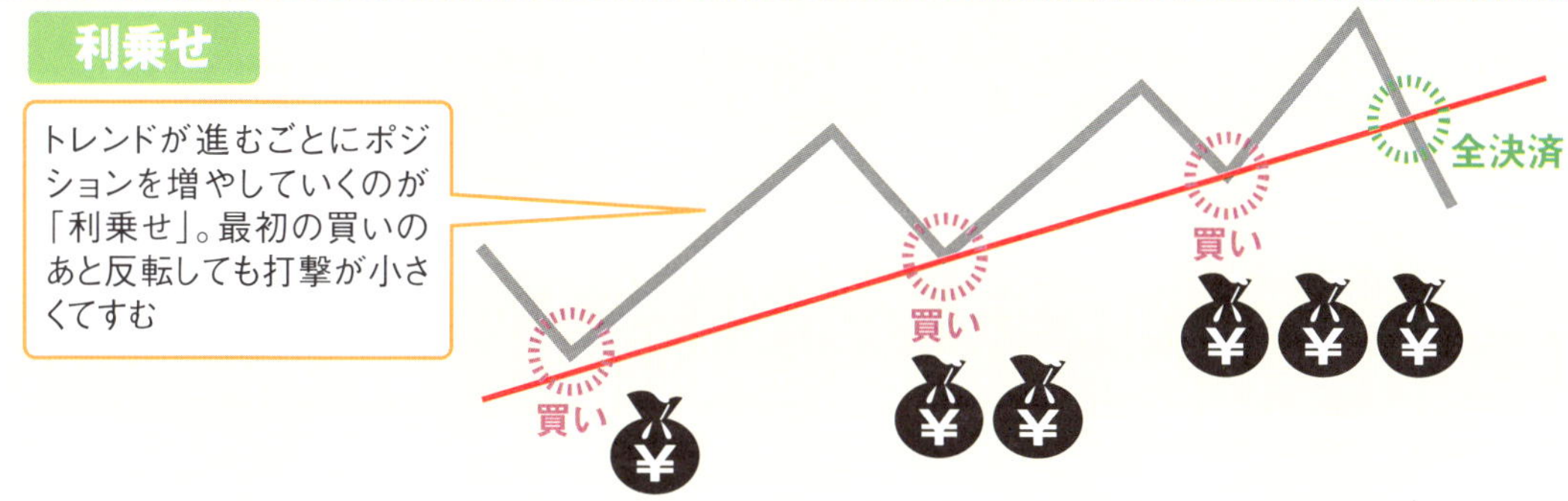

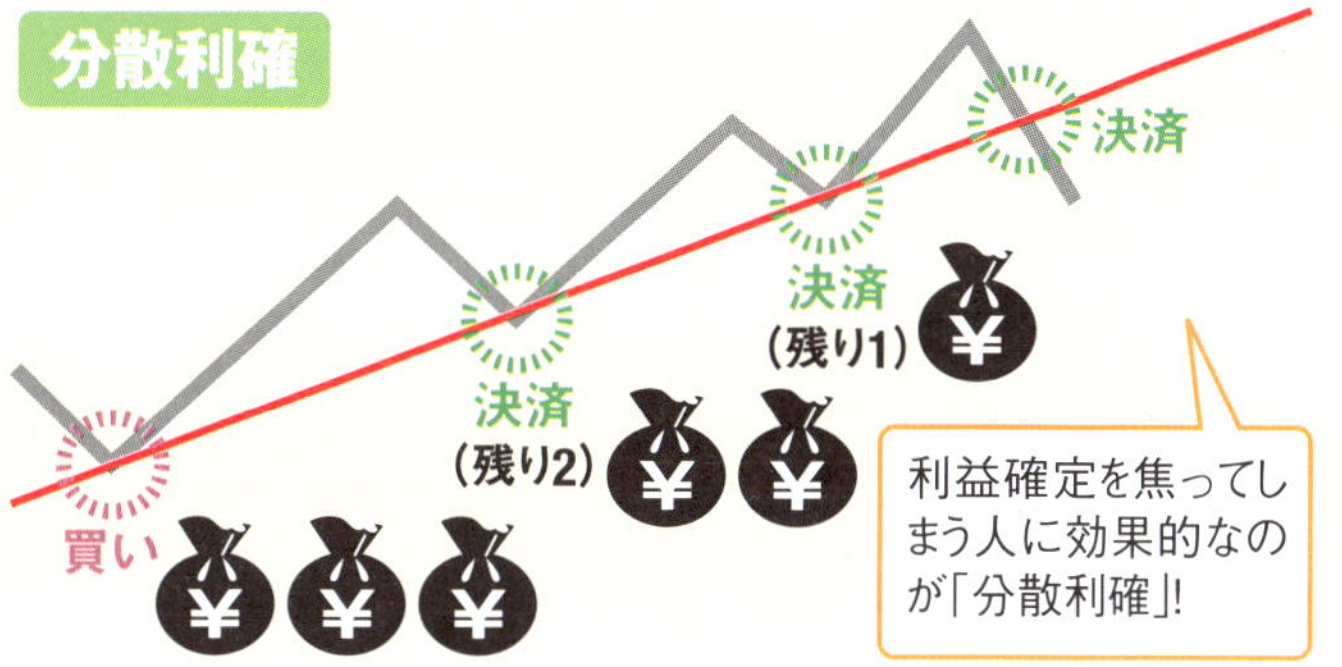

まとめ 月足、週足のトレンドライン

月足や週足にもトレンドラインを引いておき、どこまで動いたら大きなトレンドの転換と判断するのか、確認しておきましょう。

補習授業

ナンピン(なんぴん)

含み損があるのに、同じ方向のポジションを増やすこと。「難平」と書くことも。「あっ、下がった！ 資金はあまりないけどナンピンだ！」なんてナリユキまかせのナンピンは厳禁。でも、資金に余裕があり、ルール通りならOK。損切りポイントは忘れずに。

利乗せ(りのせ)

トレンドの初期にドンとまとめて買うと反転したときの損切りが痛手になる。トレンドの初動では小さく買い、トレンドが進むごとにポジションを積み増していくのが利乗せ。トレンドの進行とともに含み益も増えていくから、資金にゆとりもできる。

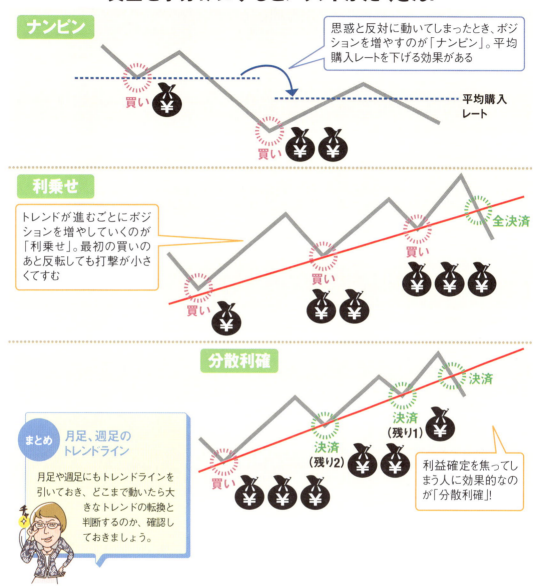

プロもみんな通ってきた道！ ローソク足を手描きしてみよう

練習問題のポイント

❶ 方眼紙を用意する

B4サイズの方眼紙を用意。日足は横軸の1マスに4日分、縦軸は1マス1円(1mmで10銭)とする。上下10円ほどの値幅が収まるよう目盛りを記入。

❷ 四本値のデータをダウンロードする

ローソク足を描くのに必要なのが四本値。FX会社の取引ツールなどでエクセルに出力できるので、数字を見ながら方眼紙に記入する。

❸ 目盛りが足りなくなったらつなぎあわせて続行！

縦や横の目盛りが足りなくなったら新しい方眼紙をセロテープなどでつなぎあわせる。こうしてどんどん大きなチャートにしていこう。

プロの為替ディーラーが最初に練習するのがチャートの手描きです。今はクリック1つでいろいろなチャートが表示できる、とても便利な時代です。わざわざチャートを手描きする必要なんてないと思われるかもしれませんね。

でも私は今もチャートの手描きを続けています。月足や週足、日足の手で描いたチャートを見ながらじっくり考えて、パソコンで1時間足などを見て細かな取引するポイントを決めています。5分もあれば1本描けるくらいですから、ぜひ描いてみてください。

土曜日の朝も取引できるのに1週間の日足は5本。その理由は？

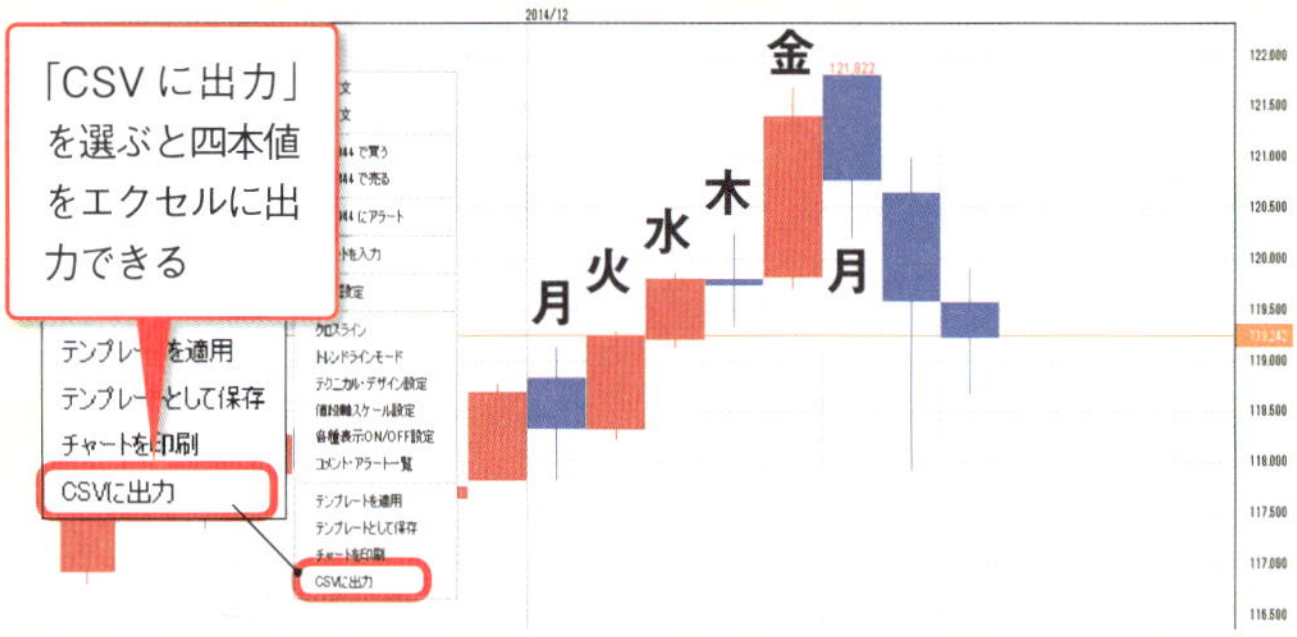

FXは土曜日の早朝まで取引できるが日足チャートは1週間で5本だけ。1日を「0時から24時」ではなくNY市場の時間にあわせて7時から翌朝7時（夏時間は6時から翌朝6時）としているため、土曜日の早朝の値動きは金曜日の日足に含まれている。

ローソク足の描き方

日付	①始値	②高値	③安値	④終値
11/21	118.231	118.468	117.349	117.762
11/24	117.710	118.481	117.573	118.267

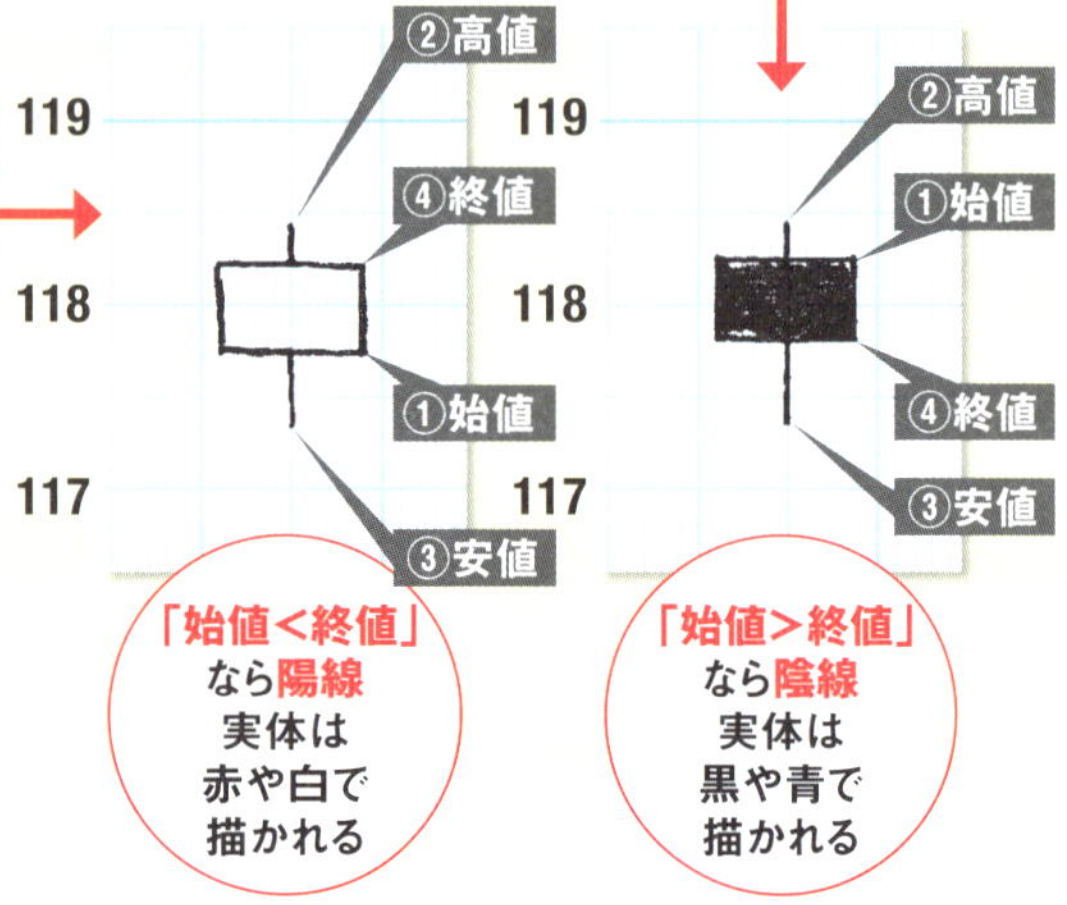

「始値＜終値」なら陽線 実体は赤や白で描かれる

「始値＞終値」なら陰線 実体は黒や青で描かれる

日足は、NY市場に合わせて朝7時から翌朝7時まで（夏時間は朝6時から翌朝6時）で1本のローソク足を描く！

Q 方眼紙にローソク足を描いてみよう

日　付	①始値	②高値	③安値	④終値
2014.12.1	118.834	119.134	117.831	118.343
2014.12.2	118.326	119.283	118.220	119.242
2014.12.3	119.215	119.864	119.129	119.796
2014.12.4	119.806	120.244	119.339	119.752
2014.12.5	119.828	121.686	119.705	121.408

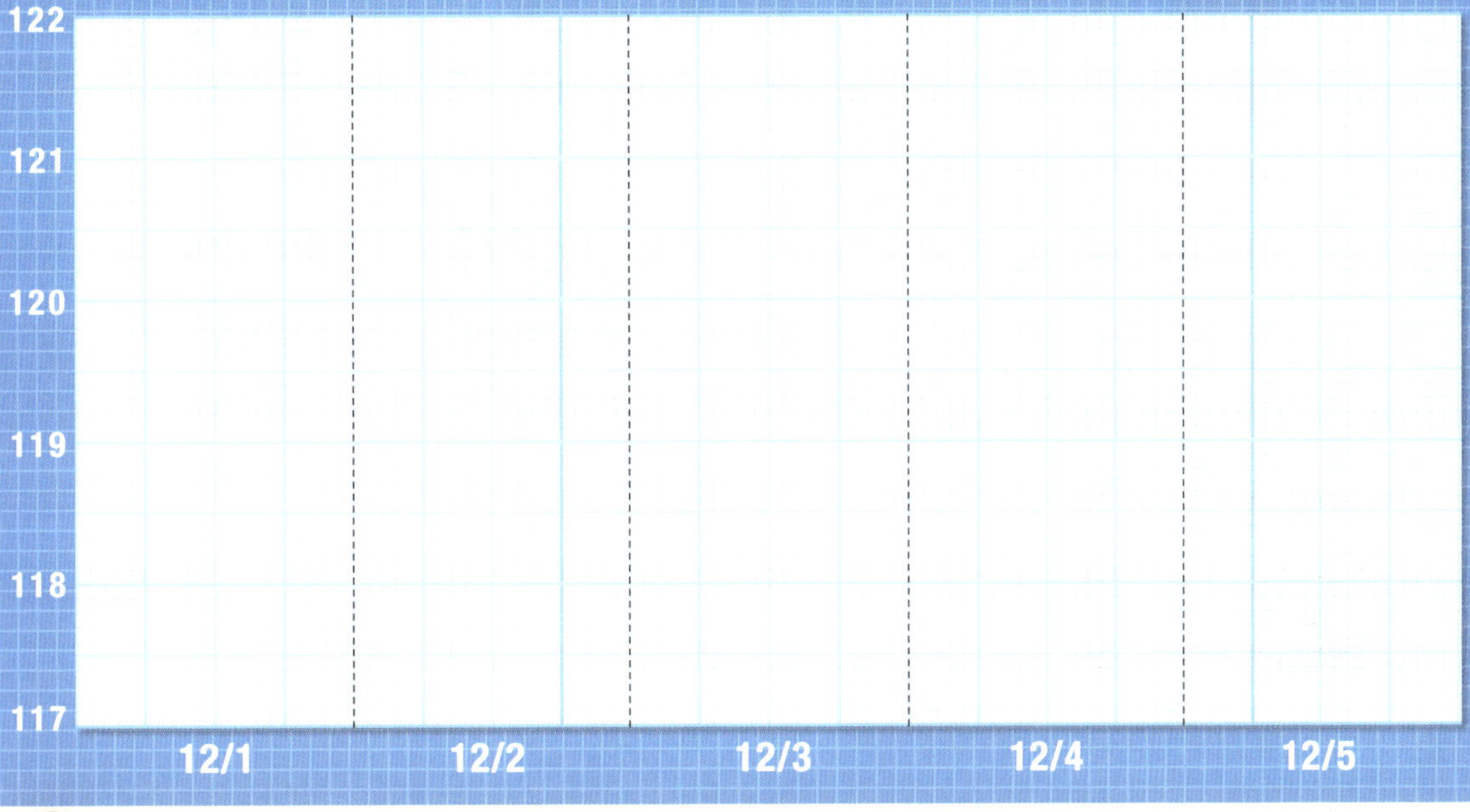

川合先生の模範解答はこちら！

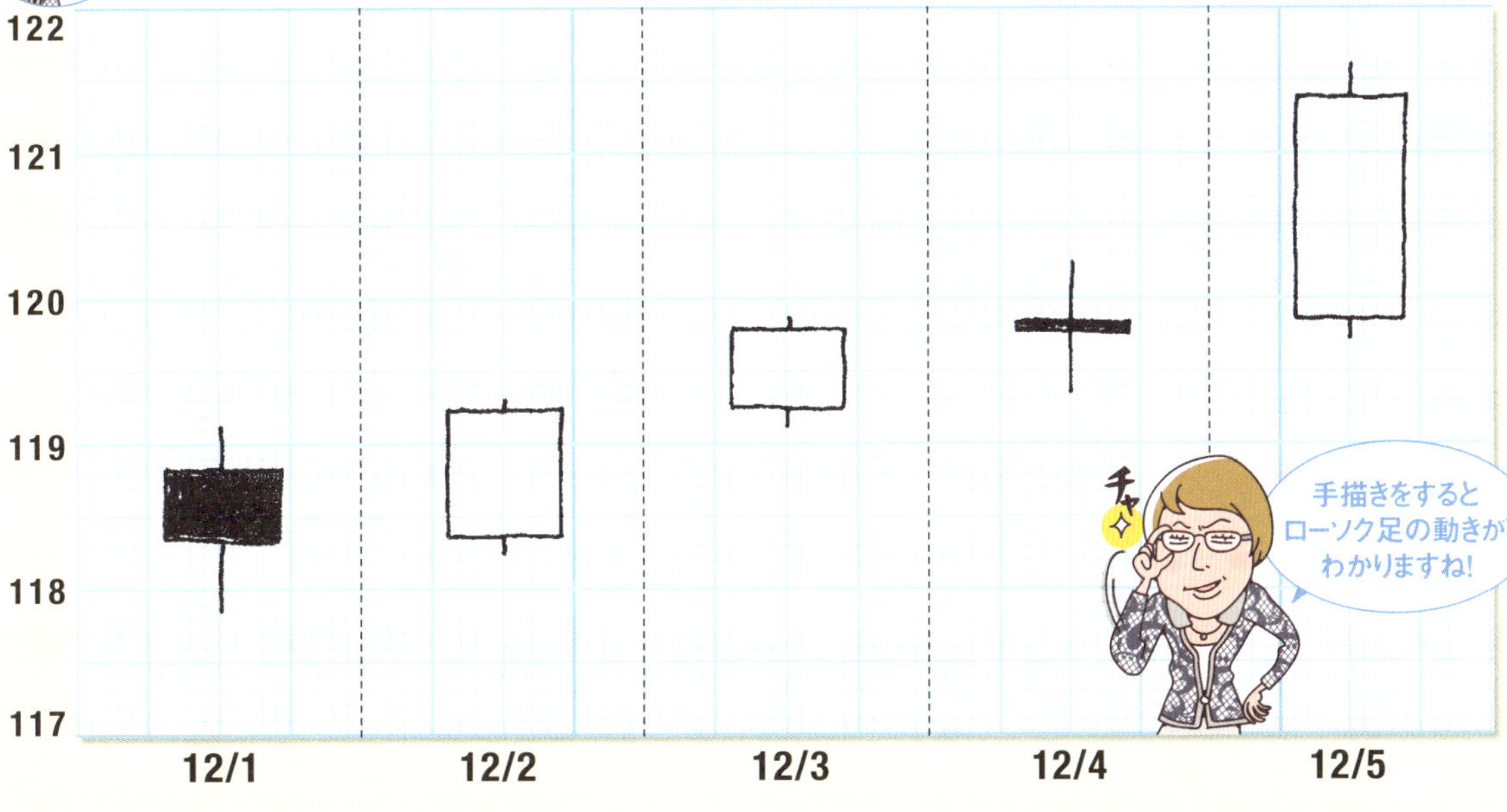

「シドニー抜き」チャートでダマシを減らす

練習問題のポイント

1 1時間足の四本値をダウンロードする

「シドニー抜き」の日足チャートを描くには1時間足の四本値が必要。取引ツールなどからデータをダウンロードしよう。

2 方眼紙にローソク足を手描きしていく

方眼紙に描く作業は通常の日足の場合とまったく同じ。B4の方眼紙に毎日1本ずつローソク足を描いていく。

3 チャートにラインを引いていく

慣れてきたらチャートにトレンドラインなどを描きこむとさらに効果的。自分なりにカスタマイズしていこう。

私も月足、週足、日足のチャートを手描きしていますが、ここでは特殊な日足チャートをご紹介しましょう。朝7時(夏時間は6時)から9時までの値動きを無視した「シドニー抜き」日足チャートです。

この時間帯はシドニー市場が中心となるのですが、参加者が少ないため値動きが乱高下しがちで、ダマシが多い傾向があります。

通常の日足とそう大きく変わるわけではありませんが、高値・安値が少し変わったり、陰線・陽線が変わることがあり、チャートが示す表情は少し変わります。

1本のローソク足を描くのに日足の四本値ではなく、1時間足を見ながら四本値を拾っていかないといけないので手間は増えますが、その分、おかしなダマシは減らせるはずです。

せっかくチャートを手描きするならぜひ「シドニー抜き」も試してください。

「シドニー抜き」チャートって？

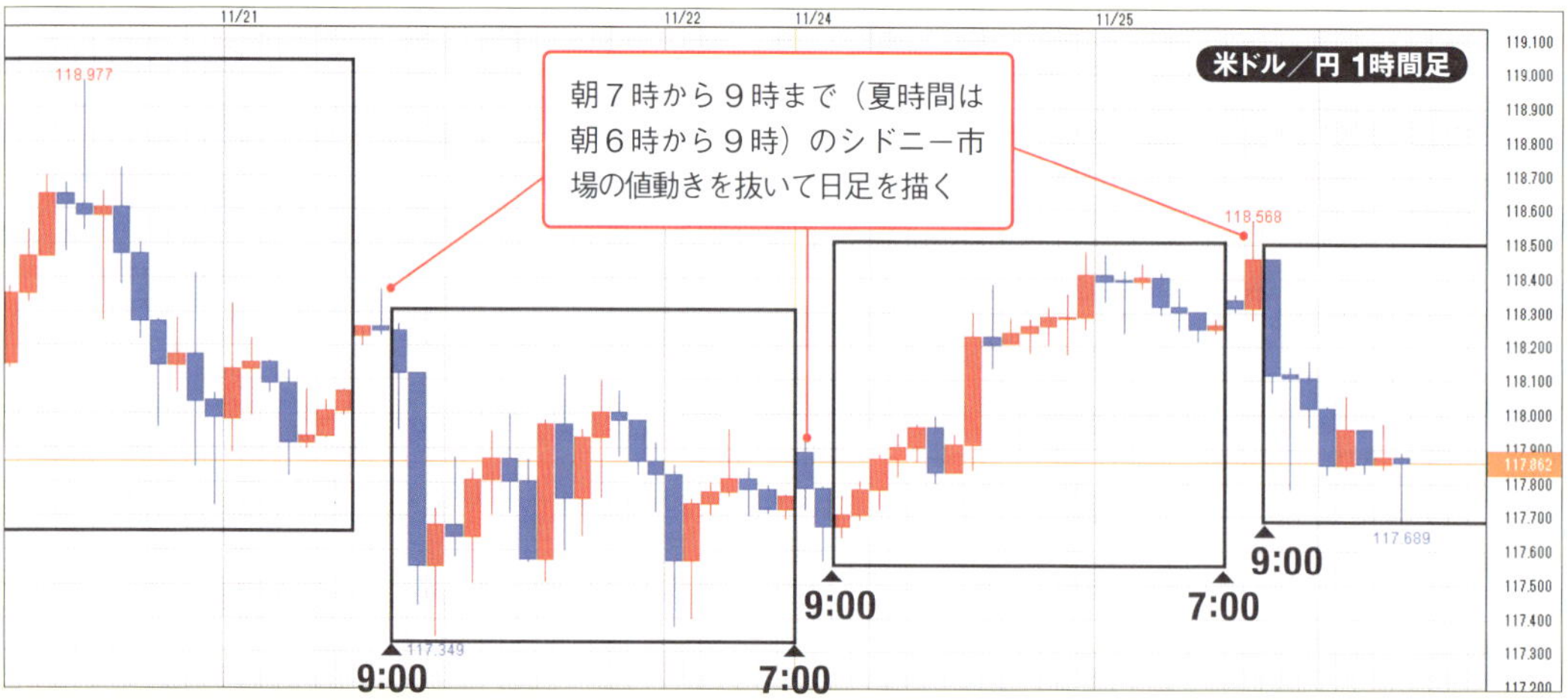

川合さんが主に使っているのは、ニューヨーク市場が閉まったあと、オーストラリアのシドニー市場が中心となる時間帯を除いたチャート。参加者が少なく、乱高下することもあるから、その影響をなくすためだ。

Q 1時間足の四本値からシドニー抜きチャートのローソク足を描いてみよう

7時から9時の間の値動きは無視！

一日の始まりは東京市場にあわせて9時

一日の終わりは翌朝7時

	日付	①始値	②高値	③安値	④終値
11月20日	6:00	117.989	118.022	117.930	117.936
	7:00	118.005	118.243	117.995	118.168
	8:00	118.168	118.269	118.119	118.131
	9:00	118.130	118.194	117.990	118.156
	10:00	118.156	118.247	118.121	118.153
	11:00	118.153	118.193	118.077	118.151
	12:00	118.151	118.373	118.138	118.355
	13:00	118.357	118.540	118.332	118.464
	14:00	118.464	118.700	118.464	118.645
	15:00	118.645	118.676	118.479	118.615
	16:00	118.615	118.977	118.541	118.584
	17:00	118.583	118.652	118.279	118.606
	18:00	118.606	118.724	118.381	118.471
	19:00	118.471	118.501	118.222	118.273
	20:00	118.273	118.276	117.962	118.145
	21:00	118.145	118.282	118.064	118.177
	22:00	118.177	118.413	117.848	118.038
	23:00	118.040	118.059	117.733	117.989
11月21日	0:00	117.985	118.324	117.891	118.135
	1:00	118.135	118.225	117.997	118.152
	2:00	118.152	118.157	118.064	118.093
	3:00	118.093	118.131	117.818	117.915
	4:00	117.915	118.071	117.901	117.935
	5:00	117.935	118.040	117.933	118.008
	6:00	118.008	118.071	118.000	118.068
	7:00	118.231	118.260	118.202	118.257
	8:00	118.257	118.368	118.236	118.247

シドニー抜き日足チャートの四本値

始値：朝9時台の始値

高値：朝9時から翌朝7時までの間で一番の高値

安値：朝9時から翌朝7時までの間で一番の安値

終値：朝6時台の終値

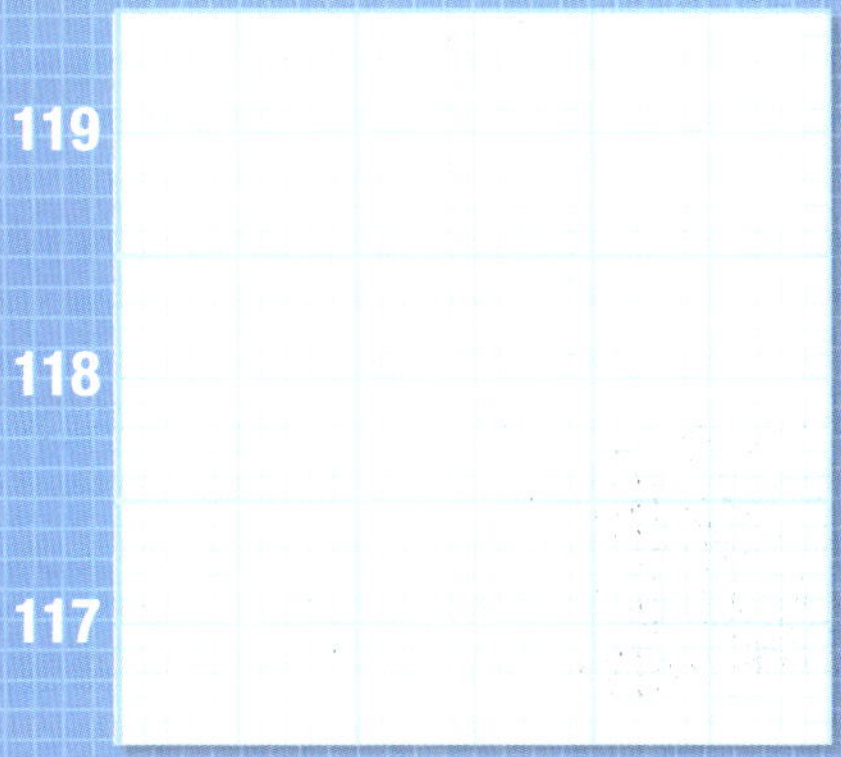

※夏時間は朝9時台の始値から翌朝5時台の終値で描く

川合先生の模範解答はこちら！

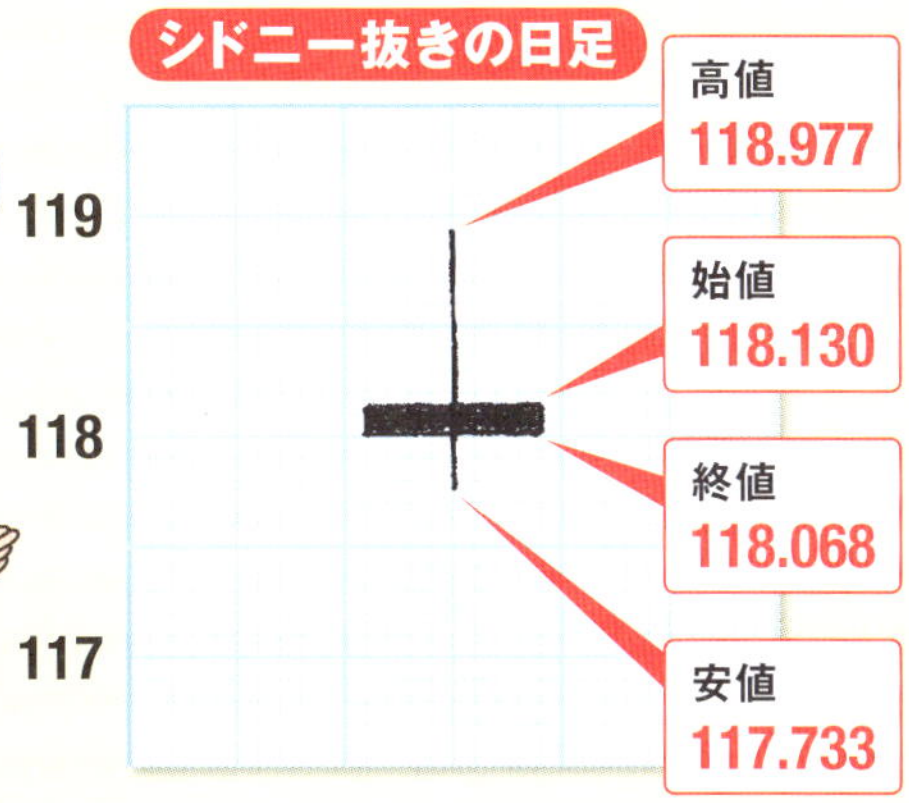

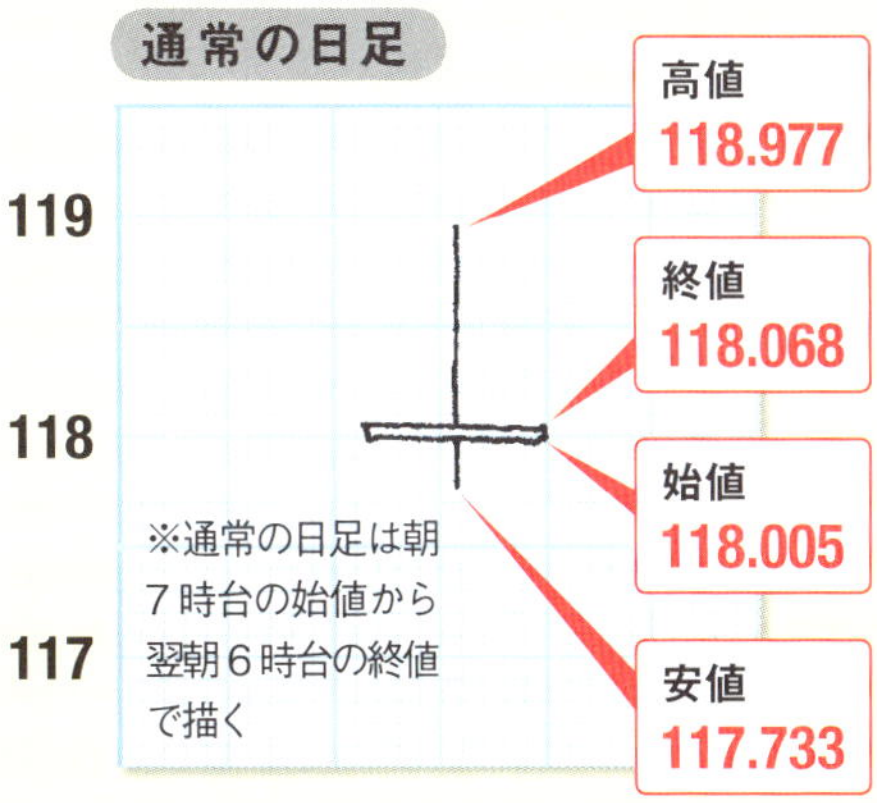

川合先生からのアドバイス

「大波」にさからわず「小波」に乗る

トレードで大切なのは長期のトレンド。
最初は長いトレンドにさからわない
順バリでいきましょう。
その上で小さな波の動きを見極めて、
有利に取引できるポイントを
探しましょう。

5限目

中長期相場予測

景気・金利・言葉をどう読むか？

中長期で取引するなら
「ファンダメンタルズ分析」
は欠かせません

山本雅文 先生

プレビデンティア・ストラテジー代表取締役。マーケット・ストラテジスト。日本銀行で短観調査作成や外為平衡操作（介入）などに従事し、バークレイズ銀行東京支店などを経て現職。
http://praevidentia.com/

「強い通貨・弱い通貨」を探してみよう

元日銀マン

Introduction

通貨ペアの右と左、ファンダ分析で強弱を測る

通貨の強弱を測るのに最も大切なのは金利

私の授業で考えたいのは、「通貨ペアのどちらが強いか」ということです。米ドル／円であれば、アメリカの米ドルと日本の円、どちらが強いのか、ポンド／米ドルであればイギリスとアメリカはどちらが強いのか、です。

通貨の強弱を測るために最も大切なのは金利です。「日本よりアメリカの金利が高い」、あるいは「日本よりもアメリカが先に金利を上げる」ということなら、円よりも米ドルのほうが強く、米ドル／円では円安ドル高のトレンドが生まれやすいということになります。

一方で、「アメリカは今年利上げしそうだけど、イギリスの利上げも同じくらいの時期だろう」という見通しなら、ポンド／米ドルでは強弱がはっきりせず、トレンドは生まれにくくなります。取引するには不向きかもしれない、と判断できるわけです。

強弱を測る道具は金利だけではありません。景気やインフレ率、あるいは政治、それにどこかの国で起きた戦争やテロ、天災などの災害まで、非常に幅広い要因が通貨の強弱を決定します。

こうしたさまざまなニュースや情報を分析対象として、為替レートの値動きを予想していくのがファンダメンタルズ分析です。

長期的な為替の予測はファンダメンタルズが得意！

チャート分析やテクニカル分析は、比較的短期間のトレンドを加速させたり、減速させたりするポイントを値動きから読み解く分析です。

一方で、ファンダメンタルズ分析は「アンカー」（いかり）のようなもので、数年から10年といった長期での為替の方向性を予測するための分析となります。短期間に起きる急激な動きの分析はテクニカル分析が得意ですし、もっと長いトレンドの分析はファンダメンタルズの得意分野となります。

ですから、「テクニカルとファンダメンタルズのどちらが優れているか」といった話ではありません。FXは両方で成り立っています。テクニカル分析だけでは足りないし、ファンダメンタルズ分析だけでも足りません。両方をバランスよく見ていくことが大切です。

ファンダメンタルズ分析を使うことで「強い通貨」と「弱い通貨」が明確になります。そうした強弱のはっきりした通貨ペアほど、トレンドの方向性がはっきりとして、取引もしやすくなります。

ファンダメンタルズ分析を身につければ、取引しやすい通貨ペアを見つけやすくなり、また長期的な方向性を正確に予想できるようになります。難しいイメージもあるかもしれませんが、見るべきポイントを絞って通貨の強弱を意識していきましょう。

通貨ペアの強弱は何で決まる？（米ドル／円の場合）

	アメリカ	日本
金利	金融緩和の終了から金利上昇局面へ ○	当面は金融緩和を続行 ×
景気	雇用が拡大し比較的堅調 ○	デフレ脱却が至上命題、回復はこれから ×
貿易収支	慢性的な貿易赤字国 △	巨額の貿易黒字から赤字に転落 ×
政治体制	民主制の基盤はしっかり ○	相次ぐ政権交代も最近は沈静化 △
社会体制	これといった混乱要因は見つからず ○	これといった混乱要因は見つからず ○

強弱を測る材料は本当にたくさんあるのね!

こうした項目で強弱を測るのがファンダメンタルズ分析。日米を比べると金利や景気などから米ドルの優位が鮮明なので、「米ドル／円は上がりそう」と判断できる。

補習授業

金利（きんり）

為替市場で注目されているのは、中央銀行が決める政策金利や、市場で取引されて日々変動する国債の利回り。政策金利は定期的に行なわれる中央銀行の会合で変更されるが、国債利回りは市場の国債価格に応じて日々変動する。

天災（てんさい）

自然災害が為替市場に影響を与えることも多い。記憶に新しいところでは2011年の東日本大震災。直後に円高が猛烈に進み、日本を含むG7諸国の協調円売り介入を誘った。ちなみに山本先生は元日本銀行員。為替介入を担当する部署にいたことも。

5 限目

為替レートは金利で動く！政策金利の動きに注目

為替を動かす一番大事な要素は「金利」

為替レートを長期的に決めるのは、世界のお金の流れです。日本からアメリカへとお金が流れやすくなっていれば円は売られ、米ドルが買われやすくなり、米ドル／円は上昇（円安ドル高）します。

また、世界のお金は「金利の低い国から高い国へ」と流れるのが基本です。円で持っているよりも米ドルで持っていたほうが金利が高ければ、余ったお金は米ドルへと流れやすくなります。

ですから、為替市場を動かす最も大切な要素は金利です。過去の例でも、為替相場はかなりの頻度で金利と連動して動いています。

ただ金利といっても、預金の金利から政策金利、社債の金利までさまざまなものがあります。為替と連動しやすいのは、国が発行する債券である国債の金利、つまり市場金利です。

ニュースを見ているとよく「今日の2年債利回りは0・5%でした」「10年債利回りは2・5%に上昇しました」といった言葉を耳にすることがあります。個人投資家には縁が薄いかもしれませんが、国債を取引する債券市場は銀行や証券会社などプロの投資家にとってメインとなる取引市場の1つです。そこで決まる市場金利は為替市場に大きな影響を与えるのです。

こうした国債の金利を見ながら、世界のお金は動いています。

金利を決めるのは景気と金融政策

では、市場金利は何で決まるかというと、主に2つ。「景気」と中央銀行が決める「金融政策」です。景気は次に解説するとして、金融政策は中央銀行が決める政策金利の上げ下げや、2013年に日本銀行が行なった「異次元緩和」などを指します。

政策金利が上がれば市場金利も上がり、政策金利が下がれば市場金利も下がります。市場金利は為替レートと密接な関係があり、市場金利は政策金利と密接に関係するため、中央銀行が発表する政策金利を為替市場も注目しています。

ところが14年現在、日米欧の3中銀ともに政策金利をほぼゼロにしており、金利を下げる余地がほとんどなくなってしまいました。そこで金利引き下げの代わりに取られた手段が「量的金融緩和（QE）」です。QEは金利引き下げと同じく、市場金利を下げる効果があります。

一方、14年からアメリカはQEを徐々に縮小させる「テーパリング」を開始し、ドルが買われやすい地合いとなりました。金融緩和には利下げ、金融緩和の縮小・取りやめは利上げと同じ効果があるわけです。

主な国の政策金利の推移は?

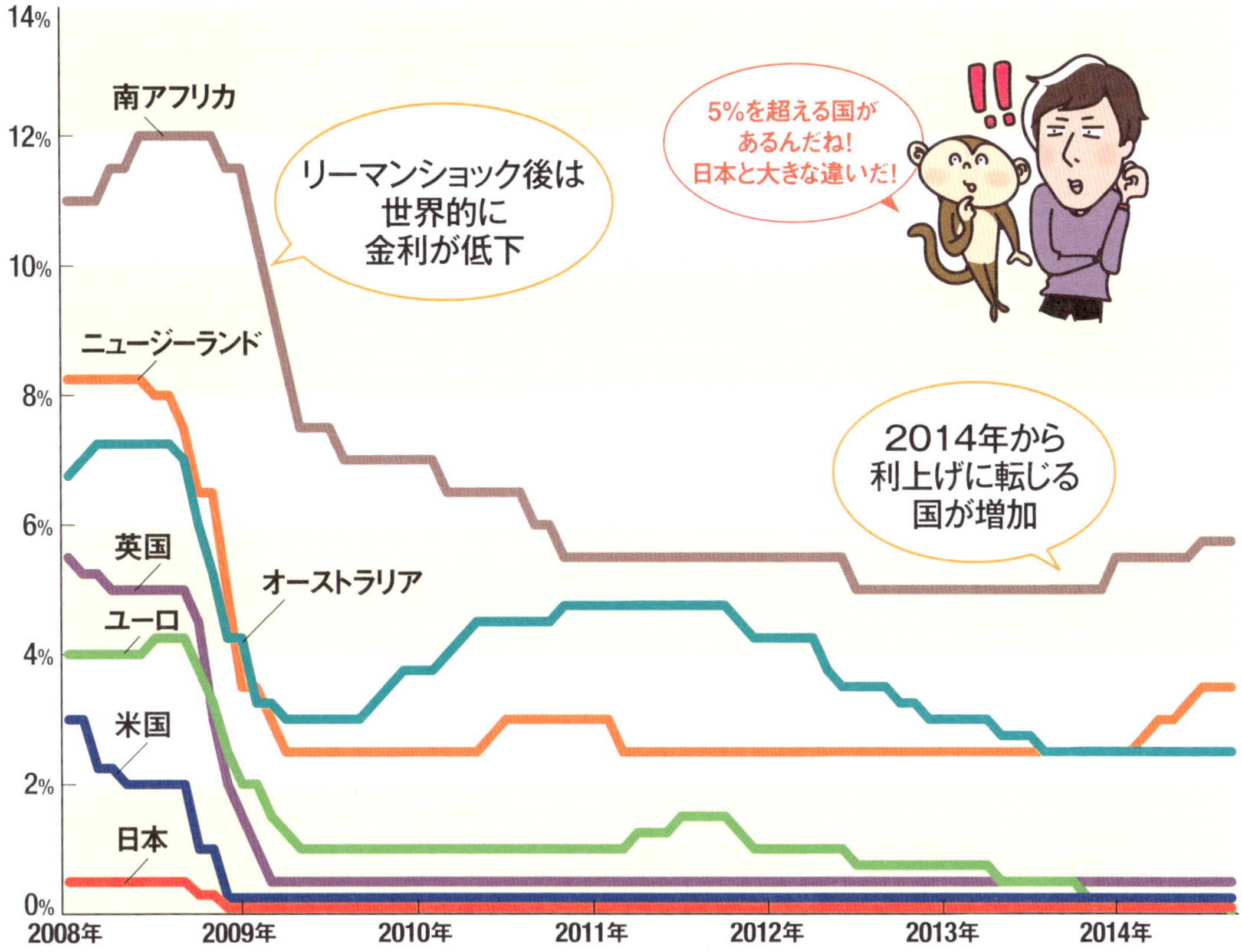

まとめ
政策金利の発表に市場が大注目!

月1回など定期的に行なわれる中央銀行の会合で政策金利は発表される。金利に変更があるときは為替市場も動きやすいので日程に注意を。

政策金利の変更に為替レートは敏感

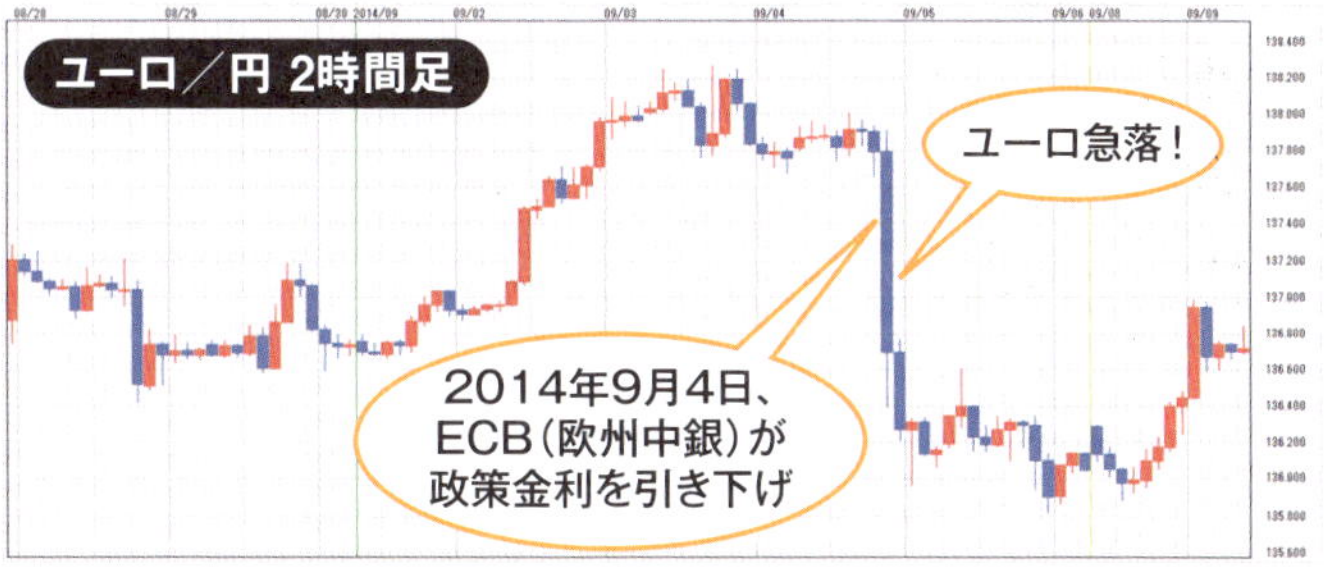

補習授業

2年債利回り(にねんさいりまわり)

償還期限が2年の国債の利回りのこと。指標として使われることが多い。債券価格は市場取引で決まるが、債券に記載された利回りは一定で、国債の市場価格が下がれば実質利回りは上がり、債券の価格が上がれば実質利回りは下がる。

量的金融緩和(りょうてききんゆうかんわ)

QE (Quantitative easing)。株や国債、ETF、その他の証券などを中央銀行が市場から買い入れることで資金を供給する政策。たくさんのお金が出回るようにすることで政策金利を引き下げて、お金を借りやすくするのと同じような効果を期待できる。

5限目

経済指標が大事なワケ 景気の読み方は日々変わる

景気とはGDPである！ でもGDPだけじゃ不足…

ファンダメンタルズ分析では、景気の分析もとても重視されます。それは市場金利や金融政策が、景気を見ながら決まるからです。では、景気とは何でしょうか？

ひと言でいえば、「GDP成長率」です。GDPが前年と比べてどうなのか、高成長が続いているのか低成長なのかといったところに市場は注目しますが、GDPは3カ月に一度しか発表されません。

市場にはいつも先取りしたがる癖があります。GDP成長率が第一だとは思いながらも、3カ月も待っていられないのです。そこで市場は「3カ月後のGDPを先取りできないか」と考えます。幸いにも、政府や中央銀行はGDPを占うための材料を提供してくれています。それが経済指標です。

さまざまな経済指標がありますが、その多くは「その国の景気はどうなのか」「次に発表されるGDPはどうなのか」と考えるための材料とされるわけです。

日々、多くの経済指標が発表されますが、なかでも「王様」的な存在が米雇用統計です。アメリカの雇用統計が注目されるのには、普通の経済指標とは少し違った事情があります。

通常、中央銀行は「過度のインフレ抑制」を目的として、景気が過熱してインフレ率が高まってくると政策金利を引き上げて冷まそうとしたり、あるいは景気が低迷してインフレ率が落ち込んだときには政策金利を引き下げて、景気やインフレをコントロールしようとします。

予想と実際の数字の差で為替が動く

しかしアメリカの中央銀行であるFEDだけは、インフレ抑制とともに「完全雇用」を目標としています。完全雇用とは働きたいと思う人が全員、仕事に就ける状態です。アメリカはインフレ抑制とともに雇用面の安定も目標としているため、雇用の代表的な指数である雇用統計に市場が注目し、為替市場はお祭り騒ぎとなるのです。

毎日何かしら発表される経済指標の数字によっては、為替市場に大きな影響があります。影響度合いは数字の良し悪しよりも、「アナリストが分析した事前の見通し」と、実際に発表された数字とのかい離によります。数字そのものが悪くても、予想よりも発表数字がよければ（ポジティブサプライズ）、その国の通貨は買われやすく、予想よりも悪ければ（ネガティブサプライズ）、売られやすいといった傾向です。ですから、経済指標を見るときはニュースなどで事前に予想数字を確認しておくことが欠かせません。

アメリカの雇用統計で為替市場は大きく動く!

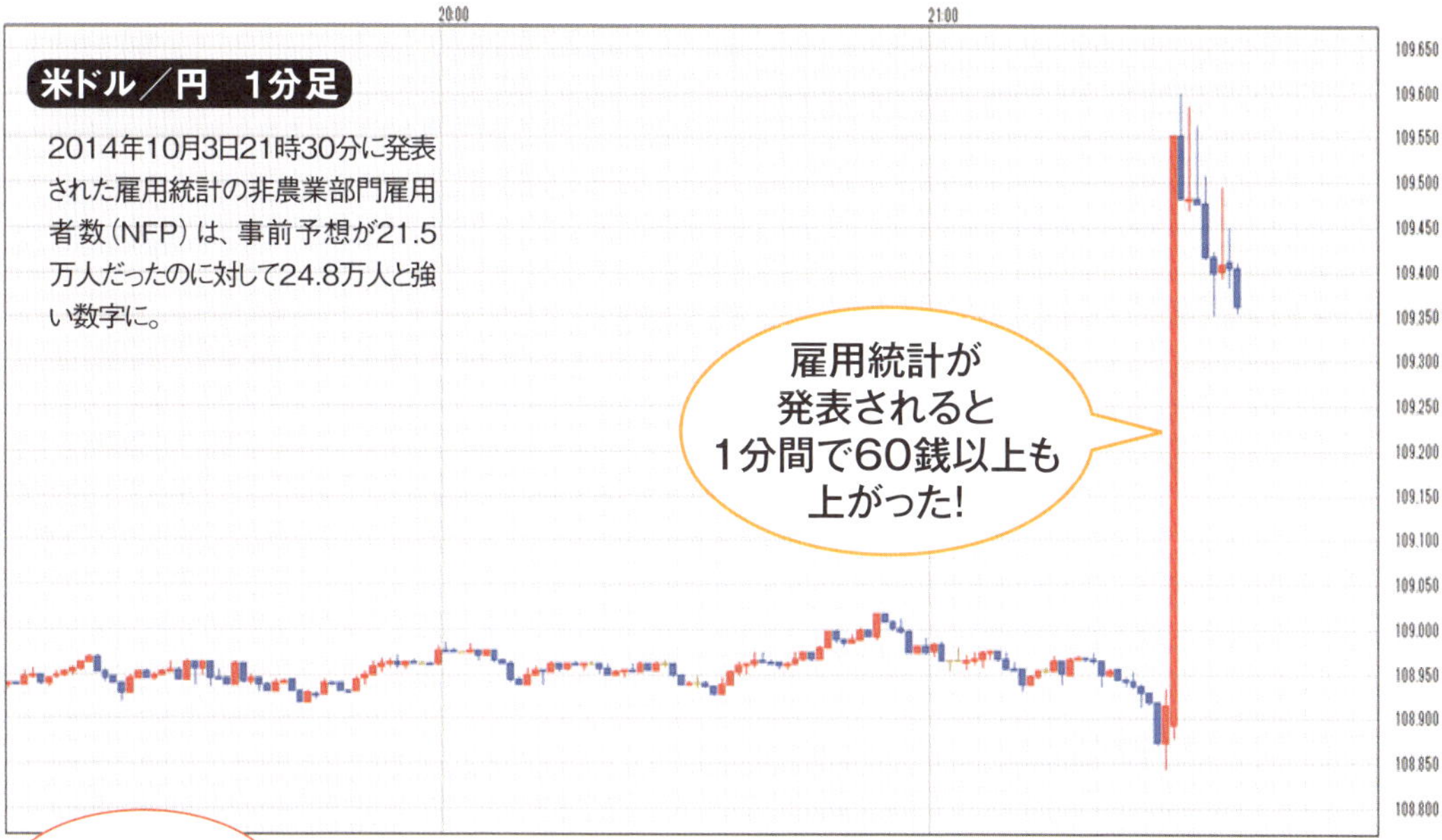

まとめ　**毎月第1金曜日発表の雇用統計はお祭り騒ぎ!**

雇用統計で注目の数字は「NFP」(非農業部門雇用者数)と失業率。

雇用統計の夜は多くのオンラインセミナーが開催されるので参考に。

日米欧の主な経済指標

国名	発表日(原則)	指標名	国名	発表日(原則)	指標名
米国	第1営業日	ISM製造業景況指数	米国	中旬	小売売上高
米国	第3営業日	ISM非製造業景況指数	米国	中旬	住宅着工件数
米国	雇用統計2日前	ADP雇用統計	米国	中旬	対米証券投資
米国	第1金曜日	雇用統計	日本	中旬	四半期GDP速報値(2、5、8、11月)
欧州	上旬	消費者物価指数(HICP)	欧州	中旬	四半期GDP速報値(3、6、9、12月)
米国	10日頃	貿易収支	米国	25日	中古住宅販売件数
米国	10日頃	ミシガン大消費者信頼感指数	米国	25日前後	耐久財受注
米国	14〜17日	鉱工業生産	米国	下旬	四半期GDP速報値(1、4、7、10月)
米国	15日	NY連銀製造業景況指数	米国	下旬	新築住宅販売件数
米国	15日前後	生産者物価指数(PPI)	米国	下旬	消費者信頼感指数
米国	15日前後	消費者物価指数(CPI)	日本	毎月26日を含む週の金曜日	消費者物価指数
米国	20日頃	景気先行指数	米国	月末	PCEコアデフレーター

補習授業

GDP成長率
(じーでぃーびーせいちょうりつ)

その国の経済規模を示すのがGDP(国内総生産)。その成長率は経済成長率となる。速報値や改定値、確報値などがあるが、一番の注目は速報値。

インフレ
(いんふれ)

物価上昇。インフレの度合いを示す指標が、消費者物価指数や生産者物価指数。前者はCPIと呼ばれたり、欧州だとHICPとも言われる。

FED
(ふぇど)

連邦準備制度。アメリカの中央銀行システム全体を指す。その中心がFRB(連邦準備制度理事会)であり、FEDの政策を決めるのはFOMC(連邦公開市場委員会)。

5
限目

口先介入に要注意！偉い人の発言で相場が動く

13年、豪ドル下落の理由は中銀総裁の言葉だった

為替市場は、いつも景気や金融政策の未来を読み取ろうとします。その予測の重要な材料となるものに「要人発言」があります。要人、つまり重要人物の発言なのですが、為替市場の要人は、第一に中央銀行の関係者です。

為替市場では金融政策が非常に大きな影響力を持っています。金融政策を決める中央銀行の総裁や理事たちが、将来の金利や景気の見通しの変更についてどう考えているのか、ヒントを講演などで漏らしてくれることがあります。市場に伝えたいメッセージがあって発言することもあれば、口が滑ってしまうケースもあるようです。

こうした要人の発言内容や表現の強さによって、為替市場を大きく動かすことがあります。その典型的な例が、RBA（豪州中央銀行）のスティーブンス総裁の発言による豪ドル安への誘導でした。「今の豪ドルのレートは高すぎて経済に悪影響だ」と考えたスティーブンス総裁は、「豪ドルは不快なほどに高すぎる」と発言して、口先ひとつで豪ドル安へと誘導しました。いわゆる「口先介入」です。中央銀行には、いざとなれば金利引き下げや為替介入といった強烈な手段があるため、市場はスティーブンス総裁の発言に大人しく従ったのです。

要人発言で注目したいのが、インフレ率（CPI）との関係です。日本銀行が2％をターゲットにしているように、多くの中央銀行が2％前後のインフレ目標を導入しています。ユーロ圏では0％台へと下落して量的金融緩和の導入が注目されました。2％から大きく離れたときは、金融政策を動かす可能性が高まります。

中央銀行の総裁や理事が重要な発言をしたときにはニュースとなりますし、中央銀行の会合は1カ月後などに議事録が発表されますから、そこでの発言が材料となることもあります。ニュースや講演予定に注意しておきましょう。

政治家の発言が注目されることも

もちろん、中央銀行関係者だけが要人というわけではありません。大統領や総理大臣といった国のトップが為替の水準について言及することは非常に少ないのですが、それだけに発言をすると市場の注目を集めます。特に日米では為替介入、為替政策を財務省が決定しているため、日本なら財務大臣、アメリカなら財務長官の発言が非常に重要です。日本のように政府と中央銀行が一体となって経済政策を推し進めているような場合には、こうした政治家の発言にも注目が集まりやすくなります。

為替市場で注目すべき要人は誰？

ジャネット・イエレン FRB議長

世界経済へ影響を与えるアメリカの金融政策。その舵取りを行なうのは、2014年に議長へ就任したこの女性。労働市場が専門であるため、雇用統計への注目が一層高まっている。夫はノーベル経済学賞を受賞した経済学者ジョージ・アカロフ。

この人たちが重要人物、要チェックだ！

マリオ・ドラギ ECB総裁

ユーロ圏の中央銀行総裁は、ゴールドマン・サックスの副会長も務めたイタリア人。「ビリーブ・ミー」などの印象的な発言と手腕は「ドラギマジック」とも称される。同じユーロ圏の大国であるドイツ連銀総裁バイトマンも要注意だ。

黒田東彦 日本銀行総裁

13年、安倍首相の肝入りで就任するや否や「バズーカ砲」「異次元緩和」とも呼ばれる強烈な量的緩和を実行。アベノミクス円安の立役者となった。その後も市場関係者の裏をかく追加緩和を行なうなど、デフレ脱却の姿勢は今後も要注目だ。

まとめ　インフレ率の主な判断材料とは？

日本では消費者物価指数（CPI）が基準、アメリカではPCEコアデフレーター、ユーロ圏はHICP。呼び方の違いにご注意を。

マーク・カーニー BOE総裁

イギリスの中央銀行総裁はカナダの中央銀行総裁から異例の横滑りを果たした人物。BOE初の外国人総裁となったのは高評価の裏返しだが、ブレブレの発言から市場には不信感も。ゴールドマン・サックス時代に東京勤務の経験あり。

※2014年12月現在

補習授業

為替介入（かわせかいにゅう）

自国通貨の過度な動きを抑制するため中央銀行が為替市場で取引を行なうこと。日本では11年の円高で10兆円以上の米ドル買い円売り介入が行なわれた。

インフレ目標（いんふれもくひょう）

日本銀行は2%の物価目標を13年から導入し、アメリカも12年に2%の物価目標を導入した。さらにユーロ圏も2%前後を目安としている。

財務大臣（ざいむだいじん）

日本では財務大臣のほかにも、内閣官房長官が為替水準について言及することもある。財務省で為替を担当する財務官のポストも注目を集めている。

5限目

あの国がミサイル発射!? テロ、戦争も為替を動かす

為替市場の頻出単語 リスクオフ・リスクオン

残念ながらなくならないのがテロや戦争などの不幸なニュースです。独立や国境線の変更など「地図が塗り替えられるようなイベント」は、為替にも影響を及ぼします。「地政学リスク」と呼ばれるリスクのことです。

地政学リスクが高まると、世界の投資家がリスクのある投資を手控えるようになるので、為替が大きく動くことがあります。

理由はこうです。リスクがあまり感じられないとき、世界の資金は積極的に投資へ向けられます。「低金利の国から高金利の国へ」、あるいは「経常黒字国から経常赤字国へ」とお金が流れます。これがリスクオンの状態です。

ところが、戦争やテロなどが起きて危機感が高まると、「お金を自国に戻そう」という動きが発生します。「低金利の国から高金利の国へ」投資されていた資金が巻き戻され円高になるような動きで、これがリスクオフです。専門家のレポートでもリスクオフ・リスクオンという言葉はよく出てきますから、覚えておくとよいでしょう。

地政学リスクと為替との関係は個々のケースによるのですが「北朝鮮のミサイル発射」というニュースの場合、日本を含む朝鮮半島周辺の緊張が高まるとの懸念から円が売られやすくなります。為替は通貨ペアですから、円が売られる反対側では基軸通貨である米ドルが買われやすく、ドル高にもなります。

中東でテロのニュース 為替はどう動く!?

為替市場では「有事のドル買い」と言われたりしますが、実際には当事国の通貨を売る動きが主であり、結果としてドルが買われる、ということも多いのです。

一方、中東の地政学リスクで鍵となるのは、原油との関係です。イラクやシリアなど中東の地政学リスクでは原油生産の停滞から原油高騰懸念となり、石油を海外に頼る円が売られやすくなります。

2014年に勃発したウクライナ内戦では、当事国であるロシアやウクライナの通貨が売られたのはもちろん、天然ガスをロシアに頼る欧州経済への影響が懸念され、ユーロも売られやすくなりました。

地政学リスクを事前に予測することは難しいですが、多少のテロ、内戦なら為替市場への影響は限定的にとどまることもよくあります。何か起きてもあわてず「世界経済を揺るがすほどのインパクトか」と考えて、冷静に対応しましょう。

地政学リスクの影響を見極めるのは容易ではない部分もありますから、最初は専門家のレポートを参考にするのが近道です。

「リスクオフ」だと円高になりやすい

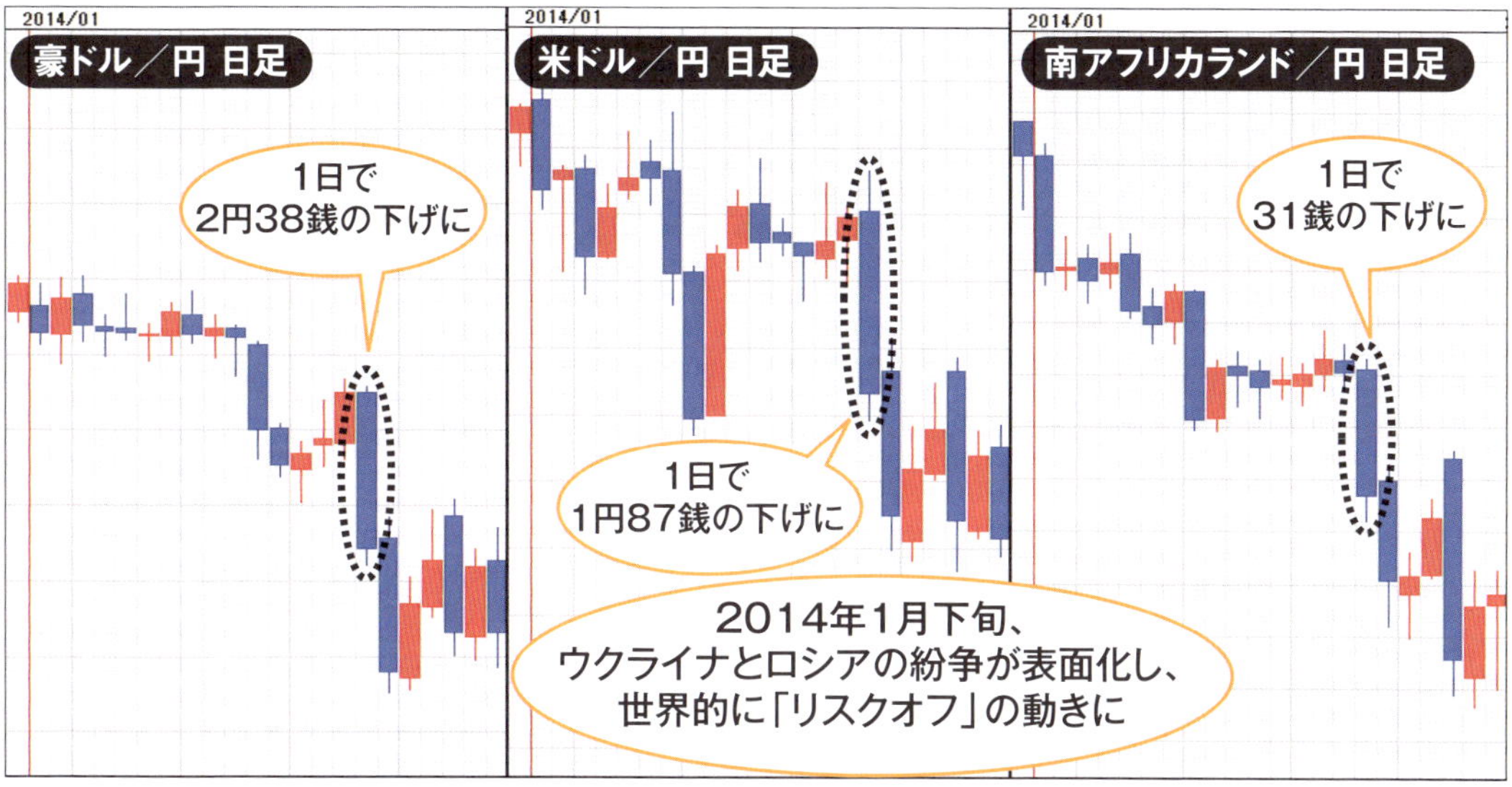

「地政学リスク」の波及経路を推理する

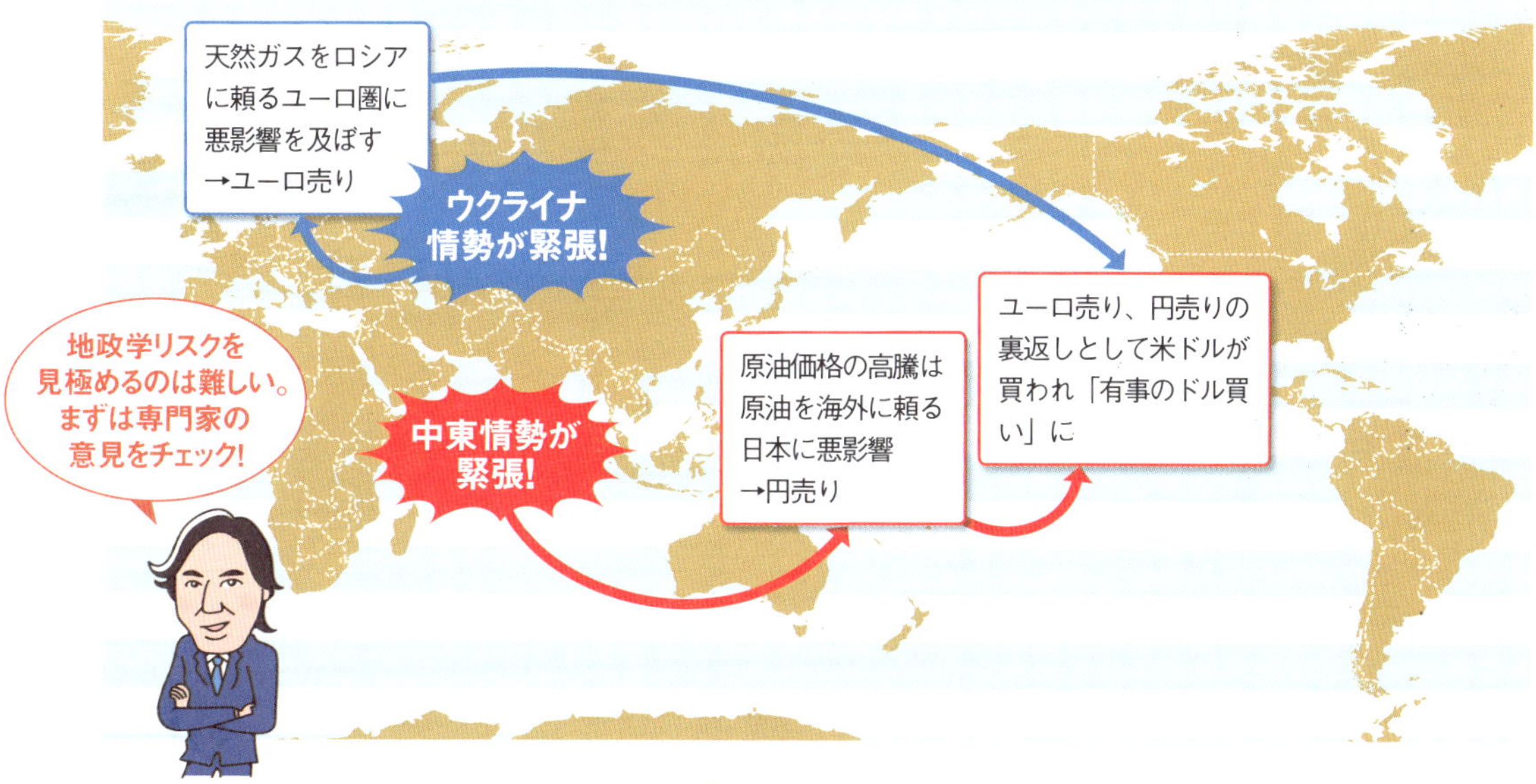

補習授業

資源国通貨（しげんこくつうか）

オーストラリアやカナダなど、エネルギー資源や鉱物が主力産業の国の通貨は、「資源国通貨」と呼ばれる。資源国通貨は原油や金など資源価格と連動して動くことがあるので、資源価格が急落すると資源国通貨にも急落の可能性が。

リスクオフ（りすくおふ）

投資のリスクを下げること。世界の投資家がリスクの度合いを見る指標が米国株。S&P500など代表的な指標が急落するとリスクオフの動きに。反対に上昇中はリスクオンの動きが強まりやすい。リスク許容度を見るときは米国株を参考にしよう。

通貨カタログ1

米ドル

US dollar

米ドル絡みの通貨ペアは「ドルストレート」

米ドル抜きで為替は語れない!

米ドルが絡まない通貨ペアにも影響は及ぶ

為替市場の中心となる通貨が米ドルです。為替市場で最も取引量が多く、投機目的の売買に加え貿易など決済のために米ドルを必要とする「実需」も多い通貨です。

為替市場は米ドルの動向を無視して見ることはできません。豪ドル/円のような米ドルが絡んでいない通貨ペアでも、対米ドルの動きによって左右されます。米ドル/円に動きがないなかで豪ドル/米ドルが下落すると、豪ドル/円もつられて安くなるといった影響があるのです。

２０１４年時点では、中央銀行にあたるＦＲＢが第3弾まで行なっていた量的金融緩和の終了が決まり、市場の関心は「利上げはいつ?」へと移っています。利上げは当然、通貨高要因ですし、米ドル以外の主要通貨であるユーロと円は量的金融緩和の終了どころか、追加で行なうかどうかという段階ですから、金利面から見ると、この３つの通貨では米ドルが強い傾向にあるということになります。

アメリカの経済指標は影響の大きいものが多いのですが、欠かせないのが雇用統計です。特に現在のＦＲＢのイエレン議長はもともと労働経済専門の学者なので、雇用関連の指標群が「イエレン・ダッシュボード」として注目されています。イエレン議長の発言はもちろん、ＦＯＭＣ直後に出る声明文のわずかな変化が材料とされることもあります。他国では材料とされやすいインフレ率ですが、最近は落ち着いていることもあり注目度はさほど高くはありません。

ただインフレ率が高まるにつれ、再び材料とされることもあるでしょう。アメリカのインフレ率にはいくつかありますが、ＦＲＢが物価目標として採用しているコアＰＣＥデフレーターが最も注目です。ＦＲＢの目標は日本と同じ２％ですから、いつ達成するのか、今後焦点となってくるかもしれません。

DATA

注目経済指標 雇用統計、コアPCEデフレーター

中央銀行 FRB

政策金利 0〜0.25%

要　人 ジャネット・イエレンFRB議長

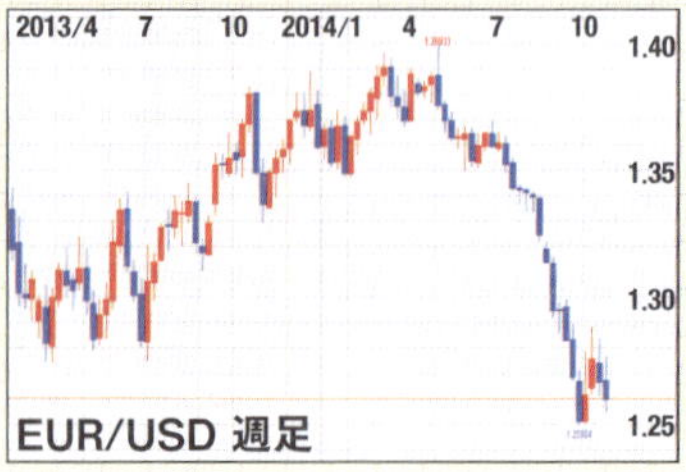

通貨カタログ❷

円

Japanese yen

円の絡む通貨ペアは「クロス円」

世界が注目する「2％目標」の達成は？

DATA

注目経済指標 消費者物価指数、貿易統計速報

中央銀行 日本銀行

政策金利 0〜0.1％

要人 黒田東彦日銀総裁

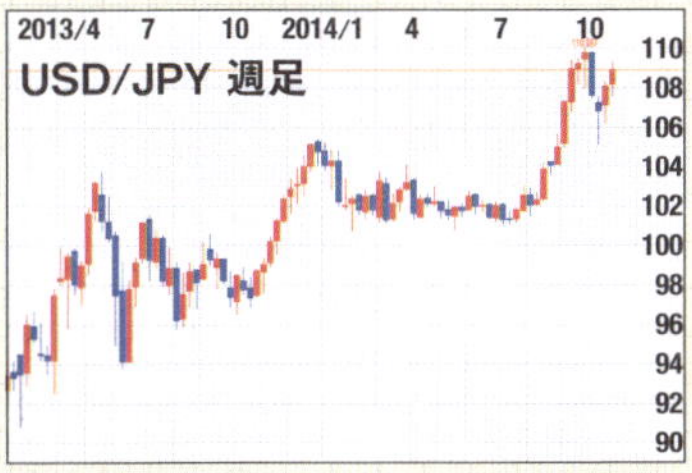

政府と日銀が一体となって円安を目指す

円は最も日本人になじみ深い通貨でしょう。それに、米ドル／円は日本で最も取引されている通貨ペアです。世界の為替市場での取引も多いのですが米ドルやユーロほどではありません。

円を見るときのポイントは何といってもアベノミクスの一環とされる円安誘導策です。この特徴は政府と中央銀行が一体となって推進している政策であるということ。

もちろん、中央銀行には独立性が保証されていますが、アベノミクスでは金融政策が「第一の矢」として非常に重視されていますし、黒田東彦・日銀総裁の任命にも安倍首相の強い意向が働きました。

政府と日銀が一体となって円安への圧力をかけているわけですから、円の絡んだ通貨ペアに売り圧力がかかりやすい状態は安倍政権の間、続くのでしょう。非常に極端な例ですが、為替市場では政治の分析が大切であるということを示す好例です。

アベノミクスではインフレ率（CPI）に2％の目標を掲げましたから、いつ目標が達成されるのか、とても重要になっていますし、そのために黒田総裁がどんな手を打つのか、世界が注目しています。要人としては「財務官」にも注目です。財務省の役職ですが国際担当副大臣という肩書になり、「ミスター円」と呼ばれることもあります。

もう1つ見逃せないのが貿易収支です。巨額の貿易黒字がアメリカなどから非難された時代もありましたが、2011年から貿易赤字に転じています。

貿易赤字であれば円安圧力がかかりますから、政策面だけではなく実需の面から見ても円は売られやすい地合いとなっています。

貿易赤字が今後も続くのか、あるいは円安による輸出拡大で貿易黒字へと復帰するのか、気をつけて見ていく必要があるでしょう。

※政策金利は2014年11月現在

ユーロ

金融政策の転換で大きなトレンドが?!

債務危機からずっと続く下落基調

DATA

注目経済指標 インフレ率、ユーロ圏購買担当者景気指数

中央銀行 ECB

政策金利 0.05%

要人 マリオ・ドラギECB総裁

インフレ率低迷、景気減速で「日本化」

2010年のギリシャショックにより表面化した債務危機から、ユーロ圏の経済は低迷が続いています。経済成長率の低迷と、物価の低迷はバブル崩壊後の日本になぞらえて、欧州の「日本化」と言われるようにもなっています。

為替市場で最も取引される通貨ペアはユーロ／米ドルです。取引量も多いですから値動きも活発ですし、ユーロ圏の経済指標や金融政策への反応もアメリカほどではないものの、大きな影響力があります。

ECBが目安としているインフレ率は「HICP」と呼ばれます。HICPはマイナスには至っていないものの、14年時点でゼロ近辺での推移が続く「ディスインフレ」の状態となっています。

そのため、アメリカでは量的金融緩和を終了しているのに対して、ECBは周回遅れで量的金融緩和の導入が検討されています。量的金融緩和の導入となればさらなるユーロ安が続くのでしょう。

ドラギ総裁をはじめとするECBの要人や、ユーロ圏の大国であるドイツの中央銀行ブンデスバンクのバイトマン総裁など金融政策に強い影響力を持つ人たちの発言は注目されますし、欧州経済が持ち直すのかGDPからも目が離せません。ただ、GDPは3カ月に一度の発表ですから、先行指標として「PMI（購買担当者指数）」にも高い関心が集まります。

とはいえ、やはり一番の注目は金融政策となるのでしょう。周回遅れであっても金融緩和を始めるのであれば、大きなトレンドが生まれるのかもしれません。

また、EUとして経済を統合しているものの、ドイツやフランス、イタリアなど加盟国ごとのGDPやインフレ率も発表されます。EU加盟国のなかで圧倒的な大国であるドイツの経済指標が注目されることもあります。

通貨カタログ4

豪ドル

Australian dollar

政策金利は2.5%。これからの上昇に期待?!

日本人に大人気の通貨 金利の妙味は薄れぎみ

DATA

注目経済指標

鉄鉱石などの資源価格

中央銀行	政策金利
RBA	2.5%

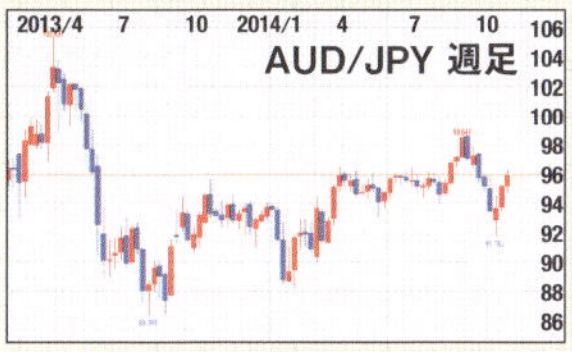

資源価格の動向で大きく動く!

高金利通貨の印象がある豪ドルですが、14年秋時点での政策金利は2・5%。さほど高い水準とはいえません。足を引っ張っているのは資源価格の低下です。輸出の主力である鉄鉱石価格はピークの半値まで下落し、豪ドル安の大きな要因となっています。一方で今後は増産により輸出量が増える可能性も高く、貿易赤字国から貿易黒字国への転換もありそうです。「資源国通貨」とも言われる豪ドルだけに資源価格の動向がカギを握っています。

通貨カタログ5

NZドル

New Zealand dollar

豪ドルと同じ「オセアニア通貨」グループ

利上げ再開はいつ? 乳製品価格にも注目を

DATA

注目経済指標

乳製品などの資源価格

中央銀行	政策金利
RBNZ	3.5%

先進国で群を抜く3・5%の政策金利

豪ドルと並び高金利通貨として人気のNZドルは、カンタベリー地震からの復興や住宅バブルによる好況で、14年に対米ドルで史上最高値をつけて調整局面にあります。14年に断続的に引き上げてきた政策金利も3・5%でいったん打ち止めとの見方が優勢です。今後の利上げ再開が注目されるのはもちろん、乳製品価格の動向にも気をつけてください。乳製品はNZの主要な輸出品なので、価格低下は経済に悪影響を及ぼし、NZドル下落へとつながります。

※政策金利は2014年11月現在

通貨カタログ6

英ポンド

British pound

値動きの激しさから「殺人通貨」の異名も

利上げ開始に大きな期待！

DATA

注目経済指標

ネーションワイド住宅価格

中央銀行	政策金利
BOE	0.5%

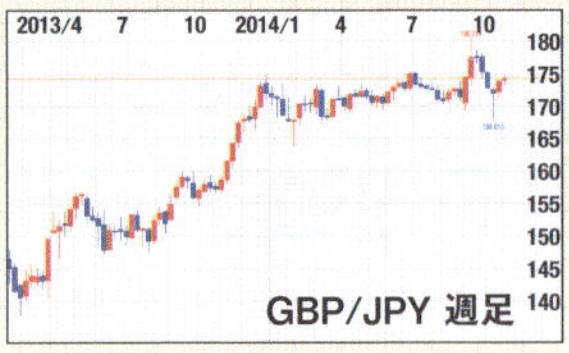

最大の焦点は利上げいつ？ そして上げ幅は？

「殺人通貨」とも呼ばれるのが英ポンドです。その理由は値動きの大きさにあります。上がったと思えば急落し、要人のひと言で大きく動くなど、よく動くため長期的なポジションが取りづらい通貨です。英国は2015年中の利上げが見込まれ、利上げ時期や利上げ幅について金融当局者の発言に関心が集まっています。一方、住宅バブルが発生しており、当局がどう着地させるのか、また住宅関連の経済指標に注目されやすくなっています。

通貨カタログ7

スイスフラン

Swiss franc

ヤバイことがあったら買われる「安全通貨」

中央銀行が宣言した「無制限介入」

DATA

注目経済指標

中央銀行の政策

中央銀行	政策金利
SNB	0～0.25%

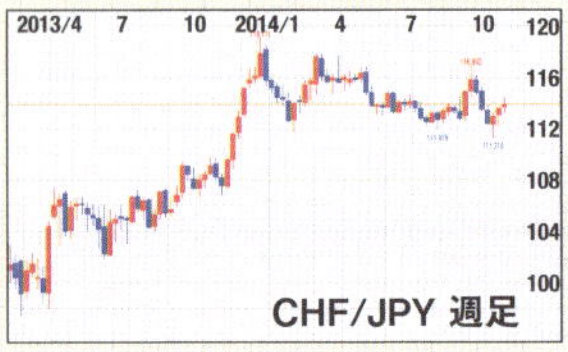

対ユーロで下限を設定 フラン高を抑制中

スイスは対ユーロで為替レートに下限を設定しています（14年11月時点）。一定以上のスイスフラン高を抑制するために「無制限介入」を宣言しています。そのため対円では日本の景気や金融政策を見ながらの動きとなる傾向があります。またスイスフランには「安全通貨」として、テロや戦争、経済危機など有事の時には買われやすい側面もあります。SNBの政策のため以前より「有事のスイスフラン買い」の傾向は薄らいでいますが、覚えておきましょう。

通貨カタログ⑧

カナダドル

Canadian dollar

DATA

注目経済指標
雇用統計

中央銀行	政策金利
BOC	1.0%

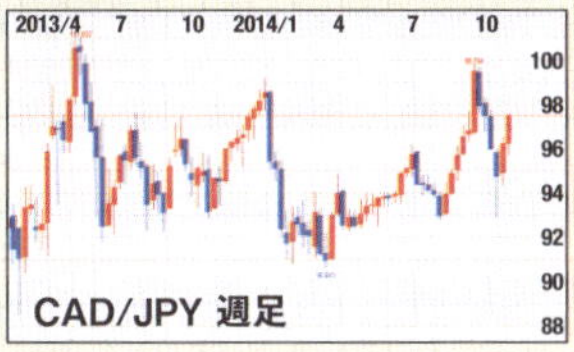

地味だけど経済指標にチャンスあり!?

金融政策も経済も米ドルを後追い

雇用統計など経済指標でよく動く

カナダ経済は基本的にアメリカの後追いです。金融政策もアメリカの少し後を追いかける傾向があり、アメリカが利上げをすれば少し遅れて利上げしてといった特徴があります。それに、経済指標や中央銀行の政策決定で動きやすいのも特徴です。カナダの雇用統計発表は米雇用統計と同じタイミングになることが多いので見落とされがちですが、両方を一緒に見ているとチャンスが広がるかもしれません。また「資源国通貨」としての顔もあります。

通貨カタログ⑨

南アフリカランド

South African rand

DATA

注目経済指標
政策金利、米国株

中央銀行	政策金利
SARB	5.75%

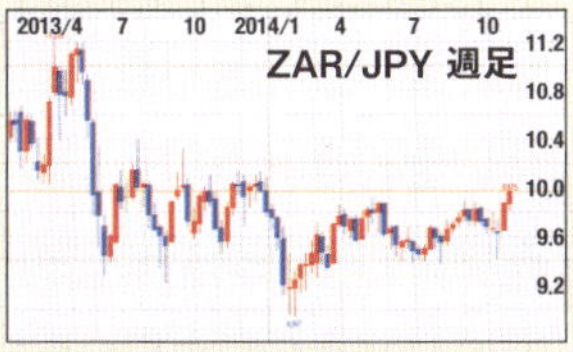

高金利通貨ながら三重苦に悩まされ中

景気よりもとにかく金利!

世界の株価との連動性に注目して買い場を探す

高金利が魅力の通貨ですが、新興国の常として高インフレ、経常赤字、景気低迷の三重苦に悩まされています。また鉱山労働者のストライキなどの問題もあります。ただ、世界の投資家は南アフリカの景気よりも、もっぱら金利狙いです。ですから、今後も高金利を維持できるかどうかが注目でしょう。また、世界の株価との連動性があり、株価が上昇すれば南アランドも買われやすい傾向があります。株価の急落時などは買い場といえるかもしれません。

※政策金利は2014年11月現在

通貨カタログ⑩
トルコリラ
Turkish lira

人気急上昇中の高金利通貨！
群を抜く高金利でスワップ派注目！

DATA

注目経済指標
政治体制

中央銀行　政策金利
トルコ中央銀行　8.25%

不安要素は政治 乱高下は覚悟が必要

新興国のなかでも高金利で注目を集めているのがトルコです。高金利の裏返しとして高インフレではあるものの、若年層の多さや人口の増加など中長期的な経済成長に期待できる面もあります。また立地的には欧州の隣国であり、貿易関係は密接です。懸念としては政治による金融政策への介入があります。政治家が人気取りのため中央銀行に圧力をかけて政策金利を下げさせる動きが過去にはありました。政策金利の動向は注視してください。

通貨カタログ⑪
メキシコペソ
Mexican peso

政治改革が進行中、経済も活況となるか
新興国ながら安定性が魅力

DATA

注目経済指標
GDP

中央銀行　政策金利
メキシコ銀行　3.0%

貿易の大半を占める米国経済の上昇で恩恵

新興国のなかでも比較的安定しているのがメキシコです。新興国通貨としては金利のうま味が低いですが、異なる魅力があります。1つは政治です。生産性の低下していた国営会社の民営化など、日本の小泉改革を連想させる改革をニエト大統領が推進しています。またアメリカ、カナダと北米自由貿易協定（NAFTA）を結んでおり、輸出の80％はアメリカ向けです。アメリカの景気回復による恩恵が見込まれるのは好材料といえるでしょう。

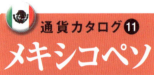

通貨カタログ⑫ スウェーデンクローナ

政策金利 0%

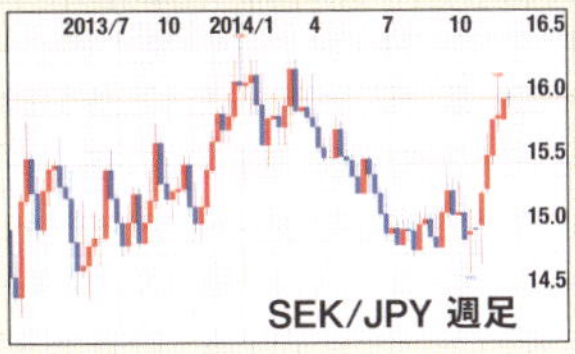

通貨カタログ⑬ ノルウェークローネ

政策金利 1.5%

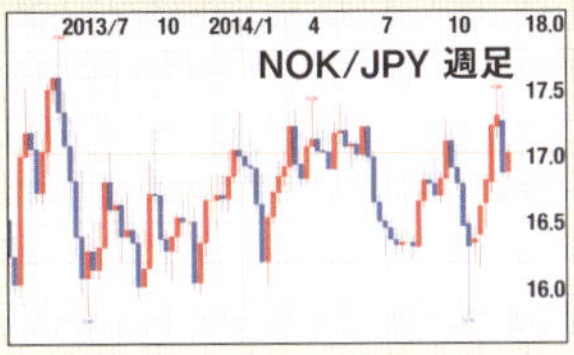

Swedish krona & Norwegian krone

ユーロ発足後も独自通貨を維持する北欧諸国

ユーロと連動しやすい

産油国ノルウェーは原油価格に注意

北欧諸国のうち唯一のEU非加盟国であるノルウェーと、EUの一員でありながらユーロ導入を拒否し独自通貨を維持するスウェーデン。しかし両国ともユーロ圏との経済的な結びつきは強く、金融政策でも影響を受け、為替の値動きもユーロと連動しやすい傾向があります。両国ともに1人あたりGDPはトップ10に入りますが、ノルウェー経済を支えるのは原油です。欧州最大の産油国であり輸出産品の主力ですから、原油価格の影響を受けやすい通貨です。

通貨カタログ⑭ 人民元

政策金利 5.6%

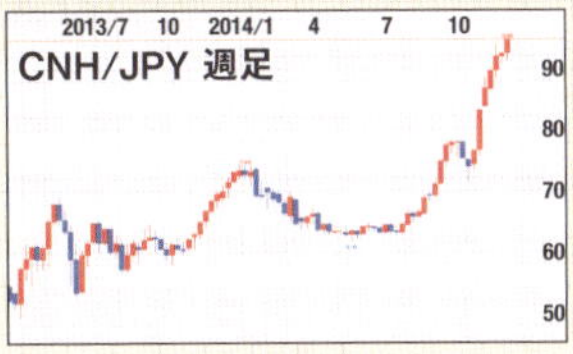

通貨カタログ⑮ 香港ドル

政策金利 0.5%

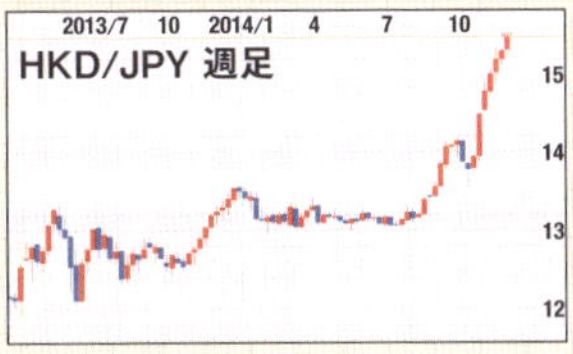

Chinese yuan & Hong Kong dollar

躍進する中国の2通貨は自由度が低い

長期的な人民元高に期待が集まるが…

香港ドルは対ドルで固定された「ペッグ制」

世界経済での存在感を高めている中国ですが、為替取引はいまだ完全に自由化されているわけではなく、当局が強くコントロールしています。スワップポイントについても政策金利が反映されず、不安定な状況です。金利や為替が完全に自由化されるまで当局の意向を無視して取引できません。また、香港ドルは1米ドル＝7・8香港ドルを中心に一定幅で固定された「ドルペッグ」制を採用しており、対円の値動きは米ドル／円に追随しやすくなっています。

※政策金利は2014年11月現在

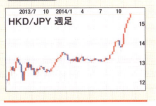

「通貨マトリックス」で通貨の強弱、方向性を確認する!

ファンダメンタルズ分析ではさまざまな分析対象がありますから、整理しないと頭が混乱してしまいます。そこで皆さんに試してほしいのが「通貨マトリックス」の作成です。

為替レートに影響を与える主要5項目を通貨別にまとめたものが通貨マトリックスです。景気は上向きか下向きかといったことから、利上げ方向か利下げ方向か、為替政策はどうなのか、為替レートは割安か割高かといった項目を矢印にして記入していくだけです。

最初はすべての通貨、項目を自分で埋めるのは難しいと思います。米ドル、円、ユーロの3通貨に絞ってもいいと思いますし、アナリストのセミナーを聞きながら矢印を埋めてもいいでしょう。

上向きの矢印が多い通貨は買い通貨の有力候補となりますし、ペアとなるのは下向きの矢印が多い通貨がいいということが一目瞭然になります。

練習問題のポイント　5つの項目で通貨単体の力を判断する

景気（方向性）／金融政策（方向性）／利上げの順序／割高／割安／ポジション／総合

金融政策
利上げ中、あるいは利上げ時期が近いなら「↑」、利下げ中なら「↓」。横ばいのときは「→」。

景気
GDP成長率などを見てプラスが続いており上昇基調なら「↑」、マイナス成長が続いているようなら「↓」。

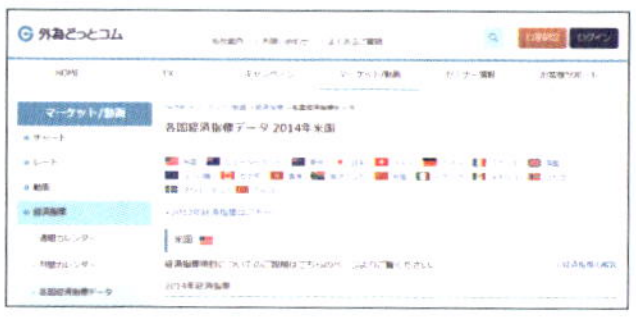

ポジション
IMMポジションなどを見て売りポジションがふくらんでいれば、いずれ買い戻されるため「↑」、買いポジションがふくらんでいれば決済売りが発生しやすいので「↓」。

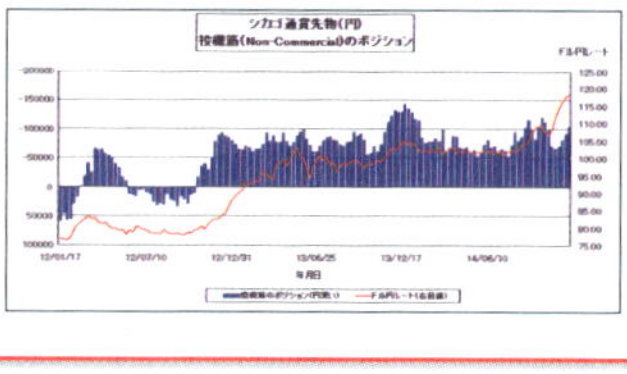

利上げの順序
利上げ中なら「1」、横ばい、あるいは利下げ中の通貨については、利上げに転換する時期が早そうな通貨から順番をつけていく。

総合
通貨ごとに縦に見て「↑」と「↓」のどちらが多いかで判断する。強弱は「↑↑」「↓↓」など、矢印の数で示してもOK。

割高／割安
各国中央銀行やIMFなどが算出している実質実効相場を見る。通貨高が進んでいれば割高なので修正が入ると考えて方向性は「↓」、割安なら「↑」。

Q 通貨の方向性を穴埋めしてみよう！

	米ドル	円	ユーロ	英ポンド	豪ドル	NZドル	スイスフラン	カナダドル
景気（方向性）								
金融政策（方向性）								
利上げの順序								
割高／割安								
ポジション								
総合								

山本先生の模範解答はこちら！

まとめ 強弱のはっきりした通貨ペアほど、買いか売りかの判断がしやすく、トレンドの勢いも強まりやすい。中長期的に取引するときは、「今、どの通貨が強いか」「今、どの通貨が弱いか」を考えて取引する通貨ペアを決めることが第一！

	米ドル	円	ユーロ	英ポンド	豪ドル	NZドル	スイスフラン	カナダドル
景気（方向性）	⇈	→	→	⇈	⇊	↓	→	↓
金融政策（方向性）	⇈	⇊	⇊	⇈	→	→	⇊	→
利上げの順序	1	7	6	2	4	5	8	3
割高／割安	→	↑	→	↑	↓	⇊	⇊	→
ポジション	⇊	↑	⇈	↑	↑	→	↑	→
総合	⇈	↓	↓	⇈	↓	⇊	⇊	↓

（2014年12月時点）

通貨マトリックスで取引通貨ペアを決めよう！
フフ…

山本先生からのアドバイス

今はファンダメンタルズが重要な局面です

アメリカの金融緩和とその終了、
アベノミクス、ユーロ圏の金融緩和と
主要国は軒並み金融政策が
カギを握る展開です。
ファンダメンタルズを生かしやすい時期ですから
しっかり勉強を。

6限目

ファンダメンタルズ実践編

アナリスト気分でニュースを分析してみよう

ファンダメンタルズに従った取引なら中長期での収益増大も期待できます！

松崎美子 先生

スイス銀行東京支店をスタートにその後はロンドンへ移住。メリルリンチやバークレイズ銀行などで活躍し、2003年から個人トレーダーとしてFXや株価指数を取引する。
http://londonfx.blog102.fc2.com/

SNSや海外紙——情報源はアチコチに

ロンドンFX

Introduction

ファンダメンタルズを見ていれば相場も見えてくる!

中長期予測はファンダメンタルズで

私はかつてロンドンの銀行で働いていましたが、退職した今もロンドンに住みながら、FXや株価指数先物を取引しています。

チャートも見ていますが、中心となるのはファンダメンタルズ分析です。中長期的な取引は、ファンダメンタルズを分析して取引していればかなりの確率で相場変動が先読みできる、ということが今までの経験からわかりました。

2014年もそうでした。5月から半年もしないうちに、ユーロ/米ドルは0・15ドル以上も下落しました。とても大きな下落ですが、「14年にユーロが下落するだろう」という見通しは、プロであっても個人投資家であってもできたはずです。

長引く欧州の景気悪化を改善させるため、ECB(欧州中央銀行)が新たな金融緩和策を導入せざるをえないということは誰でも予想できたことです。難しい分析ではありません。よほどへそまがりでなければ、ユーロを買う理由を探すほうが大変なくらいでした。

14年には米ドル高だけでなくポンド高も進みましたが、これも利上げという強力な材料があったからです。「15年にイギリスは利上げするだろう」という見通しも、中央銀行総裁の発言や経済指標からはっきりしていました。

米ドルもポンドも、利上げははっきりしていたのですから、後は買うタイミングの問題だけでした。

英語アレルギーをなくすと情報環境はもっと充実する!

為替市場を動かすファンダメンタルズについて、プロであれ個人投資家であれ、非常に公平な情報量があります。

私が見ているのはブルームバーグやロイターなど通信社の配信するニュース、ツイッター、レポートなどです。銀行出身だから見られる情報というわけではありません。インターネット上で誰もが見られる情報ばかりです。

ただ、もしもこれから本気でFXに取り組んでいくつもりなら、英語へのアレルギーをなくしたほうがいいでしょう。為替市場の公用語は英語です。中心となるのは欧米の投資家ですし、FRB(連邦準備制度理事会)やECBの発表する声明文も英語です。日本語の為替情報も豊富になってきているとはいえ、英語のほうが充実しているのは間違いありません。

英語といっても為替に関連する単語は限られていますから、英語の為替情報を最初は見出しだけでも流し読みして、アレルギーをなくしていきましょう。

情報の取り方、優先順位の付け方、為替市場とどう結びつけるか、そうしたことに気をつけていれば、皆さんも私と同じような分析、取引ができるようになるはずです。

英語の情報に強くなろう！—松崎先生オススメの情報源—

ブログ

英ガーディアン紙のビジネスブログ

http://www.theguardian.com/uk/business

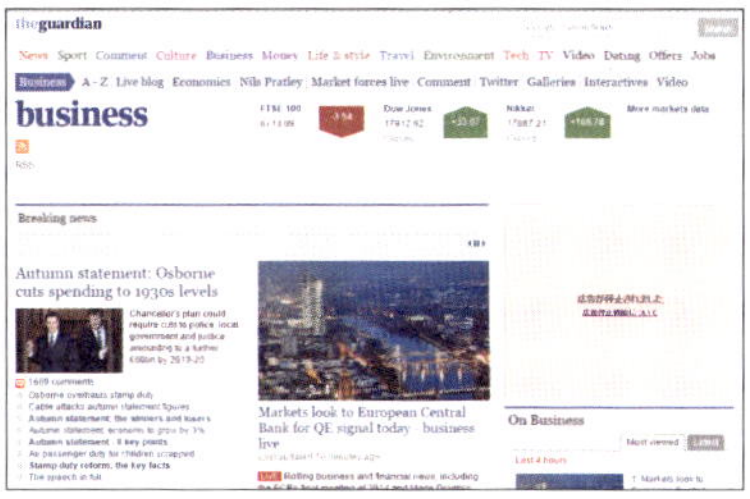

ガーディアン紙は英国の大手メディア。この新聞にはブログがいくつもありますが、そのうちのビジネスブログは、そのときどきの市場のテーマに合わせ、ロンドン市場が開いている時間に起きた主な出来事を書いてくれるため、とても役に立ちます。

新聞

The Wall Street Journal

http://online.wsj.com/home-page

日本のビジネスマンが日経新聞を読むように、欧米ではウォール・ストリート・ジャーナルが読まれています。同紙は日本語版もありますが、見てほしいのは英語版です。日本語とは違うニュアンスで報じられることもありますから、ぜひ、こちらを。

ブログ

Open Europe blog

http://openeuropeblog.blogspot.jp/

ロンドンに拠点を置く独立系シンクタンクのブログ。シンクタンクならではの濃密な調査内容は、銀行のレポートに書かれたファンダメンタルズ分析よりも参考になることがあります。

ニュース

eFXnews

http://www.efxnews.com/

ファンダメンタルズのニュースだけでなく、各銀行の顧客向け売買推奨レポートの内容や相場観などを短いコメントとともに載せているため、毎朝必ずチェックするようにしています。

どうしても英語が苦手、という人は…

ブラウザの翻訳機能を使ってみよう

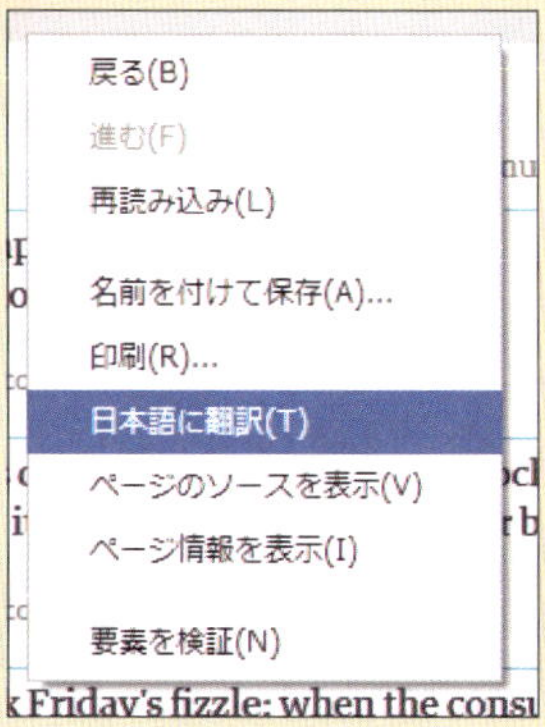

ネットでサイト検索をすると、リストの中に「このページを訳す」という表示が出たり、サイトを開いてから右クリックすると、「日本語に翻訳」する機能が表示されたりする。翻訳精度にやや難はあるが、参考にしてみるのもいいだろう。

6 限目

中央銀行の政策変更に大きなチャンスがある！

政策変更の確認後でも十分間に合う！

ファンダメンタルズ分析をＦＸに生かすために欠かせないのが、中央銀行の政策変更です。２０１４年にはアメリカとイギリスで「中央銀行が利上げするのも遠くないだろう」との見通しが高まり、それぞれの通貨が上昇しました。

アメリカでテーパリング（量的金融緩和の縮小）が始まったのは、13年12月のことです。ここから「15年中頃には利上げを行なうのでは」との見通しが出てきました。当時のユーロ／米ドルは１・37ドル前後、14年10月には１・25ドルまで下げましたから、利上げの可能性が高まったことを確認してから米ドルを買っても、十分に間に合いました。

イギリスでも同様です。金融政策の道筋である「フォワードガイダンス」を修正したのが14年2月。量的金融緩和から脱却し利上げへと転じる「出口戦略」への第一歩でした。これを見てポンドを買っていても、大きな利益が得られました。

もちろん米ドルにしても、ポンドにしても、素直に上昇するわけではありません。「思っていたより利上げ時期が遅れるのでは」「利上げといっても大きく上げないのでは」と短期的には細かく上下しますが、最終的に利上げが行なわれるのであれば通貨高の方向性は変わりません。

利上げが行なわれると通貨は下落することも

14年に実際に利上げを行なった国もありました。ニュージーランドです。

リーマンショック後の世界的な金利低下のなか、先んじて利上げへと転じたＮＺドルですが、実際に利上げが行なわれると今度は下落に転じました。「利上げ」という好材料がなくなってしまい、逆に割高感が目立ち、初めて中央銀行がＮＺドル売り介入を行なったためです。市場はいつも先読みしながら動きますから、実際に利上げを行なったときよりも、利上げの見通しが高まったときが買い時だということになります。

為替市場の動きは、短期にはともかく、中長期的には中央銀行が行なっている政策の通りに動いています。中央銀行が示す金融政策の方向性に着目しながら売買していれば、間違えるほうが難しいでしょう。

中央銀行が発表する声明文や議事録を読み解くのは英語や専門用語の壁があり難しいですが、噛み砕いたレポートを専門家がすぐに出してくれますから、そうしたものを参考にするのがよいでしょう。中央銀行の動向に注目していると、チャンスが見つかるはずです。

米ドル買いは、「利上げ濃厚」を確認してからでも間に合った！

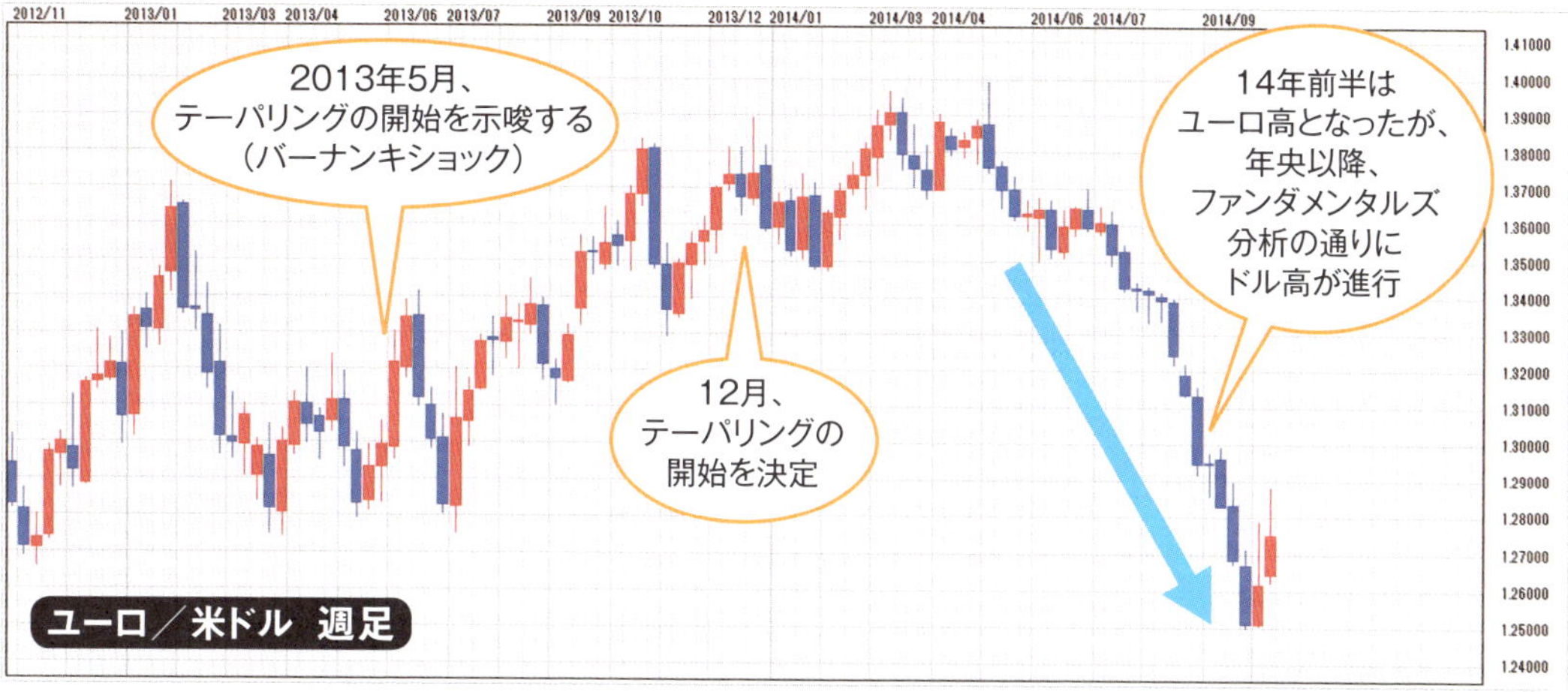

NZドルは利上げ期待で買われたが、実際の利上げでは横ばい

まとめ　中央銀行の会合の前は事前に見通しを確認

中央銀行の会合予定は発表されているし、政策変更があるのかはアナリストが事前に見通しを発表する。変更がありそうか必ず確認を。

補習授業

テーパリング

量的金融緩和の縮小。市中へ資金を供給し景気を刺激するために、市場から買い上げていた資産の購入額を徐々に減らしていくこと。テーパリングの終了は量的金融緩和の終了ともなり、通常の政策金利のコントロールによる金融政策への回帰となる。

フォワードガイダンス

将来的な金融政策の指針。アメリカは失業率が一定水準に下がるまでゼロ金利政策を維持するとのフォワードガイダンスを示したし、イギリスでも同じくフォワードガイダンスを示している。日本の場合はインフレ率 2％などがフォワードガイダンス。

6
限目

200週移動平均線を組み合わせて効率アップ！

せっかちな人には向かない ファンダメンタルズ

ファンダメンタルズは中長期的な為替の方向性を決めるものですが、実際に市場が動き出すまでには3カ月、半年と待たされることもあります。その間、我慢できる人はよいのですが、せっかちな人も多いですよね。

ファンダメンタルズ分析に従って取引しているだけでも精度は十分に高いのですが、テクニカル分析を加えることで、もっと効率のいい取引ができます。

2013年末から14年前半にかけ、ユーロ／米ドルもせっかちな人には我慢できない相場でした。量的金融緩和を縮小し利上げへ舵を切った米ドルと、追加緩和が濃厚だったユーロなので、方向は明らかにドル高ユーロ安です。

ところが、実際にはファンダメンタルズとは反対にドル安ユーロ高が進みました。ファンダメンタルズ分析の示す方向へと動き出したのは14年も半ばを過ぎた頃です。13年末にユーロ／米ドルを売っていたら、利益が乗ってくるまで半年以上待たされ、塩漬けになる時期もありました。

そんな事態を避けるために私は「200」に設定した移動平均線を週足のチャートに表示させています。「200週線」ということになり、約4年間の値動きがわかる非常に長い期間の移動平均線です。

ファンダメンタルズ分析と相性のいい「200週線」

ローソク足が200週線を上抜けたら強気（相場が上がると予想すること）、下抜けたら弱気（相場が下がると予想すること）とするのが基本的な見方ですが、ローソク足がこの線を超えるのは、大きなトレンドが出たときか、もち合い（あまり変動がない状態）相場のときだけです。ファンダメンタルズ分析が示す中長期的な動きについていくような取引のときにはとても役に立ちます。

ユーロ／米ドルで、ローソク足が200週線を割って売りシグナルを示したのは14年7月でした。そこからわずかな期間で0・01ドル以上も下げました。

200週線での取引チャンスは少ないですが、一度動き出したときには大きな動きとなることも頻繁です。ファンダメンタルズ分析と併用しやすいテクニカル分析なのです。

ただ、ときにはローソク足が200週線に絡まって上抜いたり下抜けたりを繰り返すことがあり、そのたびに売買していては大変。そのため「200週線を週足の終値が抜けてから取引する」「200週線から1円以内にあるときは取引しない」といったルールを加えてもよいと思います。

「200週線」の上か下かで判断する

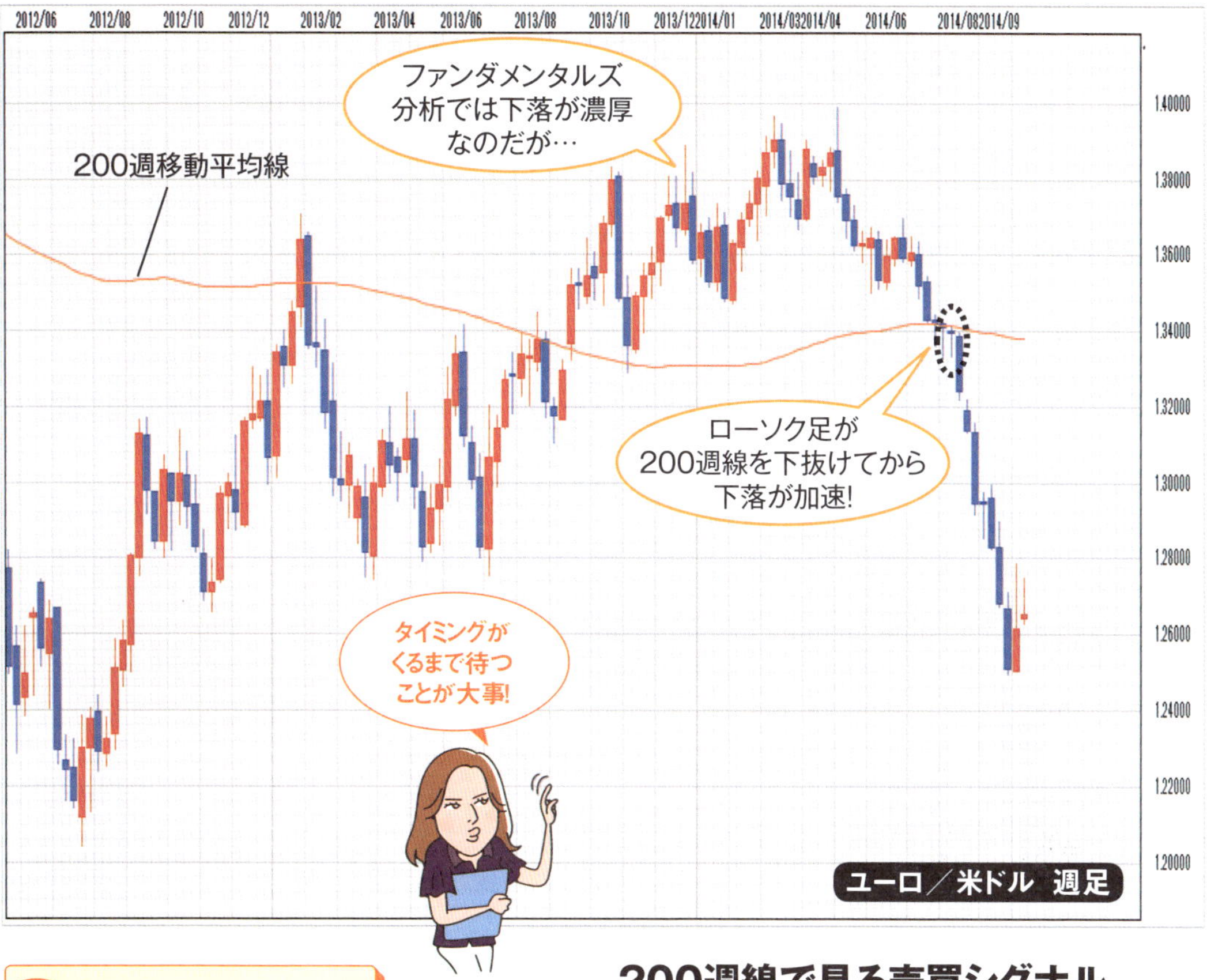

まとめ **勝者の公式はファンダ＋テクニカル**

個人投資家はテクニカル分析に偏りがちだけど、上手な人ほどファンダメンタルズもしっかり見ている。バランスよく分析を！

200週線で見る売買シグナル

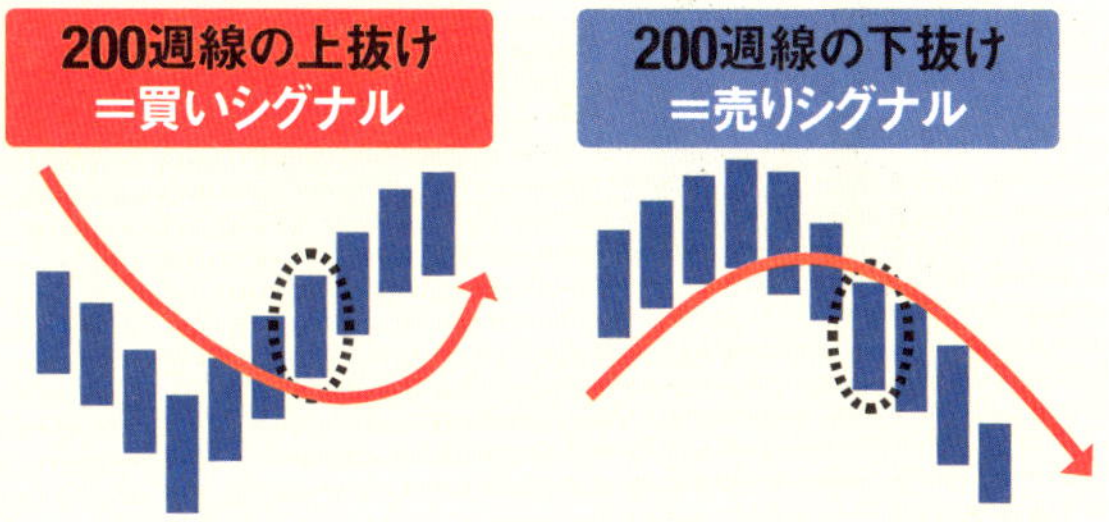

補習授業

塩漬け（しおづけ）

持っているポジションの含み損が拡大し、損失確定のための決済ができなくなってしまうこと。精神的に辛いだけならまだしも、その含み損をカバーするのに余裕資金が費やされるため、新たに取引しようにも資金が足りなくなってしまうことも。

終値が抜けてから

売買シグナルでは、「ローソク足が確定する＝終値が決まるのを待つ」考え方と、終値が確定していないヒゲの段階でも条件を満たせばシグナルとする２つの考え方がある。前者のほうが精度は高まり、後者のほうが有利なレートになりやすい。

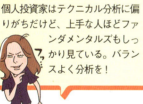

6限目

大手銀行の売買推奨やオプション情報をキャッチ

大手銀行のレポートで自分の分析を「答え合わせ」

「ゴールドマン・サックスは、米ドルに対するユーロの最近の下げは長期的な下降トレンドの始まりだと指摘。2017年末までにパリティー（等価）まで下げるとの見通しを示した」

そんなニュースが流れてくることがあります。ゴールドマン・サックスやモルガン・スタンレー、ドイツ銀行、バークレイズ銀行といった世界の大手銀行、証券会社が顧客向けに出している売買推奨、見通しです。こうした情報は本来、顧客以外は読めないことが多いのですが、漏れ伝わってきてニュースになることもあります。

これだけを頼りにポジションを取ることはないのですが、彼らの見通しはファンダメンタルズ分析に基づいていますから、自分なりに分析した結果の「答え合わせ」になります。

限られた時間のなかで、数ある情報のなかから見るべきものの「優先順位」を決めるのにも、こうしたレポートが役立つことがあります。大手銀行は為替市場への影響力も大きく、そうした巨大なプレイヤーが何に注目しているか、金利なのか、雇用の指標なのか、中央銀行要人の発言なのかをレポートから探り、見るべき情報の優先順位を決めるのです。

大きなオプションはチャートに「壁」を作る

銀行などから漏れ伝わる情報でもう1つ役立つのが「オプション」です。オプションにはさまざまな種類がありますが、「1ドルが108円のとき、110円に達すると儲かる」といったバリア・オプションと呼ばれるタイプのものがあります。このオプションの設定額が巨額だと110円は「壁」となって、上昇してきても110円手前で失速しやすく、また110円を抜けると勢いが加速しやすい特徴があります。

どこにどのくらいのオプションがあるか、ニュースやツイッターなどを見ているとわかることがあるので、注目してみましょう。

また、金融市場に影響力を及ぼす有名投資家もいます。例えばジム・オニール。「ＢＲＩＣｓ」という単語の生みの親としても有名なエコノミストです。あるいはジョージ・ソロス。イギリスや東南アジアの中央銀行に戦いを挑んで勝利したヘッジファンドの超大物です。「債券王」とも呼ばれるビル・グロスという人もいます。

こうした有名投資家がインタビューなどに答えて見方やポジションを明かすこともありますが、こうした情報も、相場への視点を形成したり、市場のテーマを探るのに役に立ちます。

オプションの情報は為替ニュースで！

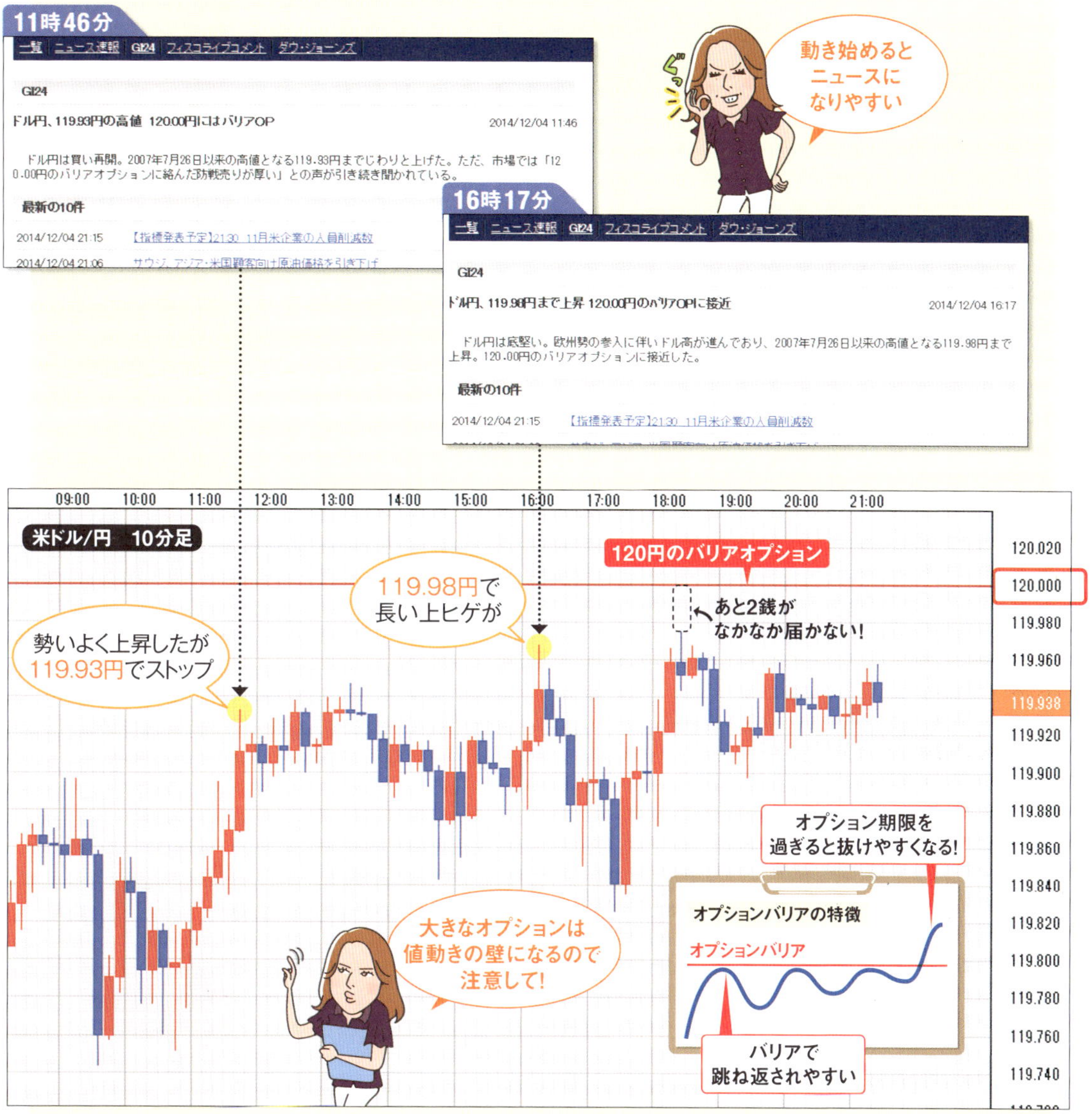

補習授業

オプション

ある一定の商品を一定の取引期間内に一定の価格で売買する権利。「コール・オプション（買う権利）」と「プット・オプション（売る権利）」がある。

ジム・オニール

ゴールドマン・サックス時代にブラジル、ロシア、インド、中国の頭文字をとった「BRICs」の略称を考案、世界に新興国を注目させるきっかけを作った。

ビル・グロス

債券市場で名を上げて「債券王」の異名をとるまでに。2014年9月、自ら創業した会社を退職してライバル会社へ移籍、市場の注目を集めた。

6限目

米ドル／スイスフランが注目される2つの理由

「有事のスイス」あるいは「安全資産」として

「米ドル／スイスフランに注意しろ！」。これは私が見習いトレーダーとして銀行で修業を始めたとき、徹底的に叩き込まれたことです。

朝、起きたときに真っ先に確認するのは、ポンドでも円でもなく今もスイスフランです。

この通貨には面白い特徴がいくつもあります。1つは「有事のスイス」あるいは「安全資産」としての特徴です。

為替市場ではリスクオン、リスクオフという単語がよく使われますが、世界の投資家がどのくらいのリスクを許容しているのか、スイスフランはその指標となるからです。

近いところでは2014年、クリミア半島をめぐってウクライナとロシアの間で緊張が高まったとき、スイスフランは買われました。

世界で有事が起こりリスクオフのムードが高まると、スイスフランが買われる傾向があります。これが「有事のスイス」です。

スイスフランは永世中立国スイスの通貨であり、どこかの国や地域で戦争や自然災害があってもスイスなら大丈夫だろうという安心感があるからです。「安全資産」として見られているわけですね。

そうした空気を感じるために、朝イチでスイスフランの値動きをチェックしています。特に理由がなくスイスフランが買われたときは、リスクオフの動きが始まっている可能性がありますから、用心しながら取引します。

ドル高・ドル安を忠実に写す米ドル／スイスフラン

スイスフランのもう1つ大きな特徴は、「ドルインデックス」の動きに米ドル／スイスフランの動きが非常に忠実だということです。

FXで取引するのは通貨と通貨のペアであり、「米ドル」という銘柄を取引することはありませんが、米ドル単体の力を示すのがドルインデックスです。対ユーロや対円、対ポンドといったいろいろな通貨ペアの値動きを総合して、「米ドル単体で上がっているか・下がっているか」を示す指標となります。

ドルインデックスのチャートを見れば、ドルが買われる地合い（相場の雰囲気）なのか、売られる地合いなのかがわかり、とても便利です。ドルインデックスはFRBのホームページにデータがありますが、米ドル／スイスフランを見ればドルインデックスの動きを大まかに把握できるわけです。

逆にいえば、米ドル高または米ドル安が相場のメイントレンドとなっているようなとき、米ドル／スイスフランはトレンドに素直に反応して動きますから、取引しやすい通貨ペアとなります。

アルゼンチンショックにもスイスフランはいち早く反応

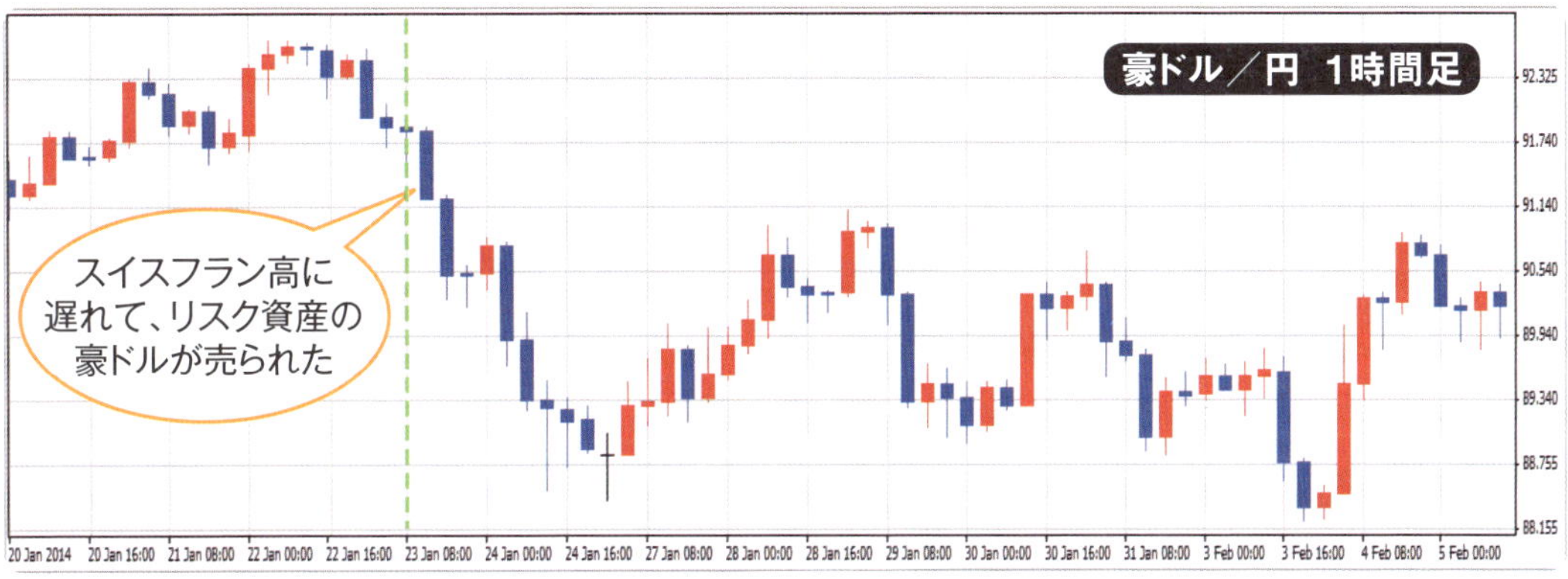

「米ドルの総合的な動き」に忠実なスイスフラン

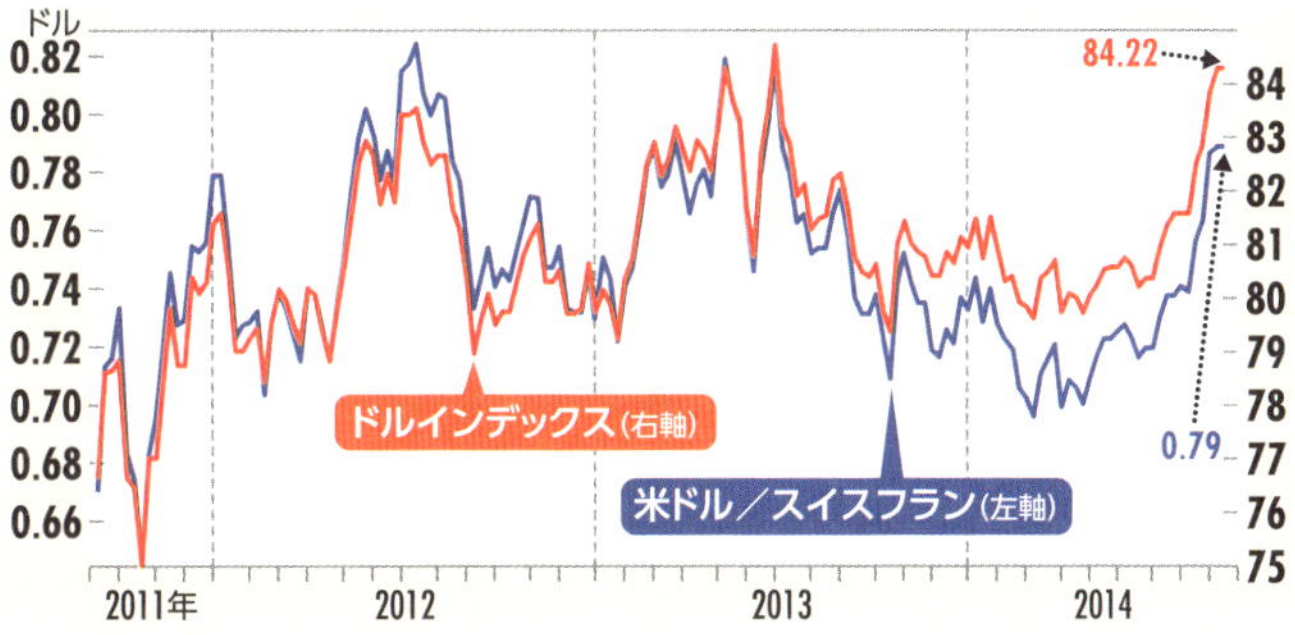

まとめ 外貨同士の通貨ペアにも注目してみる

円がらみの通貨ペアを取引しがちだけど、為替市場の主役はユーロ／米ドルやポンド／米ドルなど米ドルがらみの「ドルストレート」!

補習授業

安全資産(あんぜんしさん)

リスクを回避したいと考えた投資家に買われやすい資産。金やスイスフラン、米国債などが代表格とされる。一方、投資家が積極的にリスクをとるときに買われるのが株式や新興国通貨、高金利通貨などで「リスク資産」と呼ばれることも。

ドルインデックス

米ドルの総合的な値動きを示す指標。ユーロや円、ポンド、豪ドルなど他通貨に対する米ドルの動きをそれぞれの比重をつけ総合的に測る。FRB などが発表している。ドルインデックスが上がれば米ドル高、ドルインデックスが下がれば米ドル安。

6
限目

指標・イベントの直後は短期取引のチャンス！

予想通りの結果で起きる「セル・ザ・ファクト」

相場の格言に「うわさで買って事実で売る」というものがあります。市場はせっかちなので、「金利が上がるかもしれない」とうわさの段階で為替レートに織り込んでいこうとします。

為替レートが上昇し十分に織り込まれてから、中央銀行が利上げを発表しても、市場には何の驚きもありません。むしろ「予想どおりの発表しかない」と失望して起こるのが「セル・ザ・ファクト」、事実で売られる動きです。

予想以上の利上げ幅であったり、予想外の発表内容があれば、これとは反対に今後の期待から買い優勢となる「バイ・ザ・ファクト」が起こる場合もあります。

セル・ザ・ファクトの瞬間を狙って短期で取引する方法もありますし、もう1つの考え方として、「買いたいけど、今の水準は高すぎるな」というときにはセル・ザ・ファクトで急落した安値を拾っていくのもよいでしょう。

セル・ザ・ファクトでその瞬間は売られても、ファンダメンタルズが変わったわけではありませんから、いずれ再上昇する可能性が少なくありません。急落した場面は格好の押し目買い（上昇トレンドで少し下がった場合に買う手法）の機会となることもあります。

米雇用統計発表直後のトレードは博打並み

また、米雇用統計を筆頭に経済指標が発表された直後は為替レートが大きく乱高下し、短期取引のチャンスでもあります。

私も米雇用統計で取引することがあります。ただ、22時30分（夏時間21時30分）の発表直後10～15分は上がったり下がったりと乱高下を繰り返す不安定な動きとなりやすく、よほど反射神経に自信のある人でないと、丁半博打に近い世界です。発表直後の15分間、私は見ているだけです。本当に相場が動くようなときは、それからでも動きますし、乱高下することなく方向性もわかりやすいからです。

ただ、発表直後よりは値動き幅は小さくなりますから、欲張らずに200～300pips（米ドル／円なら20～30銭）を狙った取引にしています。大きく値動きする通貨ペアを狙いたいときは、ポンド／米ドルやポンド／円がいいかもしれません。ポンドの絡んだ通貨ペアは値動きが大きくなりやすい傾向があるからです。

こうしたやり方は米雇用統計に限らず、他の経済指標や中央銀行から大きな発表があったときも同様です。エコノミストやアナリストが大注目しているイベント、経済指標の直後は、あえて短期取引を狙ってみるのも面白いでしょう。

米雇用統計直後の短期取引は10~20分待つ

金利上昇でも通貨が売られる「セル・ザ・ファクト」

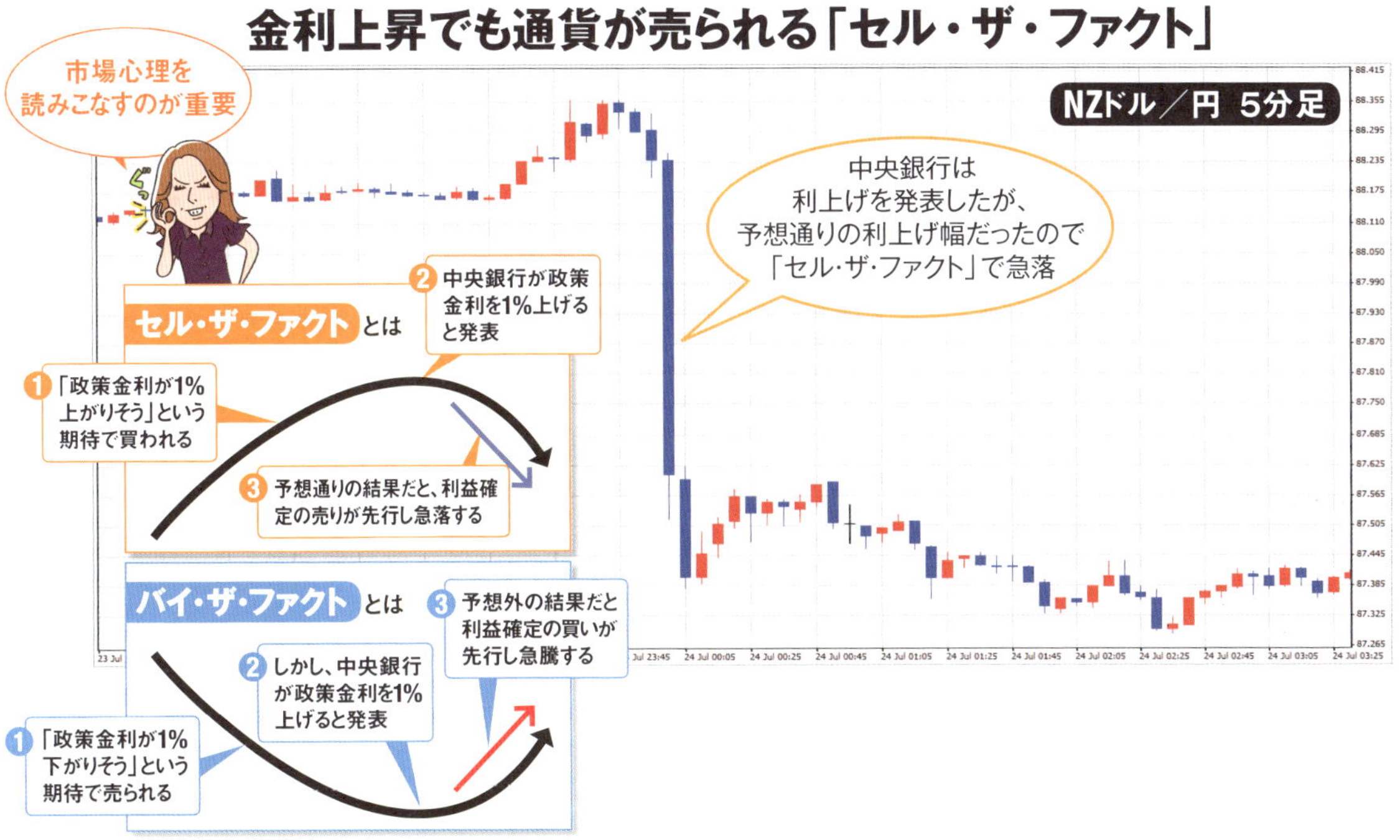

補習授業

織り込み済み

好材料が控えていれば先回りして買われ、悪材料が出そうなら先んじて売られと、市場では将来のイベントを先取りして取引がされる。このような、まだ起きていないイベントや材料なのに為替レートに十分反映されると「織り込み済み」といわれる。

pips(ぴっぷす)

FXにおける値動き、または注文時の指定レートの最小単位のこと。単数形はpip。FX会社によって異なるが、主流は米ドル／円などクロス円の場合は1pip＝0.001円(0.1銭)、その他通貨ペアの場合は1pip＝0.00001通貨(米ドルだと0.001セント)。

松崎先生からのアドバイス

中長期投資にはファンダメンタルズが必須

ダマシが避けられないテクニカル分析と違い、
ファンダメンタルズ分析は、
時間軸が長くなればなるほど
有効になります。
バランスよく情報を見て
市場の流れについていきましょう。

7限目

知られざる需給分析

市場の「答え」を教えてくれる情報

レートはなぜか逆指値に
引き寄せられる。短期取引で
欠かせない情報です

野村雅道 先生

FX湘南投資グループ代表、中京大学講師。東京銀行（現 三菱東京UFJ銀行）や外資系銀行でチーフディーラー、外国為替部長として活躍。東京大学野球部では江川卓と対戦、敬遠されたこともある強打者！

取引にめっちゃ役立つ「外為注文情報」

為替市場最強打者

Introduction

分析は「需給」だけ!?
為替の値動きを決める決定的な要因

相場は「需給」が決めるんです！

高級なリンゴと普通のリンゴ、どちらが高く売れるでしょうか？

高級なリンゴであっても、誰も欲しがらなければ値段はつきません。普通のリンゴでも欲しがる人が多ければ、値段は上がります。「高級か、普通か」ということが問題なのではなくて、それを「欲しがる人が多いか、少ないか」ということでリンゴの値段は上がったり、下がったりします。

需給、つまり需要と供給で価格が決まる、ということです。

これは外国為替市場でも同じです。為替市場で大切なのは、極端に言えば需給だけです。米ドルを買いたいと思う人が米ドルを売りたいと思う人よりも多ければ、米ドルの価値は高まります。円を売りたいと思う人が買いたい人より多ければ円の価値は下がります。

為替市場だからといって特別なことはなく、大きな流れを決めるのは、リンゴだろうが為替レートだろうが、需給なんです。

では、為替市場における大きな需給を示すのは何か？　答えは「貿易収支」です。貿易収支は輸出から輸入を差し引いたものです。日本は輸出大国でしたからオイルショックなどの時期を除くと、ずっと貿易黒字を抱えていました。

貿易収支よりずっと短期的な需給を知る

たとえば自動車産業ならば、アメリカで売ったクルマの代金は米ドルで受け取りますから、日本で働く社員の給料を円で支払うためには、米ドルを円に交換する取引＝米ドル／円の売りが発生します。貿易黒字であれば円高になるということです。日本が貿易黒字の間、大きな流れは円高でした。

日本が貿易赤字国に転換したのは２０１１年のこと。輸出産業の不振や原発の停止によるＬＮＧ（液化天然ガス）の輸入増などで日本の貿易構造は大きく変わり、同時に為替市場では1ドル75円35銭をつけて円高のピークを迎えました。このように、為替市場の大きな流れは貿易収支という需給が決めていることがわかります。

ところが、貿易収支だけで見ていると、貿易黒字なのに1ドル１２０円から１６０円へと円安が進んだりと、非常に大きなブレがあります。ＦＸで40円幅の含み損にはとても耐えられません。

貿易収支で大きな流れは見通せるとしても、実際に取引するに当たっては、相場の動きを細かく見ていく必要があります。そのためにチャートを見たりファンダメンタルズを分析したりするわけです。

とはいえ、為替市場では需給が非常に大切です。貿易収支よりもずっと短期的な為替市場の需給を見られる方法がありますから、ここではその見方、活用方法を紹介していきましょう。

外国為替市場の長期トレンドは貿易収支が決める!

輸出額ー輸入額=貿易収支

輸出企業が儲かると…

=外国へモノを売る→米ドルで代金を受け取る
→米ドルを円に替えたい→米ドルを円に交換する
→円買い米ドル売り取引=円高要因

輸入企業が儲かると…

=外国からモノを買う→米ドルで代金を払う
→手元に円しかない→円を米ドルに交換する
→円売り米ドル買い取引=円安要因

●貿易黒字(輸出>輸入)なら円高へ
●貿易赤字(輸出<輸入)なら円安へ

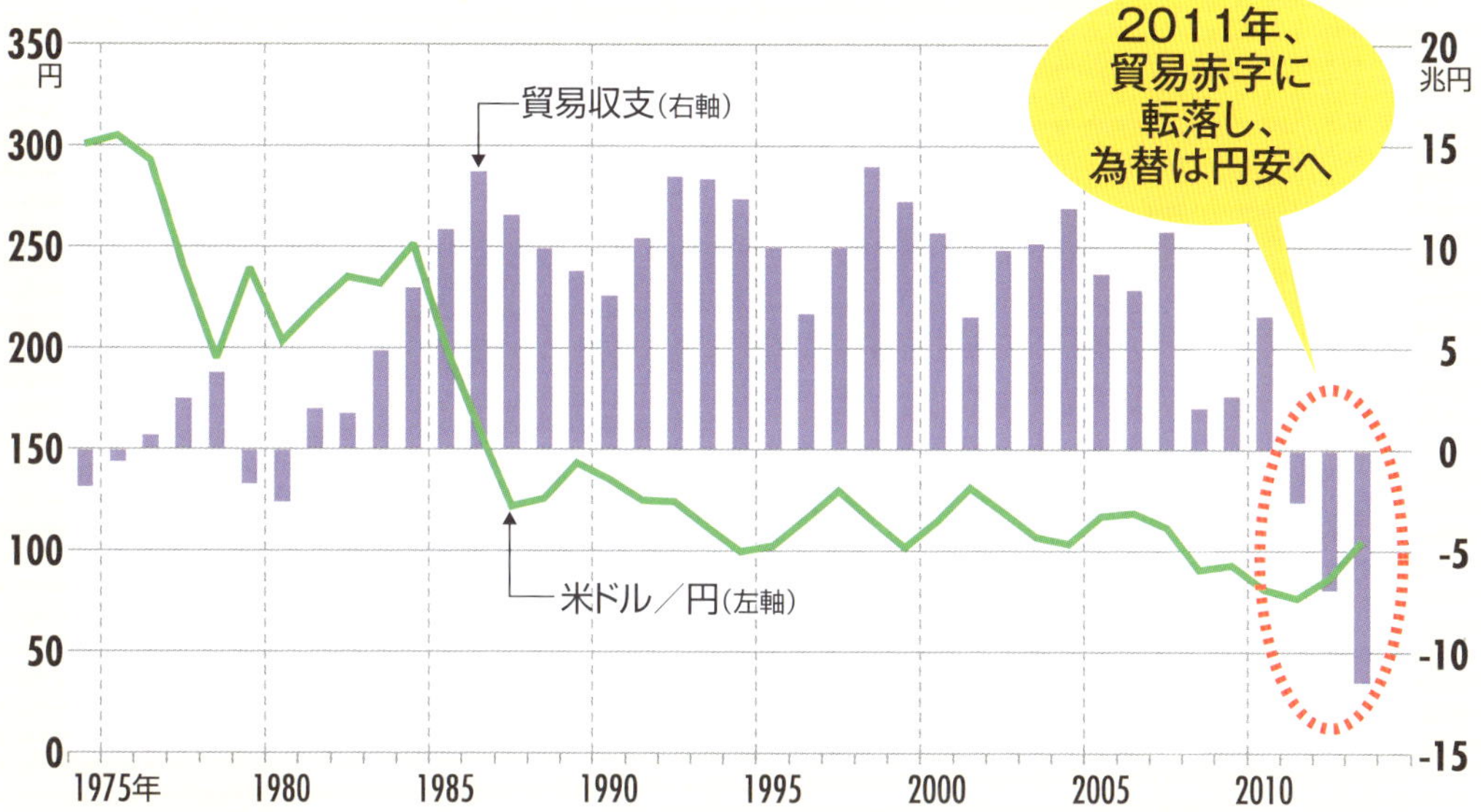

まとめ　為替の動きは需給が決める

売り手と買い手のどちらが多いか、需要と供給が価格を決めるのは為替レートでも同じ。大きな為替の需給は貿易収支が参考になる。

補習授業

貿易収支(ぼうえきしゅうし)

日本から海外へと輸出されたモノの金額と、海外から日本に入ってきたモノの金額を差し引きしたのが貿易収支。貿易赤字で日本から海外へとたくさんのモノが入ってくると、その反対側ではモノの対価であるお金がたくさん流れていくことになる。

75円35銭

東日本大震災が起きた2011年の10月末、変動相場制移行後としては円の最高値となる1ドル75円35銭をつけた。1973年に変動相場制へ移行して以来、約40年間続いた円高トレンドが、75円35銭をピークに終止符を打ったとする見方も多い。

7限目

外国為替市場の需要と供給 どんな人が取引しているのか

ヘッジファンドと実需 重要なのはどっち？

為替市場は、さまざまな思惑を持った人たちの需要と供給であふれています。貿易で外貨が必要なため「実需」を目的とした輸入企業や輸出企業のほかに、FX会社を通じた個人投資家、海外資産に投資する投資信託、ときには市場介入の形で中央銀行までも取引に参加します。

なかでも近年、存在感を高めているのが「投機筋」と呼ばれるヘッジファンドです。ヘッジファンドといってもさまざまなタイプのものがありますが、市場に大きな影響力を与えると考えている人も多いのではないのでしょうか。

確かに統計などを見ると、世界全体の為替取引に占めるヘッジファンドなど投機筋の割合は非常に高いようです。輸出入企業など貿易取引の占める割合は10%ほどしかありません。

「だから輸出入企業の実需なんて関係ないんだ、ヘッジファンドの動きだけを見ていればいい」と考えると大きな間違いをすることになります。

投機筋の取引は皆さんもそうであるように、買った後には決済のために売りますし、売った後には買い戻して決済します。必ず反対売買が付いてくるわけです。100億円の買い注文を入れて市場が5銭上昇しても、後には同じだけの売り注文を入れて5銭下げれば、為替レートは結局元の水準のままです。

実需や年金の取引は「買い切り」「売り切り」

それに対し、輸出企業はどうでしょうか。海外で受け取った外貨を円に替えるための米ドル／円の売り取引には決済を伴いません。「売り切り」です。同じように、電力会社が原油を購入するために行なう米ドル／円の買い取引も反対売買しない「買い切り」です。

あるいは生命保険会社や年金の運用機関なども非常に長い期間の運用となることが多いため「買い切り」に近いと言えるでしょう。

こうした売り切りや買い切りの注文は、一見すると金額的には投機筋より小さく見えても、長期的な値動きへの影響力はとても大きくなります。

実需の動きは為替の専門ニュースを見ていると報道されることがありますし、また国境をまたいだ大規模なM&A（企業買収）があるときは大きな買い切り・売り切りの取引が発生しますから、買収する側がいつ外貨を調達するかが注目されることもあります。為替市場ではこうしたさまざまな参加者の需要と供給があり、値が動いています。次は為替の需給を知る方法を考えてみましょう。

外国為替市場に参加する人たち

ヘッジファンド

マクロ系ファンド

各国の金融政策や景気動向などで判断する「グローバルマクロ」戦略で運用する

モデル系ファンド

高度なテクニカル分析や市場間の価格差を狙ったアービトラージ（裁定取引）的な手法で運用する

政府系ファンド（SWF）

SWF（ソブリン・ウェルス・ファンド）。中東系や中国系のソブリンファンドは投機的な取引で市場を撹乱させることもある

実需

ここが大事！

リアルマネー系

年金基金や投資信託、生保会社など長期的なお金を扱う運用主体。世界最大の機関投資家として話題になった、日本のGPIF（年金積立金管理運用独立行政法人）など

輸入企業・輸出企業

貿易決済などのために外貨を買ったり自国通貨を買ったりする企業。また、国境をまたいだ巨額のM&Aが行なわれたときは短期間に大口の為替取引が発生することも

オプション、先物、デリバティブ取引

オプション取引や通貨先物、デリバティブなど為替市場の派生商品が為替レートを動かすきっかけになることも

個人投資家

FXの普及で存在感を高めているのが個人投資家。特に日本のFXは近年急速に取引高を増やし、クローズアップされる機会が増えている

ヘッジファンドだけでなく、実需の動きもしっかり確認しよう！

こんなにいろいろな人たちが参加してるのか

補習授業

実需（じつじゅ）

輸出企業としては自動車メーカーや家電メーカー、輸入企業としては石油会社や電力会社などが代表的。海外での原材料購入や、輸出品の代金受け取りといった為替取引が発生する。決済の締め日が多い末尾が5や0の「ゴトウ日」に取引が発生しやすい。

年金の運用機関とは？

代表的なものが、厚生年金や国民年金の積立金を運用するGPIF（年金積立金管理運用独立行政法人）。100兆円を超える運用資産があり、「世界最大の機関投資家」と呼ばれることもしばしば。2014年にはその運用比率の変更が市場の焦点となった。

7限目

個人投資家の唯一の弱点を補う「外為注文情報」

銀行のディーラーは顧客の注文が見える

私は長年、銀行で為替ディーラーとして働いていました。戦前には日本の外国為替取引の大半を扱っていた横浜正金銀行の流れをくむ東京銀行（現三菱東京ＵＦＪ銀行）です。私が入行してからも、最高で20％ほどのシェアを持っていました。

当時は銀行へ入ってくる注文がホワイトボードに書かれていました。「どの輸入業者からどのくらいの買い注文が入っているのか、どの生命保険会社からいくらの売り注文が入っているのか」と。ですから、それを見ていると、その日の需給の様子がおおよそわかるわけです。私はもっぱらそれを見ながら、取引していました。

今はさすがにホワイトボードは使わないでしょうが、取引しているディーラーは自分の銀行に入ってくる注文が見えているはずです。それを見ていると、市場の動きが手に取るようにわかります。

個人投資家であれプロのディーラーであれ、見られるチャートやファンダメンタルズの情報にさほど違いはありませんが、唯一大きく異なるとしたら、こうした需給が見えているかどうか、です。

個人投資家でも見られる需給情報がないわけではありません。代表格が「ＩＭＭポジション」です。シカゴの先物市場に上場されている通貨先物の買いや売りのポジションが週に一度、発表されます。

「ＩＭＭで投機筋のユーロ売りが10万枚まで積み上がっているから、そろそろユーロ安は反転するんじゃないか」などと解説されることもありますが、私の経験からすると残念ながらあまり意味がありません。いくらで買った・売ったという情報までは発表されませんし、ＩＭＭポジションは火曜日の数字が同じ週の金曜日に発表されるので、情報として遅いのです。

市場参加者の心理が手に取るようにわかる

では、個人投資家の取引に役立つ需給がないのかというと、1つとても有力なものがあります。外為どっとコムが発表している「外為注文情報」です。

外為どっとコムを利用している人が、どの通貨ペアのいくらのレートに注文を入れているかを教えてくれる情報です。これを見ると、市場参加者の心理が手に取るように見えてきます。

私にとってはテストでカンニングするようなもので、ズルいのではないかと罪悪感すら覚えてしまう、とても貴重な情報です。

この見方を覚えておくと、取引がとてもしやすくなるはずですから、ここから詳しく解説していきましょう。

外国為替市場の需給を知る方法は?

銀行の注文状況

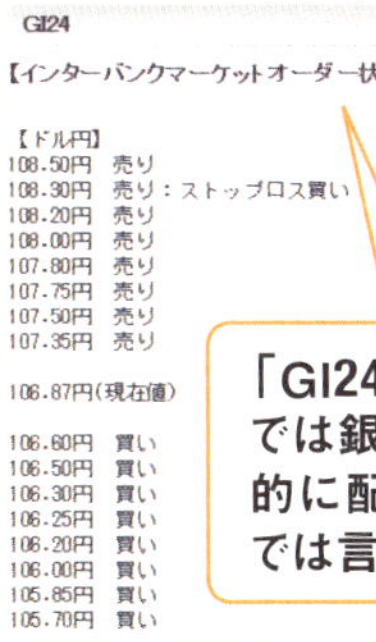
GI24

【インターバンクマーケットオーダー状況】

【ドル円】
108.50円 売り
108.30円 売り：ストップロス買い
108.20円 売り
108.00円 売り
107.80円 売り
107.75円 売り
107.50円 売り
107.35円 売り

106.87円(現在値)

106.60円 買い
106.50円 買い
106.30円 買い
106.25円 買い
106.20円 買い
106.00円 買い
105.85円 買い
105.70円 買い

「GI24」などの為替専門ニュースでは銀行の注文状況を日々定期的に配信してくれるが、注文量までは言及されていない

シカゴ通貨先物市場の取引状況

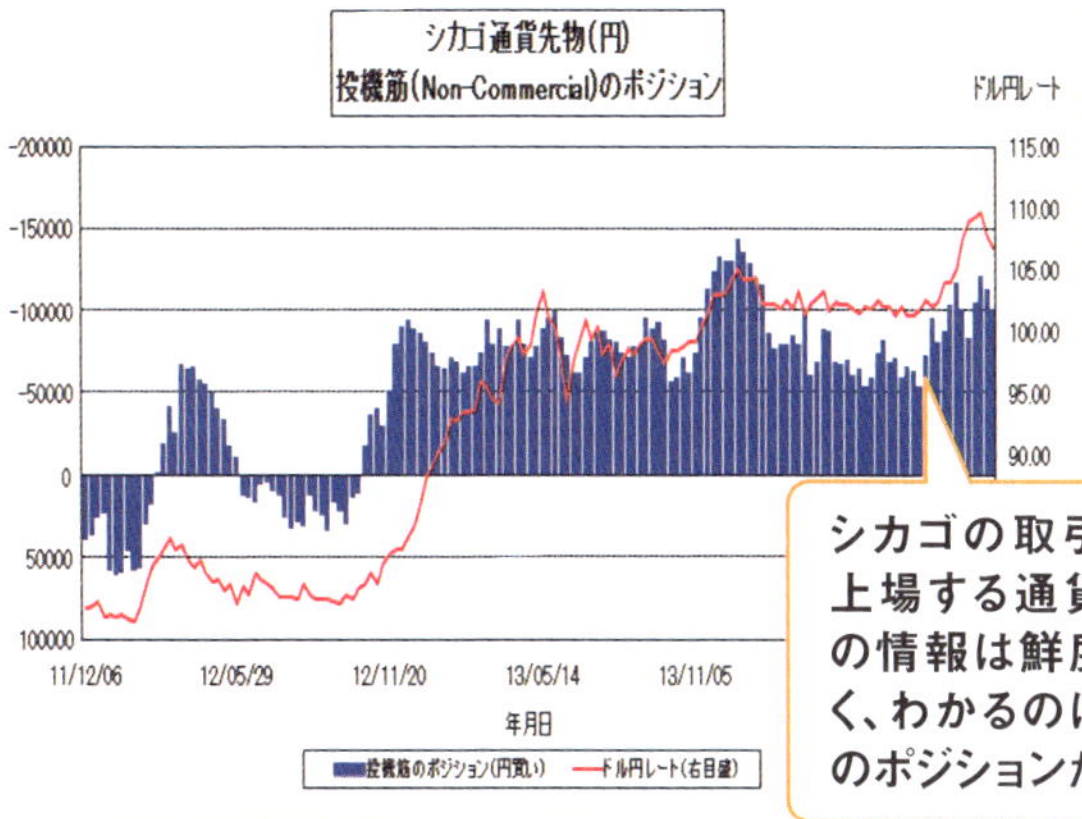

シカゴの取引所に上場する通貨先物の情報は鮮度が低く、わかるのは既存のポジションだけ

個人投資家の注文状況

外為どっとコムの「外為注文情報」は個人投資家の注文状況が10分間隔で細かくわかる

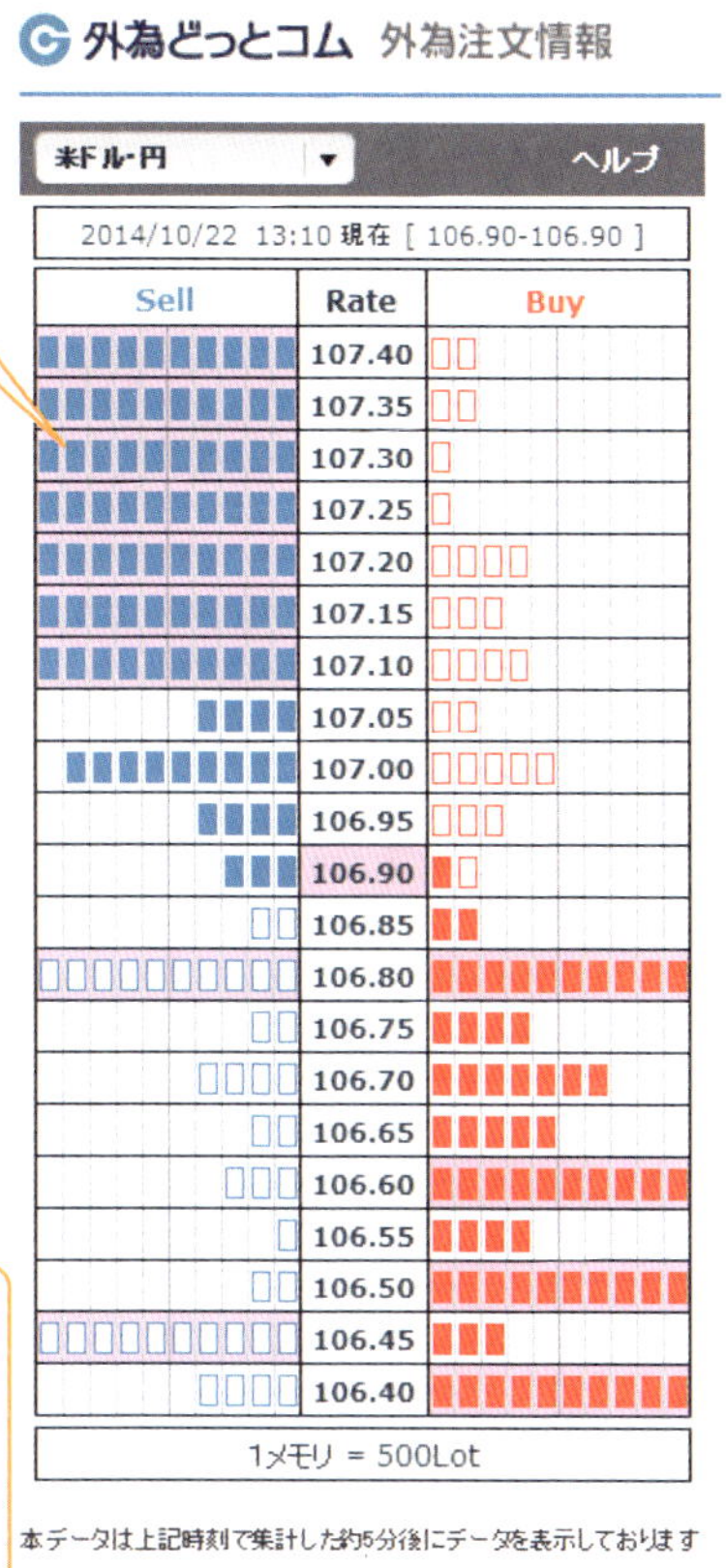

まとめ

短期的な需給を示す貴重な情報

IMMやニュースでも外国為替市場の需給を垣間見られるが、リアルタイムに近い間隔で詳細な情報をゲットできるのが「外為注文情報」。

補習授業

通貨先物(つうかさきもの)

取引所で行なわれる、通貨を対象とした金融先物取引のこと。シカゴ・マーカンタイル取引所(CME)の通貨先物が有名で、取引量は世界最大規模とされている。日経平均株価の先物・オプション取引も扱っていて、日本国内の投資家の注目度も高い。

外為注文情報(がいためちゅうもんじょうほう)

外為どっとコムの情報サイト「外為情報ナビ」のツールのメニューから閲覧できる。ただし閲覧には同社のFX口座を開設する必要がある。外為情報ナビはレポートや動画、ニュースなど情報が非常に豊富なので、利用できると便利だ。

7限目

需給が丸見え ストップ注文に注目せよ!

わずかなサンプルでも全体の傾向がわかる

選挙では、どのテレビ局も出口調査を行ない、結果を予想します。しかし投票所の出口で調査を受けた経験がある人は少ないのではないでしょうか。それでも出口調査に基づく予想は、ときに間違いもありますが、おおむね正確です。

「外為注文情報」も同じです。これで見られるのは外為どっとコムの利用者の注文情報だけですから、市場全体から見ればわずかでしょう。しかし、人間の心理は皆同じです。「日本人は長期での取引が多い」「アメリカ人はトレンドに素直に従う」という特徴はあっても、「外為注文情報」は市場に参加する人全体の傾向を教えてくれます。「下手なチャート分析をするくらいなら、外為注文情報を見ていたほうが利益を得られるのでは」と思うくらい、この情報は有効です。

外為注文情報では通貨ペアごとに売り注文と買い注文の量や水準がわかります。指値とストップ(逆指値)の別もわかりますから、指値であれば新規か利益確定、ストップであれば損切りの注文がほとんどでしょう。

ですから、これを素直に見て買いの指値注文が多く集まっているところまで上がれば、指値が約定して新規の買いが大量に発生。そのまま上がる可能性が高いと考えられます。売りの指値が集まっているところも同様で、さらに下がる可能性が高そうだとなります。

外為注文情報は米ドル/円に効く!

相場は需給で動きますから、いくら専門家やテクニカル分析が買いのシグナルを示そうが、実際に買い注文が入らなければ相場は上がりません。専門家が「米ドル/円は買いだ」と言うときには、実際の需給はどうか、買い手は多いだろうかと確認できるわけです。

ただ、「外為注文情報」では指値注文よりも、ストップ注文のほうがより注目されます。指値注文に比べるとロット数は少ないですが、「相場は損切りで大きく動く」という傾向がありますし、為替レートは不思議と損切りの注文が多く置かれた水準へと引き寄せられます。

なお、外為注文情報が特に有効なのは取引量の多い米ドル/円です。長期保有目的の人が多い南アフリカランド/円で見てもあまり役に立たないでしょう。また、豪ドル/円やNZドル/円では、ときにストップ注文が一定水準に積み上がることがあり、そんなときは注目です。その水準に引き寄せられることが多いからです。

次は、なぜ引き寄せられるのか、ストップ注文の性質についても考えてみましょう。

「外為注文情報」の基本的な見方

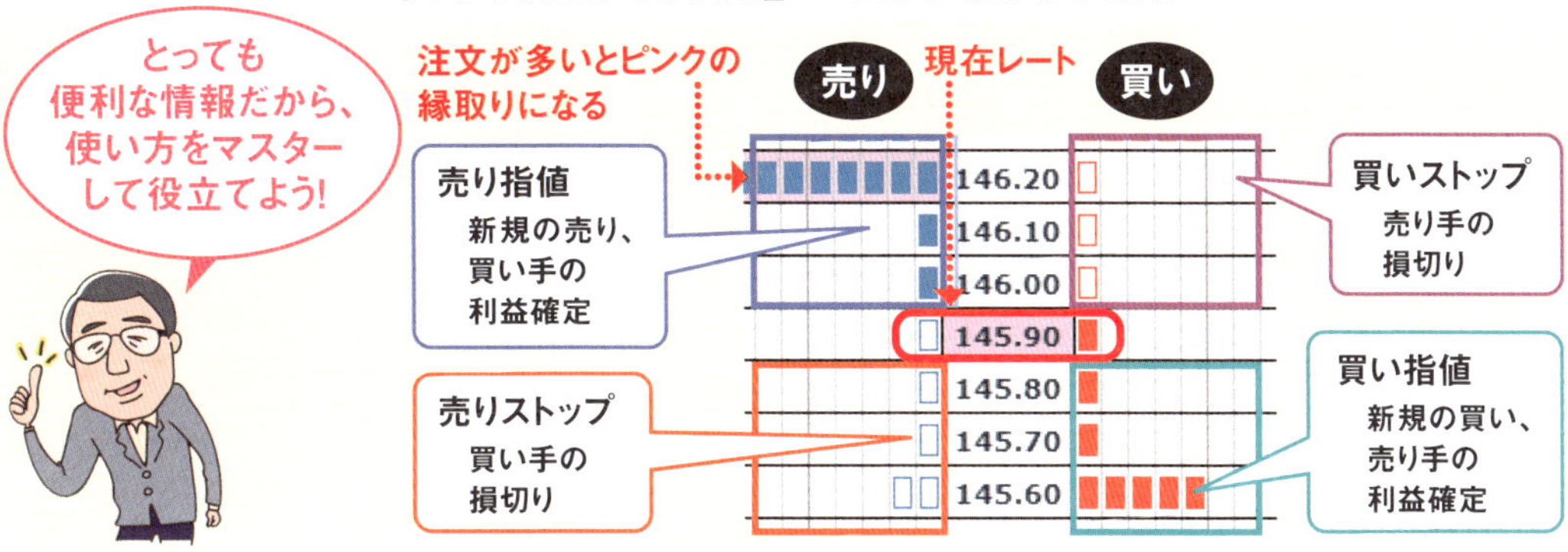

「外為注文情報」で節目がわかる!

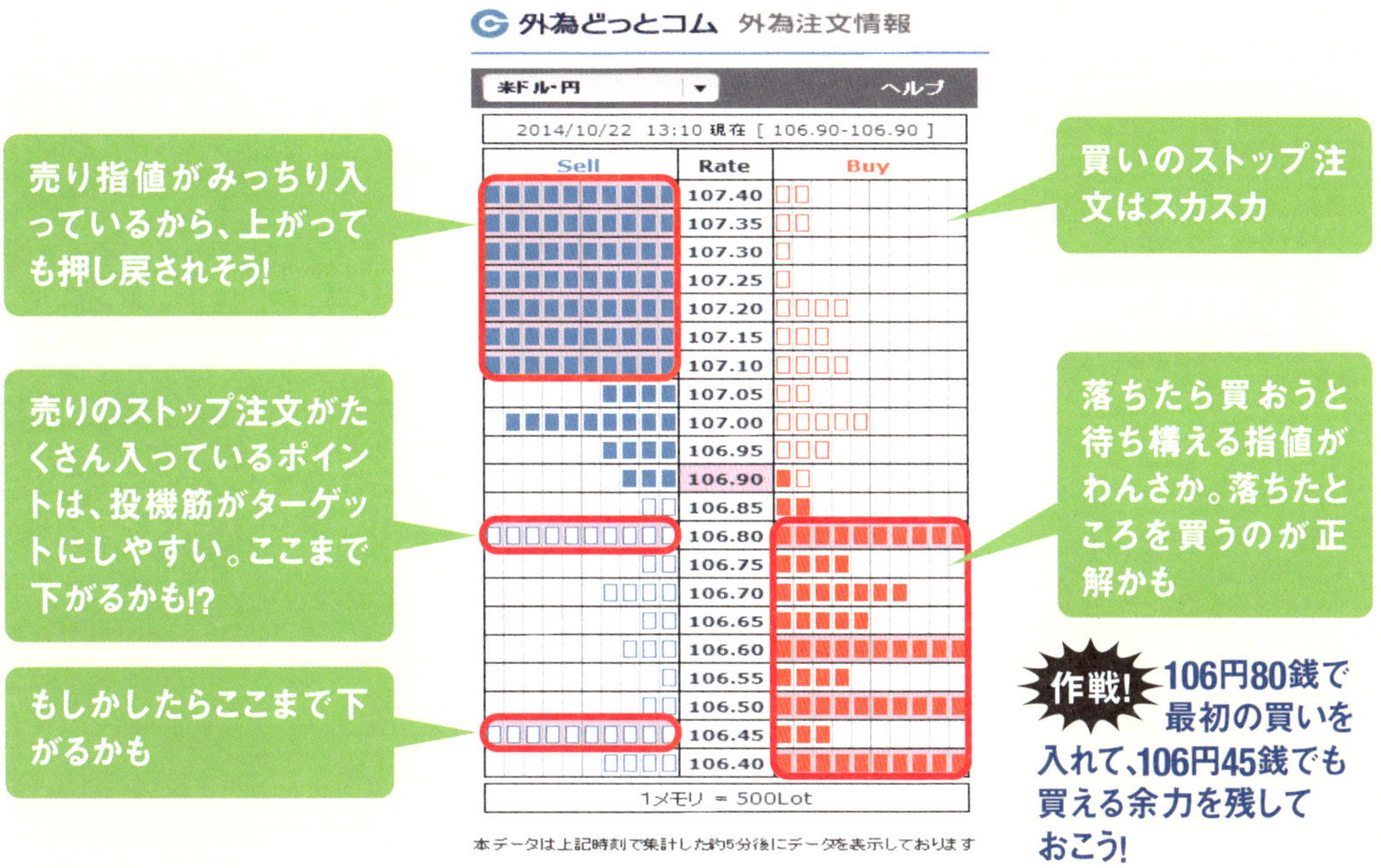

補習授業

11通貨ペア

「外為注文情報」で見られるのは、米ドル／円、ユーロ／円、ユーロ／米ドル、豪ドル／円、ポンド／円、NZ ドル／円、ポンド／米ドル、南アランド／円、豪ドル／米ドルなど全部で 11 通貨ペア。1 つの四角が示す Lot 数は通貨ペアで異なる。

損切りの注文がほとんど

「この高値を抜けたら上昇に弾みがつきそうだ」と分析したときには、買いのストップ注文を入れ、新規の取引を始めることもできる。ただ、そんなときでも値動きの勢いを見ながら成行で入ることも多く、ストップ注文≒損切りと考えるのがよい。

7
限目

相場は損切りに引き寄せられる確実なチャンスをモノにしよう

上昇しているときの市場心理を考えてみよう

「外為注文情報」で特に注意してほしいのが、損切りの注文が多く入っているときです。新規の買いは分散して買われることも多いのですが、損切りは「105円ちょうど」や直近の安値など、皆同じような位置に置きがちです。特定のレートにストップ注文が積み上がっているときは、注目してください。

上昇している相場の心理を考えてみましょう。売りのストップ注文が多く入っていれば、買いたい人はもう買い切っている可能性が高いということになります。

その次に何が起こるかというと、買いポジションを解消する動きです。買った人たちはどこかで利益確定しなければいけません。買い手の利益確定売りが始まると下がっていき、それを見て焦った人も利益確定して、やがて売りのストップ注文が多く入っている水準に達します。売りが売りを呼んで、ストップ注文に吸い寄せられるように下がっていくことが多いのです。

また吸い寄せられるだけでなく、「相場は損切りが一番大きく動く」と言われるくらいで、ストップ注文が多く置かれた水準に達すると、さらに別の投資家の損切りを呼んで急落することも多々あります。

「外為注文情報」を見るときは、まず「損切りの注文が多く集まる水準はないか」と見ることをオススメします。105円50銭に売りのストップ注文が多く集まっていれば、そこまでは下がるだろうと予想して、そのストップ注文が約定し消化されたときにあらためて外為注文情報を見て、次の動きを予想する、といった使い方です。

「外為注文情報」とテクニカルを併用も

もちろん、そこでテクニカル分析やファンダメンタルズ分析を加えることで、精度はさらに高まるでしょう。

ボリンジャーバンドを使っていて、「上限まできたから逆バリで売り」とやっているとあまり勝てませんが、外為注文情報と同時に見て「上限まで来たし、下にはストップ注文がたまっているから売り」と考えたりすると勝率は高まるのではないでしょうか。

大学時代、私は野球をやっていました。弱小チームでしたが、どんな試合でも2～3回は勝てるチャンスがあります。私たちのチームはそのチャンスをつかめなかったから負け続けましたが、FXも同じです。たいてい1日に数回は、わかりやすいチャンスが訪れるものです。

そんなチャンスを逃さずにとらえられれば、FXで利益を積み重ねていけるでしょう。

為替レートは損切りに吸い寄せられる

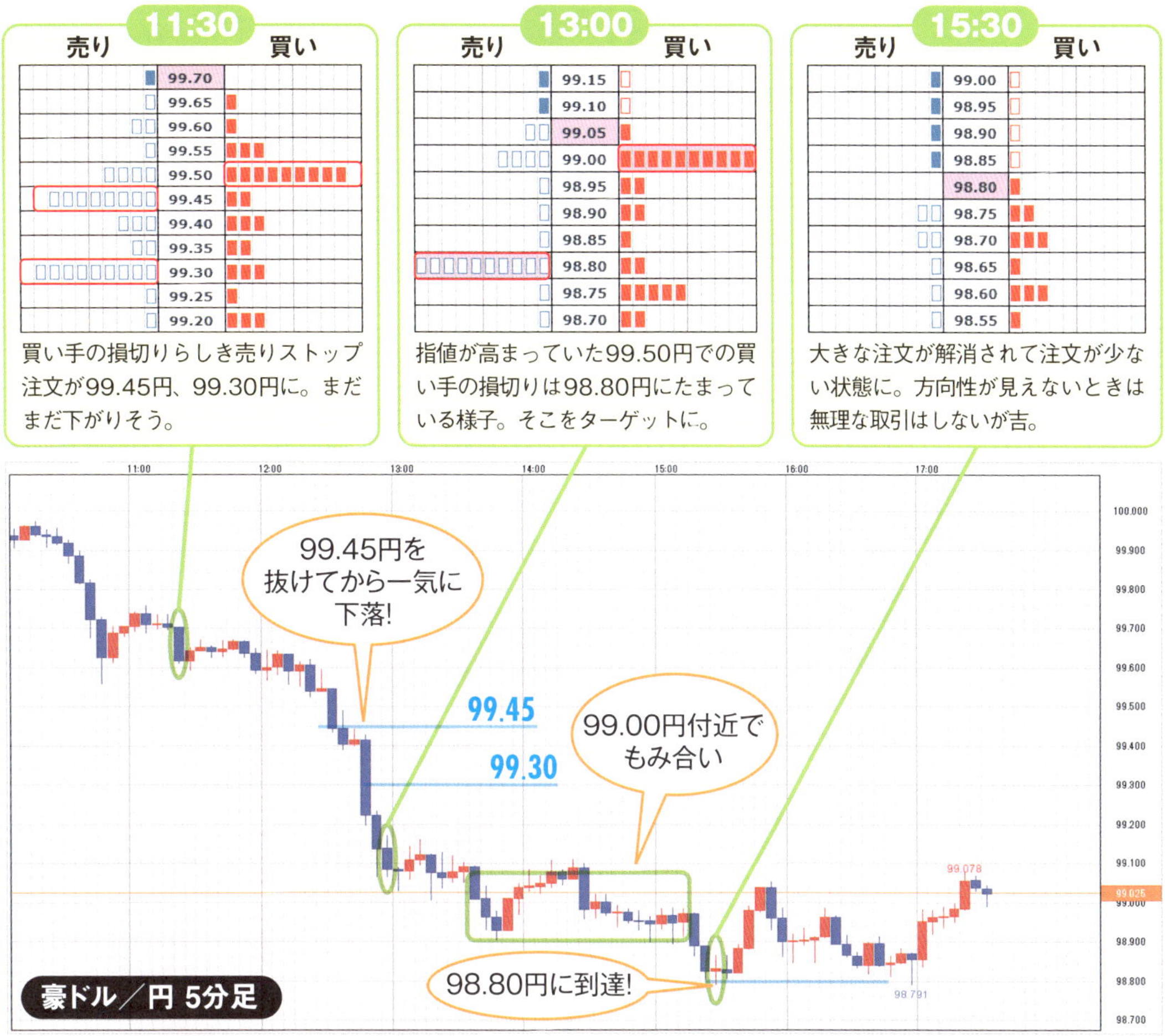

まとめ

「外為注文情報」を上手に活用する

市場の短期的な需給を見られる超貴重な情報が「外為注文情報」。特にストップ注文の積み上がった水準があるときは取引のチャンスとなる。

補習授業

急落することも

リーマンショックやギリシャショックのような急落時は損切りのストップ注文が一斉に発動して、「売りが売りを呼ぶ」ような動きになりやすい。最近はコンピュータによる超高速取引がこうした短時間での急落・急騰に拍車をかけることも。

ボリンジャーバンド

統計的に90%くらいの確率でこの値幅内に収まるだろうというラインを移動平均線の上と下に引いたものが、ボリンジャーバンド。上限のラインは値動きの限界とも考えられるがラインを上抜けて上昇を続けることもあり、使いこなすには工夫が必要。

野村先生からのアドバイス

注文情報は誰にも教えたくない勝利への地図

かつてはプロしか見られなかった
需給の情報は強力な武器となります。
大量の注文が入ったポイントを知れば、
短期的な値動きを予測するのは
容易になります。
ぜひ活用しましょう。

8限目

FXリスク管理入門

レバレッジを制す者、FXを制す!

レバレッジは
メリットとリスクが裏腹。
上手な操り方、教えます

神田卓也 先生

外為どっとコム総合研究所 調査部長。短資会社でインターバンク市場の為替・資金・デリバティブなどを担当し、2009年より現職。深い国際金融への造詣に裏打ちされた外為どっとコム総研のレポートは大好評!

レバレッジ使いこなすために絶対知るべき知識

ミスターFX

Introduction

FXは広く浅く「負けはつきもの」と覚悟して

相場をカンペキに見通すのは不可能！

最初からこんなことを言うのもおかしいかもしれませんが、FXとは、「損が出て当たり前」の取引です。

為替市場を動かす要因はあまりにも多すぎて、とてもすべてを把握することはできません。そんな為替市場で取引するのですから、「勝率100％」なんていうことはまず不可能です。

そんななかで少しでも勝率を上げるためには「広く浅く」情報を見ていくことが大切です。

「中東事情には精通している」「財政問題についてなら任せておけ」といった専門知識は、さほど重要ではありません。「金融政策の分析は大得意だけど、テクニカルはからっきし弱い」という人は、あまりFXには向いていないのではと感じます。

1つのことをじっくり掘り下げて考えてしまう人は失敗しやすいですし、最もダメなのは「自分の考えに固執してしまう人」。

「経済指標がこれだけ悪化しているのだから売られるはずだ、絶対に！」と思い込んで、為替レートが反対に動いているのにポジションを変えずに持ち続けてしまうような人は失敗してしまいます。

その考え方が論理的に正しかったとしても、為替市場は別の要因で動いているかもしれません。「自分のポジションは正しいんだ！」と思い込んでいる人は損切りができずに、損失がずるずると拡大していきます。

FXは「負けて当然」上手な負け方を身につける

誤解のある言い方かもしれませんが、何かわからないことがあっても、すべてを理解しないと次に進めないわけではありませんから、違うテーマに目を向けるくらいのスタンスの人のほうが勝ちやすいのだろうと思います。

FXビギナーでしたら、最初は「景気・金利・物価・貿易収支」の4つの視点を持って、通貨ペアのどちらが強いのかを意識しながら、広く浅く、見ていくのがよいでしょう。

私たちのような為替のプロであっても、すべてを100％理解して、為替市場の未来を完璧に予想できるわけではありません。勝率100％はまず不可能ですから、損切り、つまり「いかに上手に損をするか」のテクニックが欠かせません。負けることを前提に取引数量や損切りをどう管理していくか、「リスク管理」の考え方が必須です。

損切りがなぜ大切なのか、どうやって損切りすると効率よく利益を増やすことができるのか、メリットとデメリットが裏表の関係にあるレバレッジはどう使えばいいのか、そんなリスク管理の基本をこれから一緒に学んでいきましょう。

FXに向いているのはどっちのタイプ?

中国の景気が
悪くなってきてるのか~。
ってことはアメリカ経済にも
影響が出てくるかも。
他の国も調べてみよっと!
フフーン
中国の知識を
集中して伸ばすぞ!
一つのことに強ければ、
後はどうにでもなる。
どんどん掘り下げるぞ!
CHINA
CHINA
中国

好奇心旺盛型

さまざまな事柄に広く、浅く興味を持ち、学んでいくタイプ。つねに多方面から情報を得ることが習慣で、少しぐらい理解できないことがあっても、気にせず前に進んでいける。

1点集中型

1つのことについて狭く、深く情報を得たり、学ぶタイプ。得意分野は喜んで伸ばすが、他の分野には疎いままなので、想定外のことが起きたときに応用がきかず失敗しやすい。

為替市場を動かす要因は非常に幅広い。為替レートを動かす要因をすべて理解するのはプロでも不可能だから、「広く浅く」情報を見ている左の女性が正解!

補習授業

勝率(しょうりつ)

総取引数に対する利益になった取引の割合。為替レートが上がるか下がるかだから単純に考えれば勝率50%。ただ、FXにはスプレッドなどの取引コスト分が存在する上、心の迷いから損切りの遅れも発生して、適当では勝率50%を達成するのは難しい。

リスク

FXを取引するにあたって、さまざまなリスクがある。思惑と反対に値動きするリスク、スワップポイントが急減するリスク、パソコンが壊れたり、システム障害が起きて取引できなくなるリスク、FX会社が倒産するリスクなどなど。

8限目

レバレッジの裏側に潜むロスカットの恐怖！

大きな利益を狙える反面大損することも

　FXを始めた理由として多いのが、「20倍近くのレバレッジがかけられること」。外貨預金のようにレバレッジをかけなければ、1ドル100円のときに20万円の資金で買えるのは2000ドルです。米ドル／円が1円上昇すれば、利益は2000円となります。

　ところが、FXで20倍のレバレッジをかければ20万円の資金でも400万円分の取引ができます。4万ドルです。4万ドルを買って1円上昇すれば、利益は4万円。レバレッジをかけて大きな取引をすれば、同じ利幅でも大きな利益を期待できるのです。

　これをひっくり返すと、そのままFXの最大のリスクとなります。先ほどの例で言えば、買った後に1円下がってしまったとき、2000ドルの買いなら損失は2000円で済みますが、レバレッジ20倍で4万ドルを買っていたら4万円の損失。1円の下落で資金20万円の20％を失ってしまうのです。2円下がれば損失は8万円、5円下がれば損失は20万円となり、資金がすべてなくなる計算です。さらに、6円下がったときには損失が24万円となってしまいます。不足分はどうなるのでしょうか？

　FXでは資金をすべて失ったり、あるいは、それ以上の損失が発生することを未然に防ぐ目的で、含み損が一定レベル以上に拡大した場合にすべてのポジションを自動的に損切りしてくれる「ロスカット」という仕組みがあります。

ロスカットされる前に自分で損切りすること

　ロスカットされる水準は、「有効比率」で決まります。有効比率とは「ポジションを維持するのに必要な保証金」と、「含み損益を加味した実質の口座残高（有効評価額）」との比率です。

　ロスカットの条件はFX会社にもよりますが、ここでは有効比率が100％を割りこんだときにロスカットされるケースで考えてみましょう（左図参照）。

　資金20万円、1万ドルあたりの保証金が4万円だとして、1万ドルを買ったとします。このときの有効比率は「20万円÷4万円×100」で500％です。ところが、米ドル／円が1円下がるごとに含み損は1万円ずつ増え、含み損が12万円になると有効比率は200％となり、ロスカットを警告するアラートメールが送信されます。さらに含み損が拡大して有効比率が100％を割ると、ロスカットが執行されます。

　資産を守るための仕組みとはいえ、ロスカットはできる限り避けたいことの1つ。ロスカットされる前に自ら損切りしましょう。

含み損が拡大したときに発動する「ロスカット」の仕組み

口座残高＋含み損益

1ロットあたり必要保証金額×保有ロット数

有効比率(%)＝有効評価額÷必要保証金額×100

有効比率が100%を割るとロスカット
(外為どっとコムの場合。FX会社により基準は異なる)

1ドル100円のとき、資金20万円で10ロット(1万ドル)買った場合

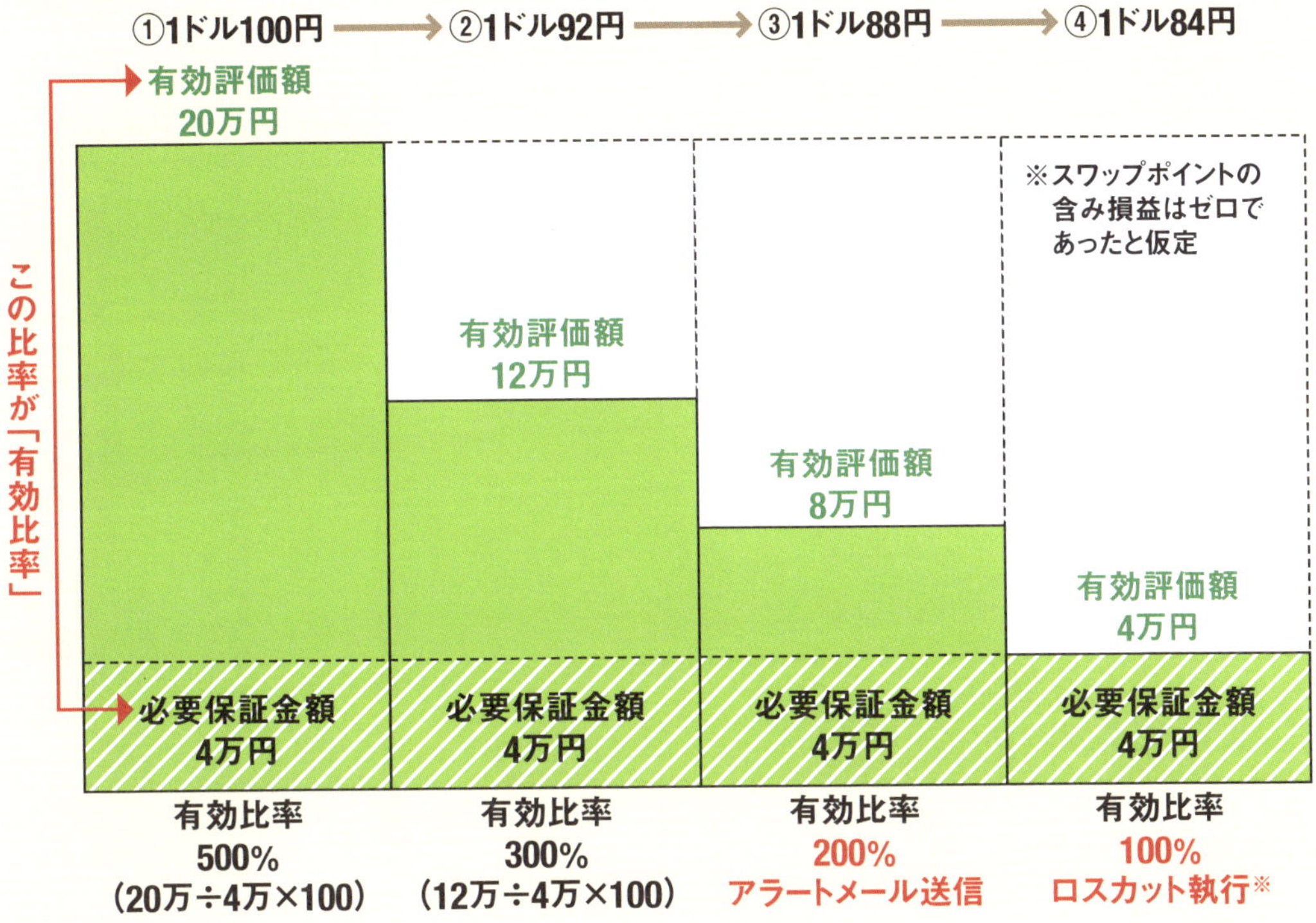

※厳密には有効比率が100%を割り込んだ(上の例では1ドル84円を下回った)時点でロスカットが執行される。

補習授業

最大25倍

日本のFX会社で個人が取引する場合のレバレッジの上限は25倍。一方、株式会社などの法人名義で作るFX口座はレバレッジ規制の対象外であるため25倍以上のレバレッジで取引ができる。外為どっとコムの法人口座では最大200倍。

ロスカット

強制決済、自動ロスカットなど会社によって呼び方は違うが、いずれも同じ。顧客が預けた資金以上の損失を負わないよう、一定の水準で自動的に損切りしてくれる仕組みだ。ただし、ごく短時間に相場が急変動した場合などは、資金以上の損失となる可能性もある。

8 限目

レバ10倍を上限にゆったりトレードで始めよう

みんなの平均的なレバレッジは10倍だが…

外為どっとコム総研がFXを取引中の人に、「現在の『実効レバレッジ』で最も近いものを選択してください」と聞いたアンケート結果を見ると、最も多いのは10倍で25・9%でした。10倍のレバレッジで元手20万円なら200万円分、1ドル100円なら2万ドルが買えます。それなりに資金効率が高く、リスクもコントロールしやすい水準なのだろうと思います。だからこそ、最も多いのがこの水準なのでしょう。

ただ、10倍のレバレッジということは、為替レートが1%動くと、使っている保証金に対して10%もの変動になります。初心者の方はもう少し低く抑えましょう。

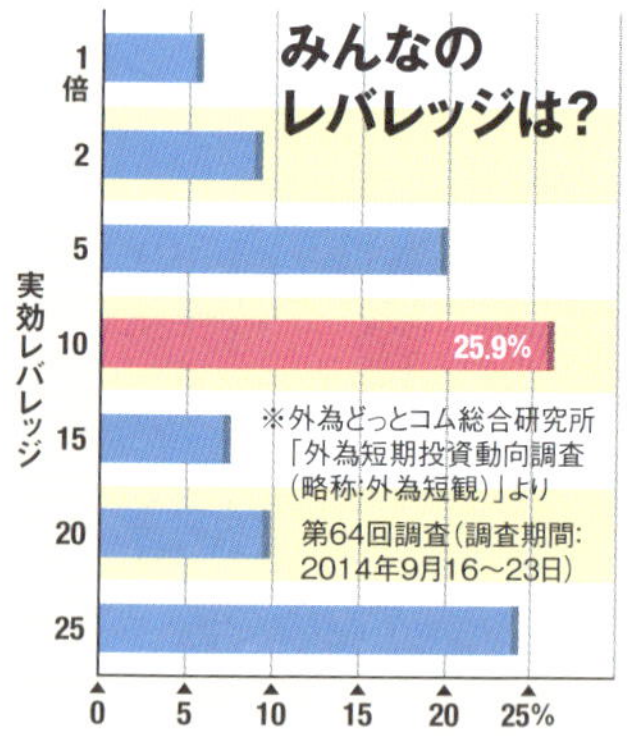

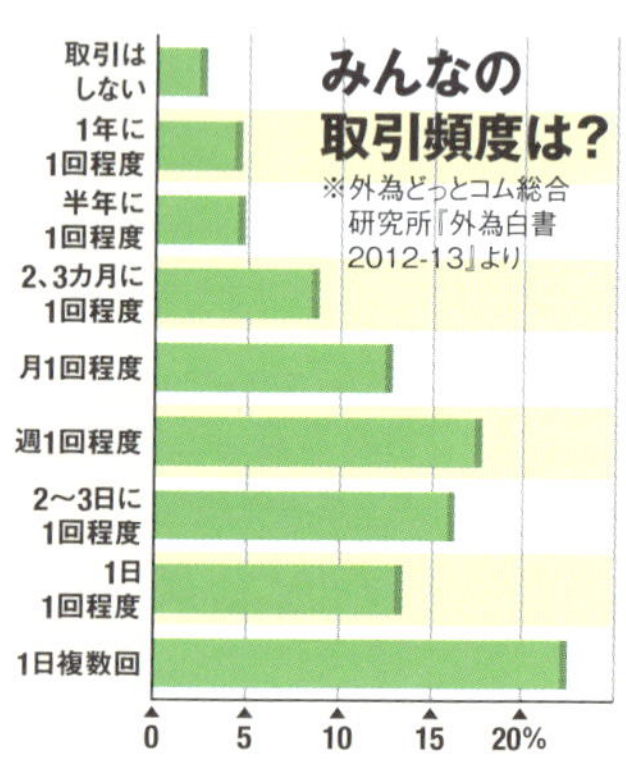

一方、上限となる25倍に近いレバレッジをかけて取引している人もこのアンケートでは4人に1人ほどいました。25倍近いレバレッジをかけるとわずかな値動きでも損益の変動幅は大きくなります。反対に動くとすぐロスカットされてしまい、長くポジションを保有するのは難しいので、小さな値幅を取りにいくデイトレーダー向きです。

最適なレバレッジは「取引スタイルありき」

FXには決済するまでの期間や狙っていく利幅によって、いくつかの取引スタイルがあります。

1日のうちに決済するようなデイトレード、あるいは秒単位で決済する「スキャルピング」のような短期取引では、高めのレバレッジをかける人が多くなります。利益確定であれ損切りであれ、幅を小さくし、取引ロット数を増やすことで利益を確保していくためです。

スワップポイントを狙う長期保有や、決済まで数週間、数カ月を見込むような中長期の取引であれば、その間の相場変動も大きくなりますから、取引ロット数は少なく（＝レバレッジを低くして）、その代わりに大きな利幅を狙います。

保有期間や取引スタイルによっても、ふさわしいレバレッジは変わってきますから、まずは自分のスタイルを決めておきましょう。

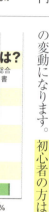

4つの取引スタイル

高レバレッジ

数秒～数分
スキャルピング
数秒から数分で完結する超短期取引。ファンダメンタルズに関係なく値動きの勢いだけを重視する。数銭程度の利幅でもレバレッジを高めて取引ロット数を増やし、大きな利益を狙う。

数時間～数日
デイトレード
数十分から1日程度で完結する短期取引。経済指標やイベントなどで値動きが強まったときが狙いやすい。高めのレバレッジで数十銭などの利幅を狙っていく。

初心者はここから!

短期　長期

数日～数週間
スウィングトレード
ファンダメンタルズを意識しながら数日から数週間程度で完結する中期取引。レバレッジはやや低めに抑えながら、数十銭から1～2円の大きな利幅を狙う。

数カ月～数年
ポジショントレード
数カ月から長いときには1年を超えるような長期取引。為替差益に加えてスワップポイントによる収益を狙う人も多い。その間、数円幅の含み損も想定されるのでレバレッジは低めに。

低レバレッジ

まとめ 取引スタイルに合わせ最適なレバレッジを

小さな利幅を狙い早めに損切りするならいいが、ポジションを長く保有する前提で損切り幅を大きめに取るならレバレッジを抑えて。

補習授業

実効レバレッジ(じっこうればれっじ)
口座に預けた資金に含み損益を加味した金額に対し、何倍の取引をしているのかを指す。実質の運用レバレッジ。口座残高20万円、1ドル100円、1万ドルあたりの必要保証金額4万円のときに1万ドルのポジションを持っていれば実効レバレッジは5倍。

長く保有するのは難しい
前ページで見たようにレバレッジを高めるほど、ロスカット水準は近づいてくる。レバレッジ25倍だと少し不利な方向に動いただけでロスカットされてしまうため、長期間保有しようとしても途中でロスカットされる可能性が非常に高い。

8
限目

みんなが失敗する最大の理由 損切りのルールを決めよう

耐えられる損失額から損切りのポイントを決める

実際にトレードをするうえで、最も大切になるのは損切りです。本書に登場する他の先生たちも口をそろえて言っていますが、リスク管理から考えても損切りは非常に大切です。

レバレッジを高めれば、それだけ損益額も大きくなりますし、FXでは勝率100%ということはまずありません。負け取引も前提となりますから、どうなったときに損切りするのか、イメージを持っておく必要があります。

損切りの考え方にはさまざまなものがあります。「買値よりも50銭下がったら損切り」「売値よりも80銭上がったら損切り」と値幅で決めていく考え方もありますが、初心者の方にオススメしたいのは、自分が耐えられる損失額から損切りのポイントを決める考え方です。

1万ドルを買ったとき、「耐えられるのは2万円までだ」と思ったのなら、含み損が2万円に達するのは買値よりも2円下がったところですから、そこに損切りのストップ注文を置いておきます。

2限目の授業で「3点のレートを意識する癖を」と石川先生が言っていましたが、初心者であれば特にその通りだと思います。新規注文が約定したら、すぐにOCO注文を発注し、損切りのポイントを決めておくことは、リスク管理の観点からしても、とてもいい方法でしょう。

損切りのやり方はいろいろ 慣れたらテクニカルも活用

ただ、FXに慣れてきたら、テクニカル分析を使って損切りラインを決めるのもいいと思います。買いで入ったら、「ローソク足が移動平均線を割ったら損切り」か、「サポートライン（下値支持線）を割ったら損切り」といったような形です。

先に述べたような「損失額が2万円に達するレートで」といった機械的な決め方だと、損切り注文が約定した直後に反転してしまうこともあります。テクニカル分析が相場反転のシグナルを発したときに損切りすれば、そうした悔しい思いをすることは減るはずです。

その代わり、移動平均線などを頼りに損切りする場合には、いつ損切りのシグナルが出るかわからず、事前にストップ注文を入れることができません。席を離れるときは、ひとまずテクニカル分析は置いておき、ストップ注文かOCO注文を入れるようにしましょう。

どんな方法でポイントを決めるにせよ、FXで損切りは必ず必要です。いつ、どうなったときに損切りするのか、自分なりのルールを必ず決めてから取引を始めてください。

いつ・いくらで損切りするか、考え方はいろいろ

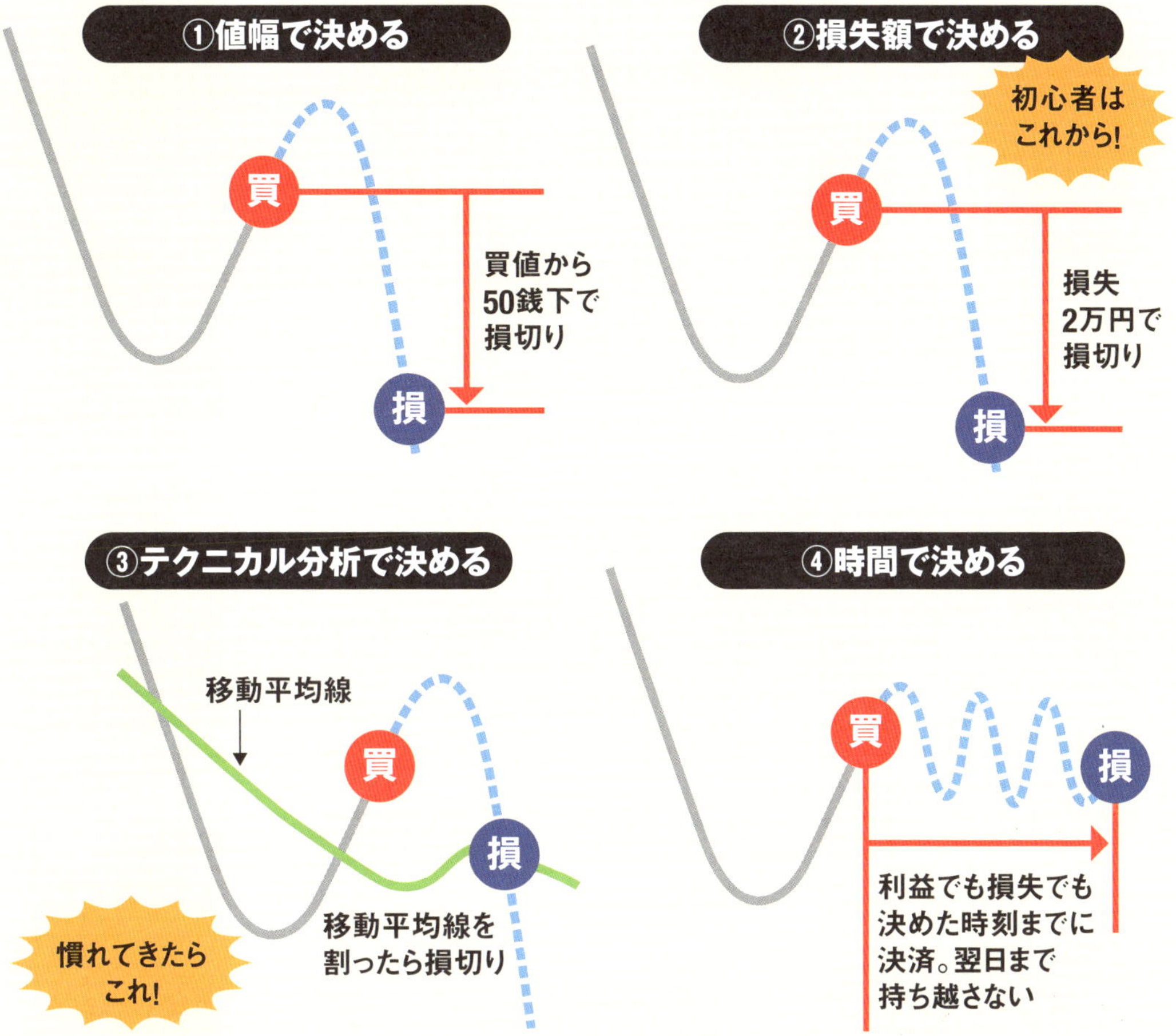
①値幅で決める
買
買値から
50銭下で
損切り
損
②損失額で決める
初心者は
これから!
買
損失
2万円で
損切り
損
③テクニカル分析で決める
移動平均線
買
損
慣れてきたら
これ!
移動平均線を
割ったら損切り
④時間で決める
買
損
利益でも損失でも
決めた時刻までに
決済。翌日まで
持ち越さない

まとめ

最初は損失額で損切りを決める

最初は損失額から損切りのポイントを決める。損切りの習慣になれてきたらチャート分析やテクニカル分析も参考にして決める。

補習授業

ストップ注文（すとっぷちゅうもん）

「逆指値注文」や「ストップロス注文」と呼ばれることもあるが、いずれも同じ。「今よりも高い価格を指定して買い・今よりも安い価格を指定して売り」と発注する、損切りのときに大活躍する注文方法だ。たまに新規発注で使うケースもある。

席を離れるときは

ポジションを持っているときはいつも損切り注文が入っているようにするのが原則。ずっとパソコンの前に座って成行注文で損切りを入れられるのならいいが、離席して為替レートから目を離すときは、損切り注文を入れてから席を立つこと。

8
限目

負けに不思議の負けなし 負けたときこそ原因を分析！

1勝9敗でも利益を出せる人 9勝1敗でも損失となる人

「損小利大」という言葉を聞いたことがあるでしょうか。「損は小さく、利益は大きく」、FXで理想の1つとされるスタイルです。

ところが、実際には多くの初心者が正反対の「損大利小」になりがちです。「損切りは遅く、利益確定は迅速に」と言い換えてもいいでしょう。利益が伸ばせる場面なのに決済をしてしまったり、損切りすべきなのにズルズルと先延ばしにしてしまったりすることが多いからです。

FXでは勝率100％はまず不可能ですが、50％の勝率なら個人投資家でも十分達成できると思います。50％の勝率でも、損小利大ならトータルでは利益を出すことができますし、プロのトレーダーでは「1勝9敗でも利益を出せる」と豪語する人もいます。損切りは早めに、利益は極限まで伸ばせば、可能です。しかし、損大利小だと「勝率は5割なのに資金が減っていく」ということになりますし、先ほどとは逆に「9勝1敗なのに資金が減っていく」ということにもなりかねません。

一度資金を大きく減らしてしまうと、もとの資金に戻すだけでも時間がかかりますから、**負けているときのリスク管理をどれだけ徹底できるかで、FXの成績は大きく変わります**。

「予想が外れることを想定するなんて縁起でもない」という人もいますが、見通しが外れたとき、負けたときのマニュアルを作っておくことは大切です。

失敗取引に学びがある！ 損切りなどの改善を

損切りのルールは当然ですし、自分の取引を振り返るのもいいでしょう。勝ちトレードの振り返りは「どうでもいい」と言うと言いすぎかもしれませんが、**学びが多いのは負けたときの取引です**。

そのとき、最初に考えてほしいのは「なぜ見通しが外れたのか」です。自分が気にしていなかった米国株の下落が原因なら「次からは米国株市場に注意しよう」「米国株が落ちているときは取引ロット数を減らそう」と自分なりのルールが決められるからです。

テクニカル面からの振り返りも必要です。買い取引の開始直後に反転してしまったのなら、「なぜ反転したのか」と考えてみて、原因が「すぐ上に節目があって跳ね返された」のなら、次からは節目を意識して取引することもできます。

プロ野球の名将、野村克也さんが、著書などで使っている言葉で**「勝ちに不思議の勝ちあり、負けに不思議の負けなし」**です。負けたときにこそ理由を考えて、次に生かしていきましょう。

理想は損小利大!

「損大利小」型

勝敗	損益
○	+50
○	+50
○	+50
○	+50
×	−250
○	+50
○	+50
○	+50
○	+50
×	−250
合計 8勝2敗	−100

勝率80%なのに
合計はマイナスに……

←利益 50　損失 250

利益が出ると小幅でもすぐに決済するのに、損切りは我慢してしまう。勝率が高くても利益を得にくい

超「損小利大」型

勝敗	損益
×	−50
×	−50
×	−50
×	−50
×	−50
×	−50
×	−50
×	−50
×	−50
○	+500
合計 1勝9敗	+50

勝率10%なのに
合計はプラスに!

利益 500　損失 50→

小さな幅でもすぐに損切りして回数が増えても気にしない。その代わり利益確定は我慢して極力大きく伸ばす

「損小利大」型

目指すのはココ!

勝敗	損益
○	+50
×	−30
○	+50
×	−30
○	+50
×	−30
○	+50
×	−30
○	+50
×	−30
合計 5勝5敗	+100

勝率は5割だけど
損小利大で合計はプラス!

利益 50　損失 30

損切り幅と利益確定幅のバランスを意識して、なるべく利益が大きくなるように取引。勝率5割でも利益を得やすい

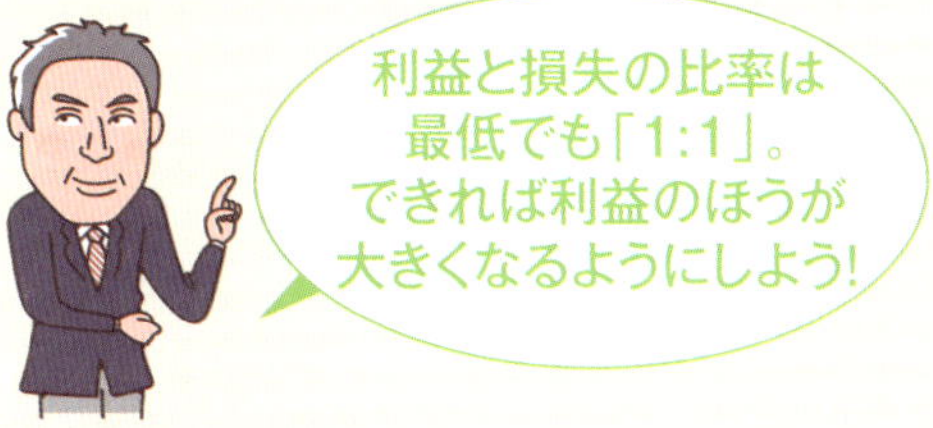

補習授業

9勝1敗なのに資金が減っていく

5銭、10銭と薄利でコツコツ利益を確定していくものの、損切りは3円、4円も耐えてしまい、ドカンと大きく。そんな「コツコツドカン」のスタイルだと、たった一度の負けトレードでそれまでの利益をすべて失ってしまいやすくなる。

振り返ってみる

取引ツールを見ていると「注文履歴」や「取引履歴」といったメニューがあるはず。そこで自分が過去に出した注文レートや約定レート、約定日時などを見ることができるので、チャートやニュースと照らし合わせながら振り返ってみよう。

神田先生からのアドバイス

負けも受け入れて「損切り慣れ」しましょう

最大25倍のレバレッジは
ＦＸの大きな魅力でありつつ
リスクでもあります。
レバレッジを使いこなすために欠かせない
損切りに慣れ、自然と損切りできるよう
取引を重ねましょう。

9限目

完全マスターFX資金管理

「リスク」と「資金」の管理がイチバン大事!

資金管理ができない人に
FXを取引する
資格はありません

ロブ・ブッカー先生

弁護士、イタリア語講師、広告会社経営などさまざまな職を経てFXトレーダーに。億を超える資産を築き、現在はFXを教えるプロとして世界各地を飛び回る大人気のFXコーチ。
http://tfl365.com

「FXを教えるプロ」が明かすFXの真理

全米最強FXコーチ

Introduction

「FXサイクル」の土台はリスクと資金のマネジメント

「検証→実践→改善」の繰り返しで上達していく

僕には世界中にたくさんの生徒がいます。最近は日本でも僕の生徒が増えてきて、とても嬉しく思っています。

僕は過去のデータをバックテスト（検証）するのが大好きだし、チャートを見ながら新しい手法を考えるのも得意です。それをみんなに伝えて、みんなが利益を上げてくれればとてもハッピーですが、1つ気になることがあります。それはリスクマネジメントが疎かにされていること。

みんなは「ロブ！　新しい手法は？」と手法ばかり気にしている。よくない風潮です。

FXで勝つために必要なことを考えてみましょう。最初に皆さんがやるべきはデモ口座です。できればデモ口座の資金を2倍にしてから、ライブ口座（実際の口座）で取引を始めてほしい。

取引を始めたら忘れてはいけないのが「トレードジャーナル」。自分の取引を記録に残すことです。ブログでもいいし、エクセルを使ってもいい。どんな形でもいいから自分の取引を振り返って、勝てるようにするために改善すべき点を考えることが必要です。

トレードジャーナルを見ながら新しいアイデアが浮かんだら、過去のチャートで検証して、効果が確認できたらライブ口座で試す。この「検証→実践→改善」の繰り返しのことを私は「FXサイクル」と呼んでいます。

「10連敗したら」を想定してリスク管理を

ただ、FXサイクルを回すためには、当たり前だけどFXを続けられなければいけない。資金がゼロになってしまったら、サイクルは回りません。資金をゼロにすることなく、さらに効率的に増やしていくために必要なのが、リスク管理であり、資金管理なんです。

どんなに優秀な手法を使っていても、あるいは僕自身の実績でいっても勝率100％なんてことはないし、使っている手法が相場に合わないときは、連敗することもあります。

さて、ここで皆さんに質問です。もしも10連敗したら、資金がどうなるか、そのときにどう対処するか、考えたことはありますか？

FXを始めたばかりの人は利益を得ることばかり考えて、「10連勝したら何を買おうか」とは考えても、「もしも10連敗したら？」なんて考えている人はまずいません。それを考えていないということは、リスク管理を考えていないということなんです。

10連敗は実際に起こりうること。そうなっても資金がなくならないよう傷を浅くして、なるべく早く挽回できるようにするために、皆さんが何をしたらいいのか、これから解説していきましょう。

「FXサイクル」とは?

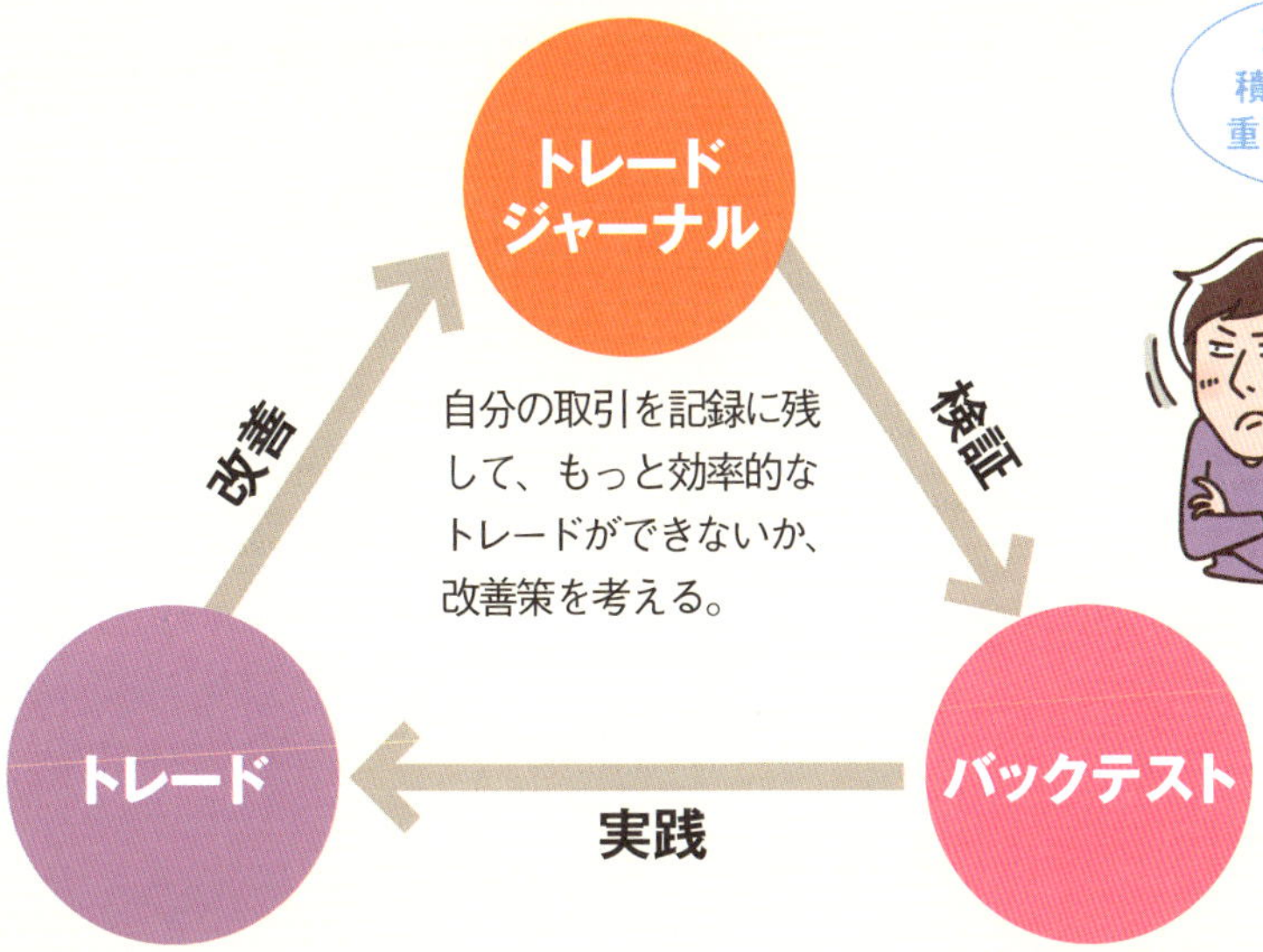
トレードジャーナル
自分の取引を記録に残して、もっと効率的なトレードができないか、改善策を考える。
検証
バックテスト
実践
トレード
改善

コツコツ積み上げが重要なんだな

十分な検証を行なったら、リスク管理や資金管理に気をつけた上でライブ口座で取引する。

改善策を考えたら過去のデータで検証し、デモ口座で試して、効果を確認する。

リスク・マネジメント(リスク管理)

- 手法は十分に検証されたものか
- 損切りをどこに置くのか
- その取引から狙える利益は想定される損失に見合ったものか
- 最大で同時にいくつのポジションを持つのか

など

マネー・マネジメント(資金管理)

- 目標をどう設定するのか
- 1トレード当たりの最大損失をいくらにするのか
- 1回の取引で何ロット数を取引するのか
- トレードに使うお金がゼロになっても生活に困らないか

など

補習授業

バックテスト

ある手法を使って過去の実際の値動きの下で取引したと仮定するとどんな成績になったのか、検証すること。チャートをさかのぼって「ここで買い、決済」とメモをつけながらバックテストすることもできるし、エクセルなどを使って集計する人もいる。

手法(しゅほう)

テクニカル分析やローソク足の形などをもとに、「こうなったら買い、ここで決済」といった新規注文から決済までの一連の取引ルールのことをいう。FXを取引するときには、売買ルールを明確にしておくことが大切。最初は上級者の手法を参考に。

9
限目

1取引で損していいのは「資金の1%まで」を目安に

どんなに有利なチャンスも資金ゼロでは生かせない

1回1万円のクジがあったとしましょう。当たれば5万円相当の魅力的な賞品がもらえ、外れれば1万円は没収されます。当選確率は50%です。

これはあなたにとってとても都合のいいクジです。1万円のリスクで5万円の賞品がもらえる可能性が50%もあります。これはやらなければと引いてみたとします。残念ながらハズレです。「ワンス・モア!」とやってみて、またハズレ。さらに次も外れてしまい、財布が空っぽになってしまいました。確率が50%であっても3連敗、4連敗する可能性は大いにあります。

財布の中身がなくなってしまうと、どんなに魅力的なチャンスに見えたとしても、もう参加することはできません。

FXもこれと同じです。「これは効果がある!」と十分に検証した手法で取引しようとしたとき、何よりも気をつけないといけないのは財布が空っぽになってしまうことです。

1取引でいくらのリスクを負うか、考えたことがありますか?

リスクとは、すなわち損切りしたときに失う金額です。あるいは、レートが1銭不利な方向へ動いたとき、含み損がいくら増えるか、考えたことがあるでしょうか?

FXが続けられなくならないためには、1取引のリスクを決めないといけません。結論から言うと、私が皆さんにすすめているのは「1取引のリスクは口座残高の1%まで」です。

同時に負っていいリスクは口座資産の5%まで

口座に100万円入っているのなら1取引で負っていいリスクは最大1万円。口座が30万円なら3000円です。少なすぎると思うかもしれませんが、どんなに優れた手法で取引していても、相場との相性、あなた自身の体調や精神状態によっては5連敗、10連敗と連敗することがあります。1回の負けで資金の10%を失うと、6連敗しただけで資金は最初の半分程度になってしまい、回復させるだけでとても長い時間がかかります。

でも、1回の負けが資金の1%なら5連敗しても収益率5・2%、つまり5連敗後の勝ちで資金が5・2%増えれば挽回できるのです。また、状況によっては同時に複数の取引を行なうこともあるでしょうが、5つ、6つと取引していても合計で口座資産の5%以上のリスクはとらないようにしましょう。理由はもちろん、連敗時に傷口を広げないためです。

これがリスク管理の基本的な考え方です。次に、取引ロット数の決め方を説明していきましょう。

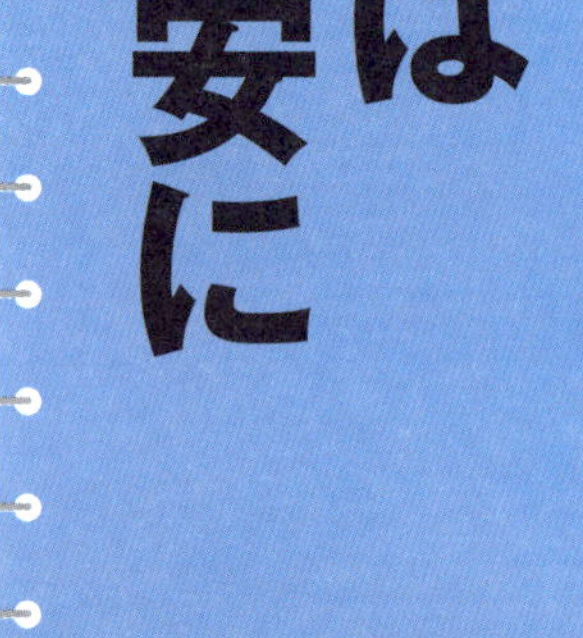

リスクをとりすぎるとドツボにハマる……

	資金の10%で損切り		資金の1%で損切り	
	残高	損を取り戻すのに必要な収益率	残高	損を取り戻すのに必要な収益率
スタート	200,000円		200,000円	
1連敗	180,000円	11.1%	198,000円	1.0%
2連敗	162,000円	23.5%	196,020円	2.0%
3連敗	145,800円	37.2%	194,060円	3.1%
4連敗	131,220円	52.4%	192,119円	4.1%
5連敗	118,098円	69.4%	190,198円	5.2%
6連敗	106,288円	88.2%	188,296円	6.2%
7連敗	95,659円	109.1%	186,413円	7.3%
8連敗	86,093円	132.3%	184,549円	8.4%
9連敗	77,484円	158.1%	182,703円	9.5%
10連敗	69,736円	186.8%	180,876円	10.6%

5連敗の時点でかなり苦しい。10連敗すると最初の20万円に戻すのは至難の業

10連敗してもマイナス2万円程度。20万円へと回復させやすい

リスク管理のルール
1取引での最大リスク=口座残高の1%
複数の取引を行なうとき=合計リスクは5%まで

まとめ

1取引あたりの最大損失を決める

1取引で負っていいリスクは口座資産の1%まで。少ないと思うかもしれないけれど、口座残高をゼロにしないことが最優先事項!

補習授業

精神状態(せいしんじょうたい)

精神状態も取引に大きな影響を与える。落ち着いて取引できるよう、心を整える習慣を作るのもFXでは大切。取引前に神頼みしたり、FXのマイルールを暗唱する人もいるが、ロブが取り入れているのは瞑想。瞑想用の部屋もあるというから本格的!

口座資産の5%

口座資産の1%のリスクを負う取引を同時に5つ行なえばそれで5%だし、0.5%のリスクを負う取引を10個行なっても5%。取引の数ではなく、合計のリスクで考える。ただ、取引の数が増えると管理が難しくなるので気をつけて。

9限目

資金に見合った最適ロット数は簡単な計算で導き出せる！

取引ロット数は固定せず その都度計算して決める

皆さんは取引ロット数をどう決めているでしょうか。多くの人は、「いつも1万通貨に決めている」「普段は2万通貨、自信があるときは5万通貨」と決めて取引しているようです。

私が初心者の人にすすめているのは、損切りの位置をあらかじめ決めておくことです。事前に損切りの位置も決めておくことによって、最適な取引ロット数が自動的に計算できるからです。

先ほど「1取引のリスクは1%まで」と説明しましたが、資金100万円なら1%は1万円です。1回の取引での損失を1万円以内に抑えないといけません。この「1万円以内」という数字と、エントリーから損切り位置までの幅がわかれば、あとはごく簡単な計算で最適な取引ロット数を割り出せるのです。

口座資金が100万円、120円で買って、「今回は直近安値の119円50銭で損切りしよう」と決めたとしましょう。損切りまでの幅は50銭です。このときに資金の1%は1万円ですから、119円50銭になったときに損失が1万円になるよう取引ロット数を決めればいいわけです。

このときの計算方法として、私がオススメしているのは「1銭あたりのリスクが10円のとき1000通貨」を基準とするやり方です。

「1銭あたりのリスク」とは、エントリーしたレートから1銭、損切りに近づくごとに増える含み損の金額です。計算方法は簡単です。1万円を50銭で割り算してください。「1万÷50」で200となりますよね。120円から1銭下がるごとに200円ずつ含み損が増えていくことになります。

私の基準である「1銭あたりのリスクが10円のとき1000通貨」のときに比べて、1銭あたりのリスクが20倍ですから、1000通貨のほうも20倍にして2万通貨となります。これが最適な取引ロット数となります。

資金が少ない人は 5%にゆるめてもOK！

ところが、資金が10万円、20万円と少ない人は、最適な取引ロット数が最低取引単位を下回ってしまうことがあります。資金が少ない人は「1取引のリスクを口座残高の5%」など、基準をゆるめにしてもいいでしょう。失う資金が小さければ、新たな資金を追加するなどして挽回しやすいからです。

リスク管理で、もう1つ大切なのは「FXがあなたや家族の生活を破壊するリスク」をなくしておくこと。生活費を入金するのではなく、失っても困らないお金で取引してください。

取引ロット数の決定は4ステップ

【計算例】

STEP 1 「資金の1%」(A)を計算する

口座残高×0.01

→ 「資金の1%」は資金100万円なら
100万×0.01=1万円(A)

STEP 2 損切り幅(B)を決める

買い:エントリーレート－損切りレート
売り:損切りレート－エントリーレート

→ 120円で買って119円50銭で
損切りなら
損切り幅は
120円－119.50円=50銭(B)

STEP 3 「1銭あたりのリスク」(C)を計算する

資金の1%(A)÷損切り幅(B)

→ 1銭あたりのリスクは
1万円(A)÷50銭(B)=200円(C)

STEP 4 「ロブの公式」を使う

「1銭あたりのリスクが10円のとき
1000通貨」

→ ロブの公式との比率は
10円:1000通貨=200円:X

20倍

1000通貨を20倍して
2万通貨

↓

資金100万円、損切り幅が50銭なら
2万通貨の取引ができる!

今までうまくいかなかったのは
リスクをとりすぎてた
せいなのか…
!!

補習授業

エントリー

新規の取引を始めること。損切りは「ストップ」、利益確定は「リミット」と言われることも。また、逆指値注文をストップ注文と呼ぶように、指値をリミット注文と呼ぶこともある。意外とよく使われる単語なので覚えておこう。

生活費を入金するのは厳禁

FX口座に入金する資金は「失っても生活が困らないお金」にするのが大原則。家賃にする予定のお金や、毎月の食費など失ったら困るお金では取引しないこと。消費者ローンなどで借金をして投資に回すなどもってのほか。FXに限らず厳禁だ。

9
限目

目標は金額ではなく利幅で考える

「お金」も敵になる!?なるべく遠ざけておく

お金はとてもエモーショナルな存在です。お金が増えればハッピーになるし、減ってしまうととても悲しい。私たちの感情はお金によって大きく揺さぶられます。

FXで利益を上げるためには、冷静な判断ができるようエモーショナルな存在であるお金をなるべく遠ざけておきましょう。そのための手段の1つが、目標の立て方です。

「月1000ドル増やしたい」「給料と同じくらいの額をFXで得たい」と、多くの人がお金で目標を考えてしまいます。その結果、「目標まであと1万円だから決済をもう少し待とう」「目標に達していないから、今日はたくさん取引しないと」と、せっかく作ったルールを破ってしまうのです。

FXは相場によって利益が出る月もあれば、そうでない月もありますから、ムリに目標を立てる必要はありません。目安が必要ならば金額ではなく利幅で考えましょう。それもムリな目標ではなく、値動きが少ない、静かな相場の日でも達成できる現実的な目標です。

必須の損切りテク「ブレイクイーブン」

僕が以前やっていたのは「1日10銭」の目標です。金額ではなく利幅のターゲットですから感情を揺さぶられることは少ないですし、10銭なら1取引で達成できる現実的な数字です。

ただ、それでも簡単ではありません。負ける日もありますから「1日10銭」を絶対にとるのではなく、「負ける日もある」と割り切って、月平均で10銭になればいいと気軽に考えましょう。

コンスタントに利益を上げるために、皆さんにぜひ覚えてほしいのが「損切りをブレイクイーブンに移す」ことです。ブレイクイーブンとは損益がゼロになることを言います。つまり、損切り注文を最初にエントリーした位置に動かすこと。そうすると、もしも損切り注文がかかってしまっても損失はゼロですから、以降はほぼノーリスクな取引になります。

このとき便利なのが「トレール注文」。為替レートの変動とあわせて損切り位置を自動調整してくれるので、いちいち変更する手間がかかりません。

損切り位置の設定ですが、最初は「発注後の高値から20銭下がったら」のように決めてみましょう。慣れてきたら状況に応じてその都度損切り位置を変えてみてもOKです。

いずれにせよ、これは安定的に利益を上げるためにとても大切な技術なので、自分なりのルールを決めておきましょう。

トレール注文を使って損切り位置を「ブレイクイーブン」に動かす

損切り位置が損益分岐点のブレイクイーブンに達すれば、そのトレードのリスクはほぼゼロ。安心して利益を伸ばせる!

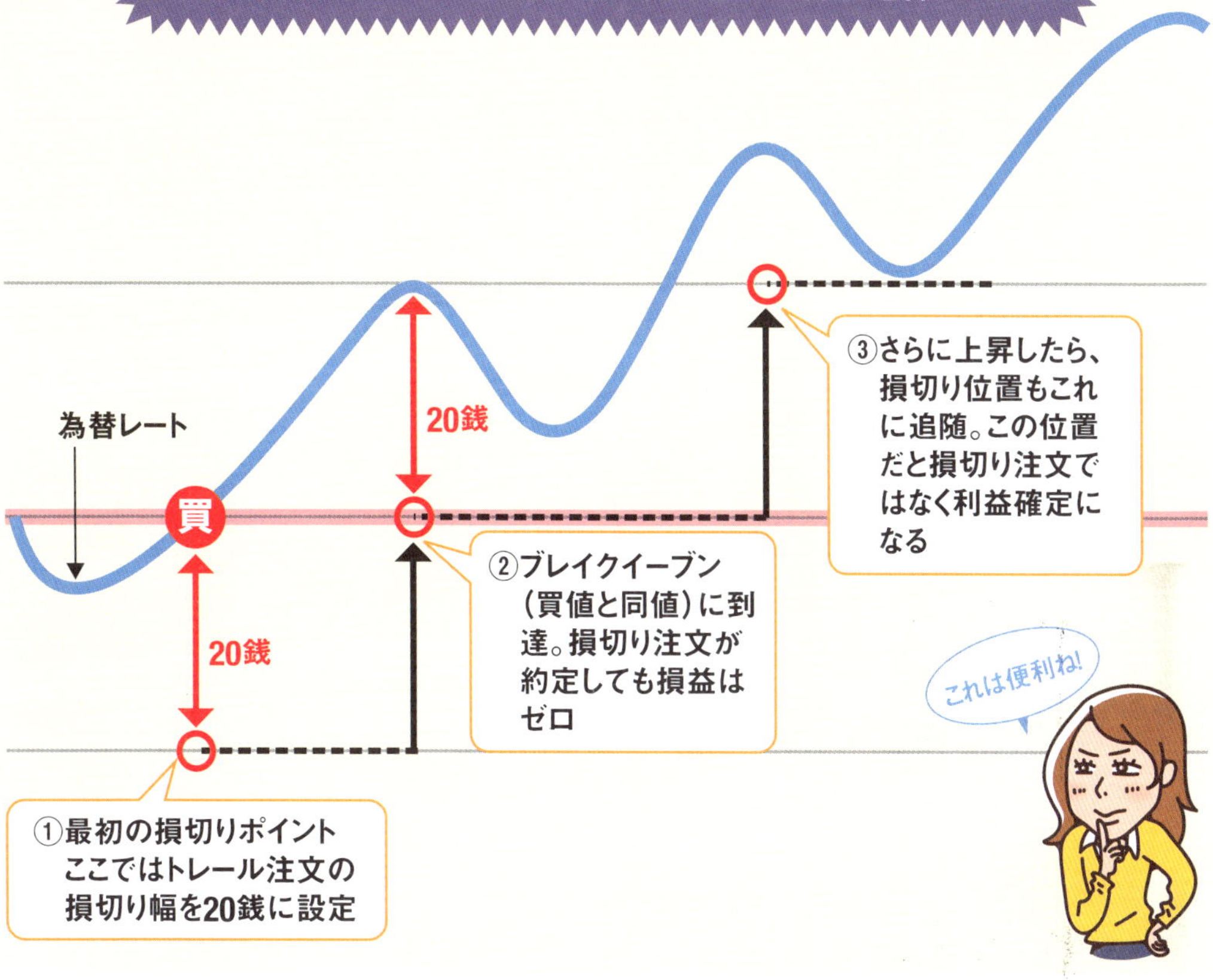
為替レート
買
20銭
20銭
①最初の損切りポイント ここではトレール注文の損切り幅を20銭に設定
②ブレイクイーブン（買値と同値）に到達。損切り注文が約定しても損益はゼロ
③さらに上昇したら、損切り位置もこれに追随。この位置だと損切り注文ではなく利益確定になる
これは便利ね!

まとめ

目標は金額よりも利幅で考える

目標を考えるときは金額ではなく「1日10銭」のように利益の幅で考える。また日々の達成ではなく月平均などでの達成を目指すようにしよう。

補習授業

トレール注文

「トレーリングストップ」ともいい、損切り位置が常に発注後の最高値または最安値から指定した幅だけ不利なレートになるよう自動調整される。損切り位置が損益分岐点（ブレイクイーブン）より有利な位置に達した時点で、一定の利益確定注文となる。

ブレイクイーブン

損切り位置がブレイクイーブンに達すると、メンタル面でも落ち着ける。ただ、トレール注文の損切り幅があまりにも短かすぎると、すぐに約定してしまい、とれる利益がとれなくなる。デモ取引などで練習を重ね、適切な損切り幅を見極めていこう。

9
限目

エクセル、ブログ、ノート取引を記録に残す！

ブログやSNSを活用 リラックスしてFX

「FXではFX以外のことが大切です」

おかしな話に聞こえるでしょうが真実です。皆さんにも仕事や家庭があるはずです。FXのせいで仕事や家庭がおろそかになり、精神的によくない状態になるとFXにも悪影響を及ぼします。FXで勝つためにはFX以外の生活をきちんとしておくこと。取引するときはだらだらと取引するのではなく、何時から何時までと時間を決めるのもよいでしょう。

僕も一日中ずっと取引をしているわけではありません。チャートを見るのは朝が中心です。日中は海岸を散歩することもありますし、生徒たちと雑談をしている時間もあります。スターバックスコーヒーで休憩しながら街行く人々を眺めることもあります。大切なのはリラックスして取引できる環境を整えておくことです。

もう1つ、日々の生活のなかで心がけてほしいのがトレードジャーナルをつける、ということ。

僕の場合はブログが前にも伝えたトレードジャーナルの代わりになっていますし、皆さんの中にもブログやSNSを日常的に利用している人がいるかもしれません。とてもいいことだと思います。

例えば自分のFXルールを公開すると、ルール違反の取引をしていないか、ブログ読者が監視役になってくれます。自分で見られる通貨ペアの数には限りがありますが、コメント欄やツイッターなどで教えてもらえるかもしれません。じつは僕も生徒たちからチャンスを教えてもらうことがあります。

FXは孤独になりがちですから、ブログやSNSで他のFXトレーダーと交流することで、リラックスしながら取引もできるようになるでしょう。

細かく分析・管理したい人はエクセルを

また、僕の生徒の中にはエクセルでトレードを管理している人もいます。エクセルだと取引を通貨ペアごとに並べ替えたり、負けトレードだけを抽出したり、利益確定時の平均幅を計算したりすることも簡単ですから、過去の取引を振り返るときに便利です。

利益確定幅と損切り幅、それぞれの平均を計算し、効率の悪いトレードになっていないかを確認したり、通貨ペアによる得意・不得意があれば不得意な通貨ペアの取引を避けるようにしたり、ブレイクイーブンにするタイミングをより改善できないかと検討したり――。自分の取引履歴を分析することは、新たなトレードチャンスを探すのと同じくらい、あるいはそれ以上の効果があります。

ロブさんはブログで取引を記録

EUR/CAD Buy (Open)

Started August 31, 2014

Trade #1: Buy 1.4321 (open)
Target: 1.4419
Stop: Open

Charts:
Sun 9/28: https://www.tradingview.com/x/DTVSsnvl/
Thu 9/4: https://www.tradingview.com/x/C8mrEYhL/
Wed 9/3: https://www.tradingview.com/x/h2HALG9l/
Sun 8/31: https://www.tradingview.com/x/THYz8NV2/

Comments: (updated September 28, 2014)
I'm holding on. The pair is sitting at the yearly pivot and on the daily chart it's showing bullish divergence. I don't think it is done falling, but this w for us eventually.

Comments: (updated September
The trade is open and falling har
you in the chat room told me that
on this trade. If you did not, and you still have it open (as some of us do), let it stay open for now, and we are going to watch for the next bullish divergence setup.

Comments: (updated September 3, 2014)
The trade is open and doing well. Target is 1.4480 but you can get out earlier if you choose.

取引を開始したら記事を作成

相場が動いたら記事に追加

Murphy... did you read the free ebooks from Rob? Very nice work!!!! I had and have learning a lot from them. You can get it all from http://www.robbooker.com/

karim
you're great Rob, your methode is awsom, I started (1st jan 2014) with a very little account (100 € average 500 @ Fxpro) and now my equity is above 700 € by taking only the big trades positions (tfl team of course). Now, I'm short on GBPCAD and Long on CADCHF. My best return was on GBPAUD... Great job many thanks.

Isaac Echeverria Valenzuela
Congratulations Karim!!! I have an MICRO account! Really really you inspired me! I start with 200$ and I have not achieve your results! But, I am following Rob suggestions and mine. I am bogginer, and I am a part time trader. Congratulations!

robbooker
Karim, that is AMAZING!!! And wonderful! Great work!

karim
Thank you Rob. My Chalenge is How many money can I do using only your Methode on dedicated account in one Year :) with no "graph babysetting" nor sophisticated tools: ONLY Missed pivots and Knoxville divergence are on

読者とコメントでやり取りして気づきを得ることも

トレード履歴をエクセルで管理する

リスク管理ワークシート

#	通貨ペア	売・買	エントリー	ターゲット	ストップロス（値）	ストップロスをブレイクイーブンで動かしたか？	ストップロス（ピップ）	ターゲット（ピップ）	決済価格	決済ピップ
1	EURJPY	売	130.159	129.323	130.313	はい	0	84	129.323	84
2	USDJPY	買	105.550	106.000	104.950	はい	60	45	106.000	45
3	USDJPY	買	106.020	110.000	104.000	はい	202	398	110.000	398
4	AUDJPY	売	95.050	94.550	95.550	いいえ	50	50		
5	EURUSD	売	1.270	1.252	1.278	いいえ	75	187		
6										
7										
8										
9										
20										
21										

通貨ペア、売・買、エントリー、ターゲット、損切り、取引ロット数、決済価格など必要最低限の項目だけでOK!　慣れてきたら随時、必要な項目を追加していこう

補習授業

ブログやSNS

ブログやSNSはメリットもあるが、口座番号やパスワードなどのログイン情報はもちろん、取引履歴などのスクリーンショットを載せるときは個人情報を載せてしまわないよう気をつけること。利益が出たときはやっかみや嫉妬などにも気をつけて。

利益確定幅と損切り幅

目安としては損切り幅と利益確定幅の比率が最低でも1対1。利益確定幅のほうが大きくなるような取引を目指す。この比率は「リスク・リワード比」と呼ばれることも。損切り幅のほうが大きくなっているときは、損切りのタイミングを見直す必要がある。

ロブ先生からのアドバイス

資金管理をしておけば負けたとしても次がある

１回の取引ロット数をきちんと計算して
過度のリスクをとらなければ
よほどのことがない限り、
ＦＸから退場させられることはありません。
資金管理のノウハウを身につけてから
自分の勝ち方を見つけてください。

毎月第1金曜日(原則)、米雇用統計の夜の過ごし方

発表30分前　分析

生で解説してくれる「米雇用統計セミナー」

セミナーを見ながら予想の数字を確認、実際の数字がよかったとき、悪かったときの値動きのイメージを作っておく

▶外為どっとコムのホームページ＞セミナー情報＞米雇用統計　全員集合!

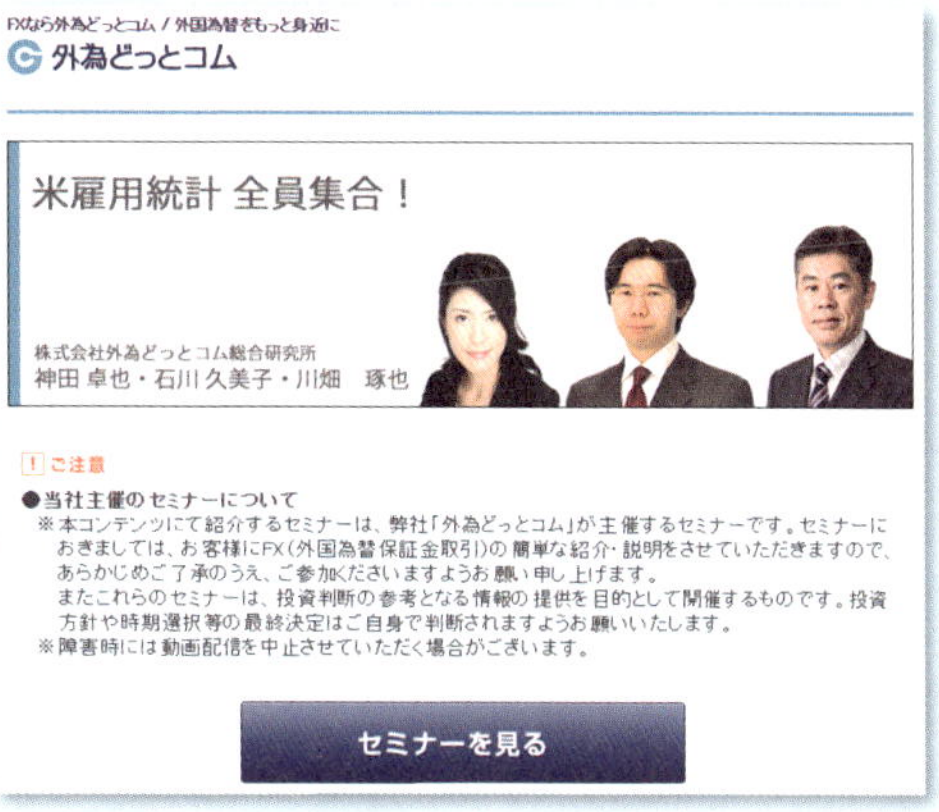

発表!　確認

超早っ! 結果を音で知らせる「経済指標フラッシュ」

指標の結果をほぼリアルタイムに教えてくれる。予想に対する高低を音でも知らせてくれる!

▶リッチアプリ版かWebブラウザ版のマーケット情報＞外為情報＞ツール＞経済指標フラッシュ!

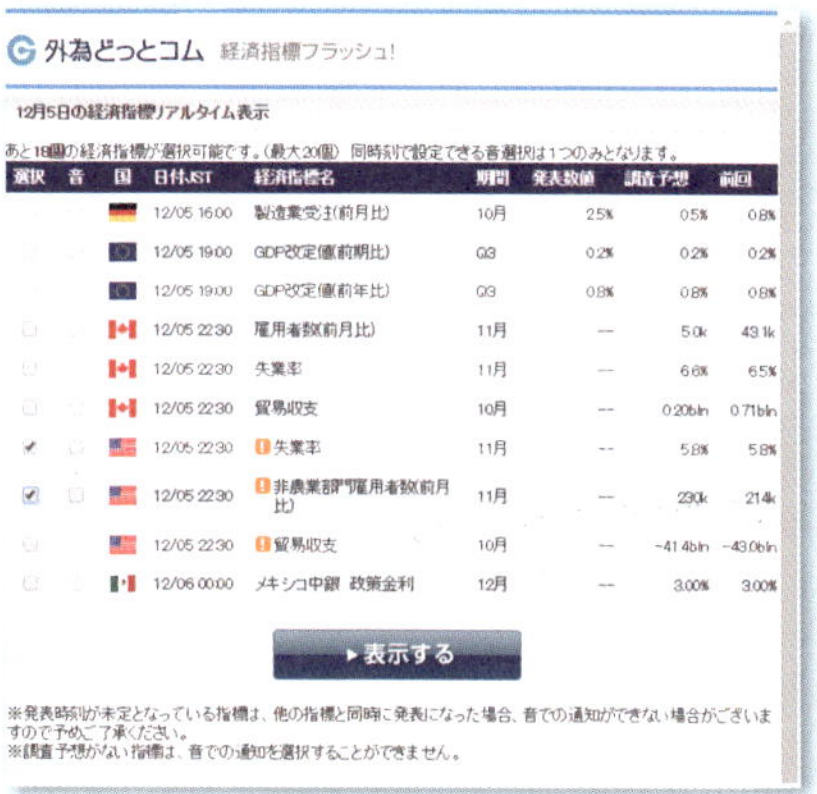

発表後!　取引

素早い発注&決済に特化したスピード注文

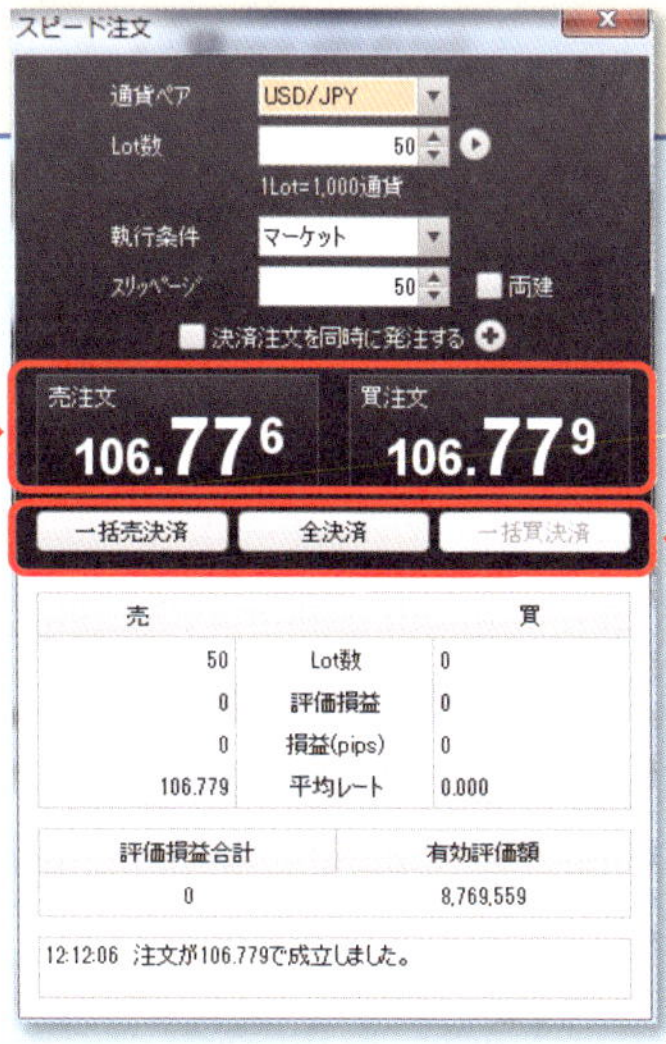

◆新規/決済注文

レートパネルを1クリックしただけで即約定させにいくから、チャンスを逃さない! また、保有ポジションと反対の売買方向のレートパネルを1クリックするだけで、そのポジションの指定した数量を即決済できる!(両建ありの場合を除く)

◆一括決済・全決済注文

「全決済」ボタンを押すと1クリックですべてのポジションを決済する。買いと売りの一方だけ決済したいときは、「一括買決済」なら買いポジションのすべてを、「一括売決済」なら売りポジションのすべてを決済できる

10限目

外出先でも分析&取引！情報力充実のスマホアプリ

スマホやタブレットでもパソコンと遜色ないレベル

FXを取引するときにあると便利なのがスマートフォン（スマホ）やタブレットといったモバイル機器です。きっと皆さんもお持ちなのではないでしょうか。最近ではスマホやタブレット経由の注文が急増しています。

それにスマホのアプリはとても進化しています。外為どっとコムの「外為ネクストネオ」のスマートフォン版（iPhone／Android）アプリなら、取引したり、チャートにテクニカル分析を表示させたり、レポートを読んだりできるのはもちろん、モバイルブラウザ経由でクイック入金にも対応しています。とりわけモバイル端末上で5種類のニュースが読めるのは魅力だと思います。

スマホだけでほぼ完結してしまうので、パソコンは使わず、もっぱらスマホだけで取引する人も増えています。スマホを利用するシーンは出先だけではありません。パソコンでチャートを見て「ここで買いたい」とレートを決めたら、リビングへ移動、スマホでレートを見ながらのんびりする、といった使い方をしている人もいます。

スマホとはいえパソコンと遜色のないチャートが見られますし、1タップで新規注文や決済注文が完了する「スピード注文」画面も使えます。短期取引にもとても便利なアプリなのです。

iPad版なら画面のレイアウト変更もできる

また、iPad版でしたらスマホより大画面で見やすいのはもちろん、1つの画面に最大6つのチャートを表示させることができ、リッチアプリ版のように画面のレイアウトを自分好みに変更することもできます。

「取引は家でしかしないからいいよ」という人でも、念のためアプリを入れておくとよいでしょう。というのも、ポジションを持っているときにパソコンが故障や停電で使えなくなってしまう可能性があるからです。そんなときでも、スマホが使えればあわてることなく取引できますし、万が一外出中にリーマンショックのような大混乱が起きてもすぐに対処が可能です。

メインの取引ツールはパソコンだとしても、念のためスマホやタブレットに外為どっとコムのアプリをインストールしておくと、不意のリスクにも備えられますね。このようにハード面でのリスク管理も大切です。もちろんアプリの利用は無料です。

ただ、いくらスマホが便利だからといって宴会の席で為替レートをチェックしすぎると、せっかくのお酒が美味しくなくなってしまうので気をつけてくださいね。

スマホ1台でFXに必要なほぼすべてができちゃう！

AppStoreかGoogle Playで
「外為どっとコム」と検索してインストール。
もちろん利用は無料！

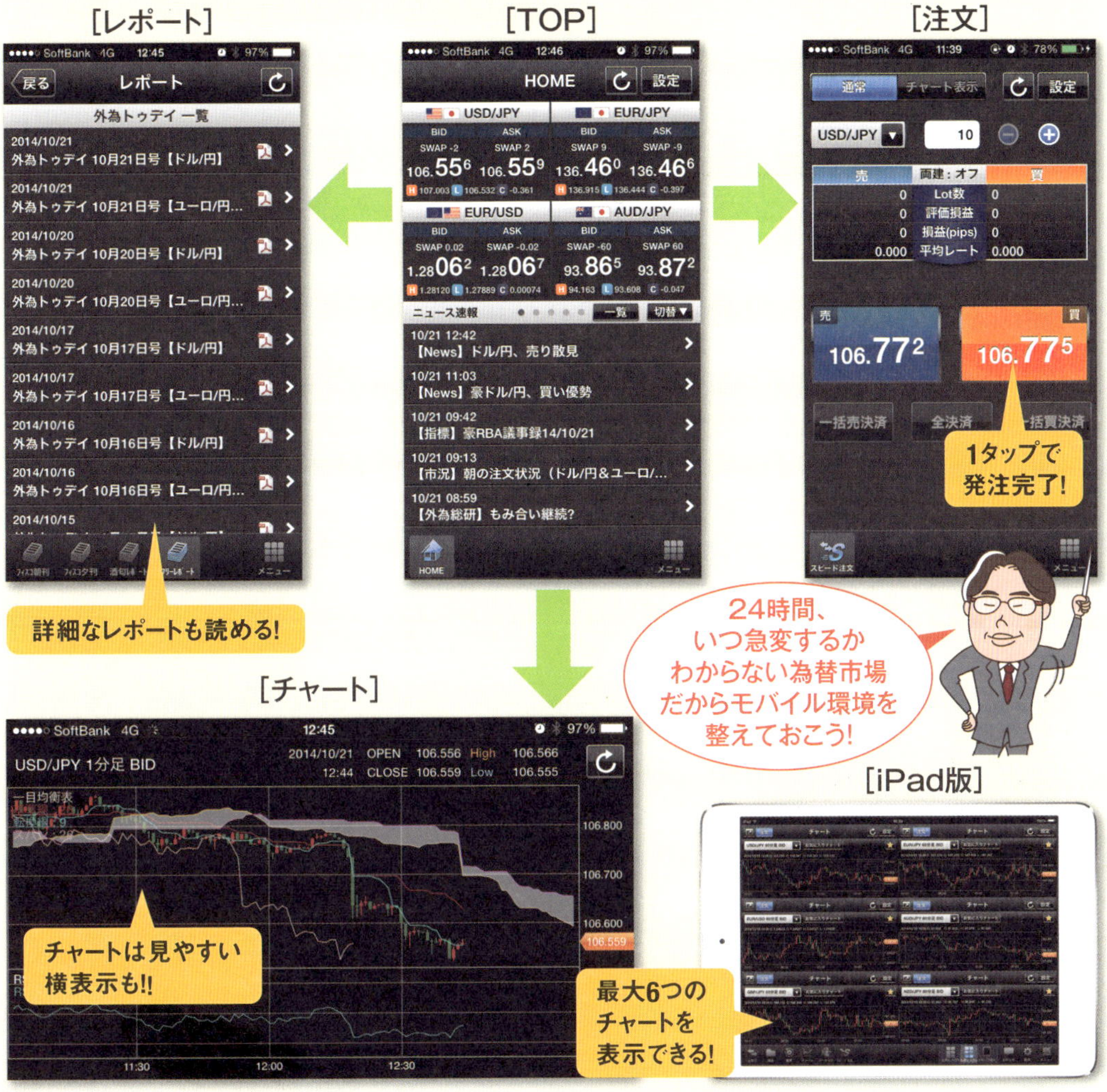

パソコンからもモバイルからも24時間入金OK！

銀行の営業時間外でも即座にFX口座への振込みを反映してくれるのがクイック入金。時間を問わず24時間利用できるのでとても便利。外為どっとコムだと、10行ものネットバンキングサービスからクイック入金が可能で、振込手数料なども無料となる。

外為どっとコムのクイック入金対応銀行

- ゆうちょ銀行（ゆうちょダイレクト）
- 三井住友銀行（SMBCダイレクト）
- 三菱東京UFJ銀行（三菱東京UFJダイレクト）
- みずほ銀行（みずほダイレクト）
- スルガ銀行（インターネットバンキング）
- ジャパンネット銀行　●楽天銀行
- 住信SBIネット銀行　●セブン銀行　●じぶん銀行

※2014年12月現在。スルガ銀行からのクイック入金はPCのみ対応。

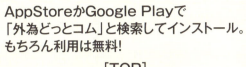

FX（外国為替保証金取引）のリスクを知ろう

FXをもう始めている人も、これから始める人も、もう一度リスクを確認しましょう。

FXにはこんなリスクがあります

1. 価格変動リスク

為替レートは、土日や一部の休日を除き２４時間常に動いています。レートの変動次第では、期待していた利益を得られず、損失をこうむることがあります。

2. 金利変動リスク

通貨ペアを構成する２つの通貨のうち、金利が低い方の通貨を売って金利が高い方の通貨を買うことで、２通貨間の金利差に当たるスワップポイントを日々受け取ることができます。これとは逆に、高金利通貨を売って低金利通貨を買うと、スワップポイントを日々支払うことになります。このスワップポイントの金額や方向（受け取りなのか支払いなのか）は、各国の景気や政策などさまざまな要因を反映した市場の短期金利に応じて毎日見直されていますから、場合によっては当初期待していた利益を得られなかったり、あるいは受け払いの方向が逆転したりすることがあります。

3. 流動性リスク

マーケットの状況によっては、新たにポジションを持つことや、すでに持っているポジションを決済することが難しくなる場合があります。新興国通貨のような取引量がもともと少ない通貨のほか、主要国の通貨であっても主要市場が祝日などで休みの場合、あるいはテロや災害、政変などで取引参加者が激減したような場合には、レートの提示が難しくなることがあります。ニューヨーク市場の終了時刻（日本時間の土曜朝７時。夏時間は朝６時）の間際や、週初めの市場のオープン時刻（日本時間の月曜朝７時）の前後は普段から取引量が減少する傾向にあるため、注意が必要です。

また、０８年９月のリーマンショックの際や１１年３月の東日本大震災発生後のように、多くの投資家が一斉に皆、同じ方向に動いた時は急落（急騰）が起きて、成行注文をしていても約定しない、もしくは予想していた値段とかけ離れた値段で約定してしまうことも起こりえます。

4. 電子取引のリスク

注文入力を間違えたせいで注文が発注されていなかった、あるいは意図しない注文が約定してしまったということのないよう、入力は慎重に。また、口座番号（ログインＩＤ）やパスワードなどの情報を盗まれて、悪用されることで損失が発生する可能性もあります。

システム機器や通信機器の故障、アクセス集中なども電子取引のリスクです。このような場合、取引ができなくなる、注文処理が遅延したり無効になるなどの可能性があります。

5. レバレッジ効果のリスク

保証金にレバレッジ（てこの作用）を掛けることで、自己資金の何倍もの金額分の取引ができ、わずかな相場の変動であっても口座の資産価値は大きく変動します。これにより、少ない資金でも大きく利益が出る可能性があるのと同時に、大きな損失をこうむるリスクも負うことになります。レバレッジを何倍にするか、すなわち取引のロット数に対しどの程度の余裕資金を持っておくかによって、リスクの大きさは変わります。特に高いレバレッジでの取引をするときは慎重に。

6. ストップ注文やロスカットのリスク

特に損切り場面で威力を発揮するストップ注文（逆指値注文）ですが、急落（急騰）局面などでは指定したレートよりも不利な値段で約定されてしまうことがあります。

また、取扱会社がシステム的に全ポジションを強制決済するロスカットは、投資家が保証金のすべてを失わないように損失を一定の範囲に限定させるためのものですが、急激な相場変動や電子取引システムの処理遅延などの理由によりロスカット判定のための評価や反対売買の執行に遅延が生じた場合には、預けた資金を上回る損失が発生する可能性があります。

7. 信用リスク

ＦＸの中でも店頭ＦＸ（店頭金融先物取引）は、それぞれの取扱会社が投資家の注文の相手方となって、売買を成立させます（これを相対取引といいます）。一方、証券取引や先物取引（取引所ＦＸを含みます）の取扱会社は、投資家の注文を取引所につなぐ立場であり、注文のマッチングは取引所が行ないます。相対取引である店頭ＦＸは、取引所取引よりも規制が少ないことから、それらとは異なる独自の規制によって管理されています。そのため店頭ＦＸでは、当事者（投資家と取扱会社）同士の信頼に依存するところが取引所取引に比べて多くなります。ＦＸを始める際には、その性質やリスクについて理解することが大事です。

※以上の説明は、ＦＸでの代表的なリスクを挙げたものですが、実際の取引に際してのリスクをもれなく示すものではありません。ＦＸを始めるにあたっては、取引のしくみやリスクについて充分に確認しましょう。

11人の超豪華最強講師陣がすべての初心者に向けて熱血指導!

めちゃくちゃ売れてるマネー誌ザイが作ったFX予備校

2015年1月29日　第1刷発行
2017年3月24日　第3刷発行

編　者――――――――ダイヤモンド・ザイ編集部
発行所――――――――ダイヤモンド社
〒150-8409　東京都渋谷区神宮前6-12-17
http://www.diamond.co.jp/
電話／03-5778-7220（編集部）　03-5778-7240（販売）

執筆・編集協力――――高城泰（ミドルマン）、石田修平（リライアンス）、大柏真佑実
装丁・本文デザイン―――新藤雅也（FANTAGRAPH）
イラスト――――――熊野友紀子
図版―――――――――地主南雲デザイン事務所
撮影―――――――――ブロウアップ、和田佳久
製作進行―――――――ダイヤモンド・グラフィック社
印刷―――――――――加藤文明社
製本―――――――――ブックアート
協力―――――――――(株)外為どっとコム
編集担当―――――――石川絵美

ISBN 978-4-478-03921-2

本書は投資の参考となる情報の提供を目的としております。投資にあたっての意思決定、最終判断はご自身の責任でお願いいたします。本書を利用したことによるいかなる損害等についても、出版社はその責を負いません。本書の内容は2015年1月1日時点のものであり、予告なく変更される場合もあります。また、本書の内容には正確を期すよう努力を払いましたが、万一誤り、脱落などがありましても、その責任は負いかねますのでご了承ください。

10限目

マネーを育てる究極講義

『外為どっとコム』で FXを 取引してみよう!

ちゃんとFX会社を
選んでおくと、後々
大きな差になります

川畑琢也 先生

外為どっとコム総合研究所 研究員。FX会社にてディーラーなどを経験し、2010年より現職。自身の経験をもとに初心者向けのテクニカル分析セミナーを担当。日本テクニカルアナリスト協会認定アナリスト。

FX会社の選び方から取引ツールの使い方

テクニカル王子

Introduction

自分にぴったりのFX会社を選ぶ5つのポイント

数年前は5銭のスプレッドが当たり前

私がディーラーをやっていたとき、米ドル／円のスプレッドはおよそ5銭でした。それが今や最も狭いところで０・３銭ほどです。ＦＸになじみがないと5銭と０・３銭の違いは実感しにくいと思いますが、ＦＸでの取引コストであるスプレッドの狭さは重要です。

例えば、米ドル／円を買ったとき、スプレッドが5銭だと収支が合うまで5銭上昇しないといけません。それが０・３銭なら損益分岐点までの値幅は約17分の1程度。1万通貨の取引でスプレッドが5銭だとコストは５００円。０・３銭なら30円ですから、取引回数が増えると大きな違いになります。

プロ並みの環境に近づきつつあるＦＸですから、ぜひ皆さんにも取引していただきたいのですが、日本には何十社もＦＸ会社があり、どこを選べばいいのか悩んでしまうことでしょう。まずはいろいろと比較して、自分に合うＦＸ会社を見つけていきましょう。

ＦＸ会社選びには、５つのポイントがあります。①取引コスト、②取引ツールの使いやすさ、③情報力、④サポート体制、それに⑤会社としての信頼性です。

まず取引手数料ですが、最近は無料の会社がほとんどなので、基準はスプレッドの狭さです。外為どっとコムだと米ドル／円のスプレッドは０・３銭。他社と比べても相当に狭い水準ですし、０・３銭であればデイトレードのような短期売買でも勝てる可能性が高まってきます。

また、注文で迷うようでは問題ですから、初心者の方には特に取引ツールを重視して会社を選んでもらいたいと思います。それに、Ｗｅｂブラウザ経由でログインできるツールがあると外出先のパソコンでも取引できますし、スマートフォンやタブレット用のアプリがあるとなお便利です。

夜間の電話サポートがあると安心して取引できる

情報の量や質はＦＸ会社によってだいぶ異なります。ＦＸを戦場に例えると、情報は武器。自分のレベルや市場のテーマなどに合うものを選ばないと、利益は上げられません。情報の選択肢が豊富な会社がオススメです。

夜の取引も多いはずですから、口座開設のときには、夜間まで電話対応してくれるかどうか、サポート体制も要チェックです。そして、最後は信頼性です。「自己資本規制比率」が高いほど、経営が健全だという目安になります。

こうした5つのポイントで見ていくと、外為どっとコムはいずれの項目でも高水準。初心者でも安心して使えるＦＸ会社だと思います。この章では、外為どっとコムの魅力と使いこなし方を紹介していきましょう。

※2014年12月現在

5つのポイントで比べると答えは外為どっとコム!(2014年12月現在)

1 取引コスト

米ドル／円は業界最低水準の0.3銭!

取引コストであるスプレッドの狭さは、FX会社選びでとても大切なポイント。外為どっとコムのスプレッドは米ドル／円0.3銭原則固定(例外あり)、豪ドル／円0.7銭(同)など、多くの通貨ペアでトップクラスの狭さ!

外為どっとコムの主要通貨ペアスプレッド

- 米ドル／円0.3銭
- ユーロ／円0.6銭
- ポンド／円1.1銭
- 豪ドル／円0.7銭
- ユーロ／米ドル0.5pips
- NZドル／円1.6銭

※いずれも原則固定(例外あり)、詳しくは外為どっとコムHPへ

2 取引ツール

スマホも充実! 6つの取引ツール

初心者でも戸惑わずに操作できるかどうかを重視しよう。それにスマホやタブレット利用者は取引アプリの充実度も意識。外為どっとコムならインストール型のリッチアプリ版からWebブラウザ版、スマホ、タブレットのアプリなどまで揃っている。

3 情報力

質量とも業界トップクラスの情報力

レポートやセミナーは初心者に欠かせない。自分の肌に合った専門家を見つけられるよう、いろいろな情報源がある会社がいい。その点、外為どっとコムの強力な情報力は誰もが認めるところ。独自の総合研究所を持っているくらいなのだ!

4 サポート

早朝から深夜までの電話サポートだから安心!

困ったときに回答がすぐ得られるよう、重視したいのは取引機会が多い夜間のサポート体制。外為どっとコムは7時から23時まで電話で質問できる。電話注文は24時間対応だからパソコンの不調時に決済したいときなども安心して取引できる!

5 信頼性

自己資本規制比率は圧倒的な高さ

FX会社の信頼性を測る指標である「自己資本規制比率」。外為どっとコムは1000%を超える圧倒的な高さを誇る。
しかも預かり資産は10年連続No.1※!

◀スプレッドなどの比較には「ザイFX!」のホームページが便利!
http://zai.diamond.jp/fx

※外国為替保証金(証拠金)取引業界における「預かり資産」。期間2014年3月までの10年間。参考資料:(株)矢野経済研究所『2014年版　FX(外国為替証拠金取引)市場の動向と展望』

10限目

FX会社なのに研究所がある群を抜く情報力！

「マネ育」を利用して賢くお金を育てよう

あくまで私の主観ですが、情報の充実度でナンバーワンだと思っているのが外為どっとコムです。量で見ても質で比べても、その情報力は群を抜いていると思います。

私が所属する外為どっとコム総合研究所は、FXトレーダーのために情報を配信することを主な業務としています。FX会社で研究所やシンクタンクを持っている会社は少なくとも日本国内では他にありません。

それに加えて、外為どっとコムでは「マネ育」と題したプロジェクトを行なっています。マネ育で目指すのは「マネーを育てる」こと。皆さんがFXを手がけるのはお金を増やすためですから、そのために必要な武器を提供していこうというプロジェクトです。

初心者なら「マネ育スクール」を受講してみてください。受講料は無料で、FXで必要となる注文方法から取引手法まで、2回のセミナーで効率よく知識が身につきます。私も講師の1人としてテクニカル分析などを担当しています。

最後のテストやアンケートに回答し口座開設すると、6000円の参加特典*もあります。FXに必要な知識と口座、それに投資資金が得られてしまうのです。ぜひこの機会を利用してみてください。

レベルに合わせて選べる「外為情報ナビ」

もちろん、初心者は卒業したよという人に向けた実践的な情報も、外為どっとコムでは「外為情報ナビ」を中心に豊富に取りそろえています。初心者から上級者まで楽しめる十数種類もの動画番組や、20種類以上のレポート類、外為どっとコムが開催したオンラインセミナーの録画配信など、自分のレベルに合わせて選ぶことができます。こういった情報が、朝、昼、晩と更新されていくので、これを追いかけていくだけでも、FXの知識がかなり身につくはずです。

また、情報には自分の相性があります。売買戦略だけでも複数のレポートが用意されていますから、いろいろと読んだり見たりして、自分にしっくりくる、トレードに役立つ情報を選択していきましょう。

＊最新情報は、「マネ育」のホームページで確認を！
http://www.gaitame.com/maneiku/